法天下学术文库

我国未成年人刑事
司法实践探索与机制完善

WOGUO WEICHENGNIANREN XINGSHI
SIFA SHIJIAN TANSUO YU JIZHIWANSHAN

王海桥　杨洁　李婧　李坤 等著

中国政法大学出版社

2023 · 北京

图书在版编目（ＣＩＰ）数据

我国未成年人刑事司法实践探索与机制完善/王海桥等著. —北京：中国政法大学出版社，2023.6

ISBN 978-7-5764-1010-5

Ⅰ.①我…　Ⅱ.①王…　Ⅲ.①青少年犯罪－刑事诉讼－司法制度－研究－中国　Ⅳ.①D925.204

中国国家版本馆 CIP 数据核字(2023)第 125685 号

出　版　者　　中国政法大学出版社

地　　　址　　北京市海淀区西土城路 25 号

邮寄地址　　北京 100088 信箱 8034 分箱　邮编 100088

网　　　址　　http://www.cuplpress.com (网络实名：中国政法大学出版社)

电　　　话　　010-58908586(编辑部) 58908334(邮购部)

编辑邮箱　　zhengfadch@126.com

承　　　印　　固安华明印业有限公司

开　　　本　　720mm×960mm　1/16

印　　　张　　13

字　　　数　　220 千字

版　　　次　　2023 年 6 月第 1 版

印　　　次　　2023 年 6 月第 1 次印刷

定　　　价　　59.00 元

目 录
CONTENTS

导 论
INTRODUCTION

少年强则国强，保护未成年人就是保护国家的未来和民族的希望。习近平总书记强调指出，全社会都要关心少年儿童成长，支持少年儿童工作。对损害少年儿童权益、破坏少年儿童身心健康的言行，要坚决防止和依法打击。这一讲话精神为新时代我国未成年刑事司法保护工作指明了前进方向、提供了根本遵循。党的二十大报告明确提出，全面依法治国是国家治理的一场深刻革命，必须更好地发挥法治固根本、稳预期、利长远的保障作用，在法治轨道上全面建设社会主义现代化国家，这就要求未成年刑事司法工作应主动更新理念机制和不断创新方法举措，未成年法治的完善直接关系到法治的未来和全面依法治国的实现。

依法严惩侵害未成年人的各类违法犯罪，预防矫治未成年人犯罪，是人民法院的重要职责。20 世纪 80 年代，我国青少年犯罪学研究开始兴起。1984年 10 月，上海市长宁区人民法院建立了我国第一个专门审理未成年人刑事案件的合议庭，该法院近四十年来始终秉持"教育、感化、挽救"的方针和"教育为主、惩罚为辅"的原则，积极推动未成年人审判制度完善，严惩侵害未成年人的犯罪行为，全面保护未成年人权益，基本实现了未成年人保护刑事司法的科学化、规范化和专业化，努力让每一个未成年人都沐浴在法治的阳光之下。

校园霸凌、未成年团伙犯罪、低龄暴力犯罪、性侵儿童等恶性事件无不牵动社会舆论，形成关注焦点。未成年人遭受侵害的消极后果更易影响一生，与此同时，未成年人呈现出来的严重越轨行为也常常令人瞠目结舌。数个世纪以来，众多学者试图从宗教学、社会学、心理学、哲学、法学等角度对人性之"恶"进行解释，结论莫衷一是，但有一点可以确定，在未成年人的视角里，他们看到和理解的世界与成年人并不相同，他们对待社会的态度也异于成年人，这就要求司法机关必须采用一套单独机制和具体措施处理涉未成年人刑事案件：一方面，未成年人由于身心尚未发育健全，容易为各类社会风险侵害，其健康发展权益理应受到法律的强力保护；另一方面，未成年人本身缺乏理性决策能力，其可能因思维误区或自我放任而对他人造成严重侵害，此时要求法律必须进行适度干预，干预的目的在于通过法治教育消除阻碍其健康发展的各种因素。

1987 年第一部未成年人地方法规《上海市青少年保护条例》施行，1991 年《未成年人保护法》[1]颁行，1999 年《预防未成年人犯罪法》颁行，初步建立了我国未成年法律规范体系。进入新时代，社会的快速转型和高度信息化给未成年人刑事司法工作带来了巨大挑战，结合新形势下未成年人权益保护及犯罪预防工作的发展变化，为了更有效地实现未成年人权益保护和预防未成年人犯罪，2020 年以来，我国先后修订了《未成年人保护法》和《预防未成年人犯罪法》，并制定颁布了《家庭教育促进法》，这种重点领域的专门性立法促进了未成年人保护法律规范体系的进一步完善，也为我国未成年人刑事司法的机制完善提供了有力的立法保障，如何结合实践探索的样本进行总结反思，继而对重要理论问题进行系统研究具有了特殊意义。

斯坦福大学生物学与神经科学教授罗伯特·萨波尔斯基在其所著的《行为：关于人类最好与最坏的一面的生物学》一书中研讨了一个与人性有关的议题，即相互屠杀和充满善意的人共同组成了人类，反差如此之大，或许正是生态环境的差异造就了不同的文化传统和价值观。人性本善还是人性本恶难以实证确认，但可以确定的是，无论是行为不良乃至违法犯罪的，还是单纯无辜被侵害的未成年人，绝大多数都是生态环境的产物。如果这种论断成立的话，刑事司法所要做的就不仅仅是保护、惩罚和教育，而是还要确立一个健全的未成年人法治体系，不仅要改变那些伤害与被伤害的未成年人，更要去改变未成年人所在的社会局部，为他们提供一个法治阳光照耀的社会生态环境。

本书主要由来自北方工业大学和 B 市 S 区人民法院从事未成年人刑事理

---

[1]《未成年人保护法》，即《中华人民共和国未成年人保护法》，为表述方便，本书中涉及我国法律，直接使用简称，省去"中华人民共和国"字样，全书统一，后不赘述。

论研究和司法实践的人员共同完成，内容主要是基于 B 市未成年人刑事司法审判 30 年的典型样本——B 市 S 区人民法院未成年人刑事审判团队的实践探索，思考我国未成年人刑事司法理论和实践的问题所在，在时代变迁和域外比较的视野之中，尝试就未成年人刑事司法机制完善进行体系化阐释。具体写作分工如下（以章节顺序为序）：导论：王海桥；第一章：杨洁、林文静；第二章第一节：李婧、马云骢；第二节：李坤、岳毅；第三节：王海桥、李坤；第四节：王海桥、范晨；第三章第一节：万义强；第二节：李婧、岳毅；第三节：杨洁、李政泽；第四节：万义强；第四章第一节：杨洁、林文静；第二节：王海桥、岳毅。

第一章

我国未成年人刑事司法实践样本考察

第一节　B市S区30年未成年刑事司法实践概述

1899年，世界上第一个少年法院在美国伊利诺伊州的芝加哥成立，标志着少年司法制度的诞生。中国的少年司法制度则以1984年上海市长宁区人民法院在刑事审判庭内成立"少年犯合议庭"为起点。自此，未成年人刑事案件被从普通刑事案件中分离出来进行专门审判，审判理念亦随之改变。

1987年，B市在辖区部分法院设立试点成立少年法庭，S区人民法院作为首批成员单位在刑事审判庭建立了"少年犯合议庭"，同时在告申庭（承担立案和申诉控告职能）设立了专门接待未成年人的接待员，在民庭建立了审理涉及未成年人权益的合议庭，在执行庭建立了有关执行案件的执行员。经过5年的审判实践，S区人民法院调研发现未成年人刑事案件：1990年23件59人，1991年22件44人，1992年1月至10月22件50余人；侵犯未成年人合法权益刑事案件，自1989年以来共计35件，主要为强奸、奸淫幼女、流氓和伤害案件；涉未成年人权益民事案件1990年30件，1991年45件，1992年1月至10月75件，主要为继承、抚养、侵权等案件；经济、行政案件也有涉及未成年人权益的问题。

《最高人民法院关于办理少年刑事案件的若干规定（试行）》第3条第1款规定："人民法院应当在刑事审判庭内设立少年法庭（即少年刑事案件合议庭），有条件的也可以建立与其他审判庭同等建制的少年刑事审判庭。"任建新院长在1992年召开的全国高级法院院长会议上指出："凡是少年犯罪案件，要做到由少年法庭审判。在民事、行政、经济等各项审判活动中，都要依法保障和维护未成年人的合法权益。"在全国法院系统中，有的法院已经建立了对未成年人进行司法保护的综合少年法庭，为了更好地对未成年人进行司法保护，S 区人民法院决定于 1992 年建立"少年综合审判庭"并通过以下方案成立少年法庭：

第一，机构人员：机构与其他审判庭同级。设庭长、副庭长、审判员、书记员。庭的人员编制为 5 人至 7 人。将少年刑事犯罪案件及涉及少年权益的民事、经济、行政案件统一交由少年综合审判庭审理，更好地发挥人民法院在保护未成年人合法权益中的职能作用，促进青少年健康成长。

第二，收案的具体范围：按照法律规定，属于本院管辖的或由上级人民法院指定和移交本院管辖的第一审涉及未成年人的普通刑事、民事、经济、行政案件由少年综合审判庭审理。具体是：

其一，未成年人刑事犯罪案件，即被告人犯罪时不满 18 周岁的案件；共同犯罪或集团犯罪案件中，首要分子、主犯犯罪时未满 18 周岁的案件，或 1/2 以上被告人犯罪时未满 18 周岁的案件。共同犯罪案件 1/2 以下的被告人系未满 18 周岁的案件是否由"少年综合审判庭"审理，由主管院长决定。

其二，侵犯未成年人的刑事案件，即虐待、遗弃、拐骗儿童、拐卖儿童、奸淫幼女、强奸少女和强迫、容留、引诱少女卖淫的案件，涉及被害人是未成年人的杀人、抢劫、流氓、伤害等案件。

其三，民事案件中双方或一方当事人不满 18 周岁的案件，即抚养费案件、变更抚养关系案件、解除收养关系案件、继承案件、侵权损害赔偿（含侵犯肖像权、名誉权、著作权发明权）案件；父母一方或双方涉及遗产代管的争议案件和指定、变更、撤销监护人案件。

其四，行政案件涉及的被处罚人或被害人已满 14 周岁不满 18 周岁已向法院起诉的案件，即不服治安管理处罚裁决案件；不服工商处理决定案件；不服税务处理决定案件；不服市容处理决定案件；不服食品卫生处理决定案件；不服收容审查处理决定案件；不服劳动教养处理决定案件等。

其五，经济案件中，原告为已满 14 周岁、不满 18 周岁的有关经济纠纷的案件。即劳动争议案件；劳动报酬案件。

其六，院长认为其他应由少年综合审判庭受理的案件。

第三，涉及审判工作的几个问题，为了依靠社会力量审理涉及青少年的刑事、民事、经济、行政案件，搞好综合治理，S 区人民法院进一步打算：

其一，运用好现有陪审力量，必要时再聘请一定数量教育机构的教育工作者，共青团、妇联、工会干部为特邀陪审员，充分发挥这些同志在教育青少年领域的特长，强化对青少年被告人的教育工作，维护未成年人的合法权益。

其二，为少年综合审判庭设置专门开庭的固定场所"少年法庭"。

其三，选择政治素质高、事业心强、工作认真负责、知识面广、熟悉少年特点、业务精通的审判员，使之充实到少年综合审判庭。

其四，与工、青、妇、团等有关部门确定联系制度，互通情况、研究问题，共同做好有关工作。

其五，不属少年综合审判庭管辖的其他涉及未成年人司法保护的案件，其他审判庭也要按有关未成年人司法保护的法律、法规及政策精神处理好。

经请示 B 市高级人民法院和 B 市 S 区机构编制委员会并收到答复后，S 区人民法院正式组建少年案件审判庭，并于 1996 年 5 月被 B 市儿童少年工作协调会、B 市妇女联合会、B 市人事局评为"B 市儿童工作先进集体"。

1995 年到 2004 年，由于最高人民法院少年法庭发展思路发生了变化，加之 1997 年施行的修正后的《刑事诉讼法》对刑事诉讼制度的变革，少年法庭审判机构和人员队伍在较短时间内大幅减少，[1]S 区人民法院亦在此列，于 1997 年撤销少年案件审判庭，重新在刑庭设立少年合议庭。

2006 年 2 月，全国法院第五次少年审判工作会议在广州召开，此次会议拉开了全国范围的少年审判改革的序幕。会后，最高人民法院启动首批部分中级人民法院设立未成年人案件综合审判庭试点工作，原来几近被抛弃的综合审判模式被重新纳入改革日程。S 区人民法院亦在改革浪潮中，于 2012 年复建未成年人案件综合审判庭，受案范围发生了新的变化。

未成年人案件综合审判庭受案范围：

一、少年刑事案件

1. 被告人犯罪时系未成年人的刑事案件

2. 未成年人共同犯罪中分案处理的成年同案犯

3. 被害人系未成年人的刑事案件

二、民事案件

（一）涉及未成年人权益的婚姻家庭纠纷案件

1. 涉及子女抚养的同居关系析产、子女抚养纠纷

---

〔1〕 刘瑜："少年法庭：三十而立再出发"，载《浙江人大》2018 年第 1 期。

2. 抚养纠纷（抚养费纠纷、变更抚养关系纠纷）

3. 收养关系纠纷（确认收养关系纠纷、解除收养关系纠纷）

4. 监护权纠纷

5. 探望权纠纷

（二）侵权人或者直接被侵权人是未成年人的人格权纠纷案件

1. 生命权、健康权、身体权纠纷

2. 姓名权纠纷

3. 肖像权纠纷

4. 名誉权纠纷

5. 荣誉权纠纷

6. 隐私权纠纷

7. 人身自由权纠纷

8. 一般人格权纠纷

（三）侵权人或者直接被侵权人是未成年人的特殊类型侵权纠纷案件

1. 监护人责任纠纷

2. 提供劳务者受害责任纠纷

3. 违反安全保障义务责任纠纷

4. 教育机构责任纠纷

5. 产品责任纠纷

6. 机动车交通事故责任纠纷（其中：同一起事故中，分案起诉的成年人均一并由少年庭审理）

7. 环境污染责任纠纷

8. 高度危险责任纠纷

9. 饲养动物损害责任纠纷

10. 触电人身损害责任纠纷

（四）适用特殊程序案件

1. 申请确定未成年人的监护人案件

2. 申请变更未成年人的监护人案件

3. 申请撤销未成年人的监护人资格案件

4. 宣告未成年人失踪、宣告未成年人死亡案件

2016 年 10 月 19 日，最高人民法院召开"少年法庭改革与建设"论证座谈会，北京师范大学刑事法律科学研究院教授宋英辉在会议上谈道：根据生物学、心理学、医学研究成果，人的大脑发育、情绪控制能力要到 24 周岁才完全成熟，行为控制能力要到 26 周岁才完全成熟。将 18 周岁到 22 周岁的轻刑犯罪案件纳入少年法庭审判范围，更有利于对这一部分被告人的改造和挽救，对发挥少年法庭的职能作用，实现刑罚的教育、矫治功能都是有益的。第 17 届国际刑法大会形成的《国内法和国际法原则下的未成年人刑事责任决议》也建议对未成年人适用的特殊条款可以扩大适用于 25 周岁以下的人。S 区人民法院顺应少年庭司法改革浪潮，为更有利于青少年犯罪防控及我国社会治安的维护，决定将立案时未满 25 周岁的人实施的除政治类、涉众类、职务犯罪以外的轻刑案件纳入少年法庭审理范围。

随着内设机构改革陆续启动，少年法庭改革需要在专业化审判和行政资源综合优化配置之间寻求平衡。基层法院面临三种调整情况：留、并、撤。一是留，有条件的法院，特别是有历史传统优势的法院，如上海市长宁区人民法院、B 市 S 区人民法院等。二是并，主要是和家事合并。三是撤，可采取少年审判团队的方式，同时应当保留"少年"或"未成年"称号，对外仍可使用"少年法庭"称号。[1] S 区人民法院于 2019 年再次裁撤未成年人案件综合审判庭，将其作为未成年人案件审判团队并入刑庭。但无论如何改革，S 区法院少年审判的组织和人员均被以专业团队的形式保留了下来，已经建立起来的未成年人特色工作制度应当继续巩固和发展。2020 年《最高人民法院关于加强新时代未成年人审判工作的意见》的出台更是为 S 区人民法院注入了一针强心剂，S 区高度重视并迅速部署相关工作，设立少年法庭工作领导小组指导少年法庭整体工作，再次调整受案范围以推进未成年人刑事、民事、行政审判及司法延伸工作协同发展，督导未成年人司法保护调查研究和法治宣传教育，总结推广先进经验和创新成果，切实提升未成年人保护和犯罪预防工作的能力水平。

---

〔1〕 北京市高级人民法院少年法庭改革调研课题组："司法改革背景下的少年法庭发展路径——基于对部分省市法院少年法庭的实地考察"，载《预防青少年犯罪研究》2019 年第 4 期。

第二节 B市S区人民法院典型案例样本分析

(一) 小龙故意伤害案

小龙和小伟是一个班级的同学,一次小伟买矿泉水向小龙借了1元钱,一直没有归还小龙,小龙也曾向小伟索要这1元钱。后有同学传话给小伟,说小龙埋怨他不还这1元钱,又对小龙传话说小伟不愿意还钱,于是小伟和小龙产生了矛盾。2011年4月的一个晚上,小伟拿着一根铝管来到小龙的宿舍,两人发生争执。小龙向舍友小帅索要一把刀,小帅随手将一把水果刀递给小龙,小龙和小伟就在该宿舍内互相殴打起来,小龙用这把水果刀扎了小伟腹部一刀,导致小伟腹部主动脉破裂出血,失血过多昏了过去。小龙吓傻了,立即拨打了120急救电话,小伟被学校老师送往医院抢救,后来被鉴定为重伤,伤残程度为9级。当晚,小龙就被民警带走了。小龙、小帅的犯罪行为造成小伟住院治疗等各项花费43万余元。小龙和小帅均成长在远郊区农村,家庭生活经济较差,为了凑到部分赔偿款,其父母心力交瘁、家庭生活雪上加霜,小龙和小帅对自己让同学身受重伤致残的不理智行为感到万分后悔。

小龙、小帅因为不能正确处理与同学之间的小矛盾,故意伤害他人身体并致他人重伤,二人的行为都触犯了刑法的相关规定,构成故意伤害罪。其中,小龙是实际持刀伤害同学的主要致害人,是主犯,加之其又是未成年人,所以对其从轻处罚,判处有期徒刑3年。小帅为小龙提供水果刀,作为一名在校生,小帅对于刀子会伤人、会发生危害后果是明知的,鉴于小帅在共同犯罪中是从犯,又是未成年人,有赔偿被害人经济损失的行为,所以依法对小帅减轻处罚并适用缓刑,判处有期徒刑1年,缓刑1年。

法官提示:在受理本案后的第一次谈话中,小龙话语不多,尤其是在看到自己的同学因伤致残、大病未愈以及家长们焦急的目光时更是深深地低下头、沉默不语。很难想象这个16岁的少年竟是涉嫌持刀故意伤人的犯罪分子。

在青春期这个独特的时期,每位同学都会面对学业压力、人际交往等方面的挑战。理性与非理性的剧烈冲突使得青少年易于冲动。当非理性的一面占据决定性地位的时候,他们会忘记理智、规则和责任,可能导致灾难性行为。本案中小龙的行为就属于典型的冲动、不理智行为。

可见，青少年在生活、学习过程中遇到矛盾时，要学会调节自己的情绪，努力提高自身适应社会的生活技能——主要是指与人相处的能力、敢于面对挫折的能力、善于倾诉的能力。遇事应三思而行，理智地解决问题。绝不能因一时的冲动，造成巨大的伤害，失去宝贵的自由。

（二）小磊、小金抢劫案

小金、小磊、小瑞和小薇是朋友关系。一天，小金拿着女朋友小瑞的手机玩时收到了小瑞前男友小程的骚扰短信。于是，小金问小瑞怎么回事，小瑞说前男友小程还是总纠缠她。小金和小瑞的对话被小磊和小薇听到了，小金说他想揍小程一顿出气，小磊和小薇提议顺便抢了小程的钱。于是，他们让小瑞以见面为名骗小程出来，并让小瑞想办法叫小程多带点钱好多抢点。之后小瑞告诉小金他们自己已经约好小程第二天中午 13 点在网吧见面。第二天，小金和小磊到一家五金店购买了两根木棍，做好准备后和小薇一起到了网吧，看到小瑞和旁边的小程后，他们将小程拽出网吧，带到铁道边用事先准备好的木棍对小程进行殴打，打完之后从小程身上翻出 150 多元钱和手机、公交卡，之后把钱给了小薇，又把手机卖了钱也给了小薇。

案发后，小金、小磊被带到公安局后又交代了他们伙同其他同伙一起实施的其他几次抢劫，小金、小磊在开庭时都说小时候他们也是这样被大孩子抢的。小磊还说，女友小薇告知自己怀孕了，需要用钱堕胎，于是便和小金一起商量后叫上几个"哥们"不时去学校和网吧附近蹲点抢劫过路中小学生的钱物，然后把钱都交给小薇。庭审中，小磊、小金和他们所谓的好哥们看到为自己伤心难过、日夜辛劳的父母都流下了悔恨的泪水。

法院经过审理，认为小金、小磊的行为构成抢劫罪，且抢劫均在三次以上，属多次，但二人犯罪时是未成年人，有坦白情节，还有在家长的帮助下赔偿了被害人的损失，所以法院对二人减轻了处罚，分别处以有期徒刑 7 年和有期徒刑 6 年的刑罚，二人的女友小瑞、小薇也因参与抢劫被判处刑罚，鉴于二人只参与了一起抢劫且系从犯，遂对二人适用了缓刑。

法官提示：小金、小磊的行为属于较为严重的犯罪行为。他们的行为不仅严重侵害了别的同学的财产所有权，而且侵犯了被害人的人身权利，给被害者造成了双重侵害，依法应予惩处。

此次犯罪带来的伤害是双重的，对涉案未成年被害者而言，他们无故遭受拦截殴打、被劫取财物，会破坏他们对生活的安全感，更可能产生严重的心灵阴影。实施者采用持木棍等暴力方法强行夺取他人的财物，触犯刑法的相关规定，因构成犯罪而失去自由，更会改变其人生发展的轨迹。

暴力是犯罪的导火索，也会扭曲人的心智。据统计，崇尚暴力的未成年人长大后从事严重犯罪的可能性要比一般人高出两三倍。有鉴于此，必须及时纠正少数未成年人崇尚暴力、滥施暴力的行为。因此，拒绝不良行为，分清对与错、是与非的界线至关重要。只有这样才能在自己交友、学习、生活时不走弯路，不滑出法律的底线。

（三）小新聚众斗殴案

小新和小舒在中学时就经同学介绍认识，后来二人分别到两所不同的职业技术院校就读，并成为男女朋友。一次课间休息时，小舒在教室走廊经过时不小心碰了同学小李一下，小李骂了小舒，小舒感到委屈，就将此事告诉了小新，小新觉得女友受到欺负不甘心，于是打电话约小李在小李学校附近殴斗。之后，小新找到了在同学中比较有名的"大哥"小星，并送给小星两条烟，小星于是帮助小新在宿舍周围纠集了二十多人一同前往小李学校。小李也不甘示弱，同样纠集了一些同学。当日下午6点，双方都来到了约定地点，小星看到这样的阵势后提前离开了。小新心里也有些后悔，想就此罢手，但是同来的其他人都愤愤不平："我们都来了，就这么让我们走算怎么回事呢？"于是，在小新和小李的指挥下，双方开始了一场打斗，小新手握皮带，小刘持刀，其他人拿着木棍将小李等人打伤，致使小李头皮裂伤，经鉴定为轻伤，另外其他6人也受到了轻微伤。后小新被警察抓获。

法院经过审理认定，小新积极对被打伤的小李等人进行了赔偿，得到了小李等人的谅解，考虑到小新犯罪时是未成年人，对他减轻处罚，最终小新因犯聚众斗殴罪被判处有期徒刑2年6个月，缓刑3年。

法官提示：在案件审理过程中，小新说"我现在最大的感觉是后悔，特别向往回归学校，回归正常的学习状态。我很怀念在学校里学习的日子，认为那时很美好"。同时，小新也真诚悔罪，积极赔偿被害人损失，向被害人赔礼道歉，希望得到一次重新开始的机会。

进入青春期的孩子开始关注异性，渴望有情感经历，无论从生理还是心理的角度看，这都是非常正常的。但是，是否为了所谓的"保护女友不受欺负"就要不顾一切甚至使用暴力，最终酿成悲剧呢？答案当然是否定的。小新在事后表示："现在看来，她当时没有控制好自己，太冲动了。我也太冲动了，我很后悔，不过我不恨她。我认为自己再也不会采取那么冲动的行为去保护一个人了。"

因此，青少年应当树立积极的人生观和价值观，规划好自己的学业，把握好自己的情感，想清楚什么是自己现阶段最应该做的。不能因为一时的气愤与冲动而触犯法律规定。

（四）小强寻衅滋事案

小强在 2007 年来到 B 市的一所职业院校就读，由于是从远郊区县来这里就读并且家庭经济状况不好，小强一直有较强的自卑心理，总觉得自己在家庭方面比别人条件差，生怕别的同学看不起自己。于是，在上学期间，他经常在学校逞强耍威风，向同学强行索要零花钱和物品。如果同学不愿意，就以玩摔跤游戏为名对同学随意进行殴打。2008 年 4 月的一天，小强在宿舍内，以没钱给手机充钱为由向同学小辉索要 50 元钱，小辉不同意，于是小强强迫小辉掰手腕，并在小辉输掉后开始对小辉进行殴打，导致小辉左手掌骨折，经鉴定为轻伤。当晚，小强在学校被公安机关抓获。

法院经审理后认为，小强随意殴打他人并导致他人轻伤，且多次向他人强拿硬要，情节比较严重，已经构成寻衅滋事罪。考虑到小强犯罪时是未成年人，积极赔偿被害人全部损失，因此对小强从轻处罚。小强因犯寻衅滋事罪被判处拘役 6 个月。

法官提示：小强因家庭或个人的原因在潜意识里有强烈的自卑感，从而导致他错误地通过打架、欺负同学来展示自我力量，最终触犯法律构成犯罪。在案件审理过程中，小强承认自己担忧被别人瞧不起而下意识地以上述方式在同学中维持自己所谓"强大"的形象，这也是很多类似案件中未成年人的共同想法。

真正的强者绝不是以彰显暴力、维持形象来凸现自己。生活中的强者是那些敢于直面自己的缺点与不足，懂得从自卑中解脱出来，珍惜获得的关爱，在生活中保持坚强和自信，通过自身的努力，不断充实自己，对社会做出应有贡献的人。这才是真正的强大，这才是自身价值的真正体现。

（五）关某某猥亵儿童案

2012 年至 2013 年，被告人关某某以给被害人测试体能为由分别将被害人小红（女，时年 8 岁）、被害人小黄（男，时年 12 岁）、被害人小明（男，时年 11 岁）骗至 B 市 S 区某小区楼道隐蔽处，对三人进行猥亵。2013 年 3 月 14 日 15 时许，民警从工作单位将关某某抓获。B 市 S 区人民法院经审理认为，被告人关某某犯猥亵儿童罪，判处有期徒刑 3 年 6 个月。

法官提示：在猥亵儿童案件中，犯罪人一般是出于病态心理或满足感官刺激而对儿童实施犯罪，常见的行为包括露阴癖、搂抱抠摸、用性器接触儿童身体等行为。以前，该类犯罪的被害人多为女童，且常伴有虐待、强奸等行为，但近年来，性侵未成年人案件发案呈一定的上升趋势，幼年男童也成了部分犯罪分子的侵害目标。为此，需要给予儿童一定的特殊保护，并加强对该类犯罪中违法犯罪分子的惩罚力度。2013 年 10 月 23 日《最高人民法院、最高人民检察院、公安部、司法部关于依法惩治性侵害未成年人犯罪的意见》对强奸、猥亵儿童等性侵未成年人犯罪的办案程序、适用法律等问题作出了明确规定，表明了从严从重打击此类犯罪的办案方针，具有明确的指导意义。

本案中，被告人关某某被查证属实的猥亵儿童犯罪行为有 3 起，涉及 2 男 1 女共 3 名儿童。案件均是以给孩子做体能测试为由，将被害人骗至没有监控探头的小区楼层顶部夹层实施猥亵行为，属多次实施犯罪。在量刑时考虑到的情节有被告人猥亵多名儿童，被告人致其中一名男童肛裂（经鉴定为轻微伤），被告人的认罪态度较好、有悔过表现等，在猥亵儿童罪的中间刑期以上进行量刑，最终判决被告人关某某有期徒刑 3 年 6 个月。

同时，在办案程序中，法庭也对未成年被害人的隐私给予了充分保护。除了以专人专案形式办理，及时告知被害人父母保护其合法权益及征询其意见，不公开开庭审判以外，对于其他诉讼参加人（如律师、被告人家属）等也及时送达了涉未成年人案件诉讼权利义务告知书，防止其泄露被害人隐私。同时，法庭也保护了被告人的合法权益，并专门聘请了心理咨询师对被告人进行心理诊断及疏导，起到了较好效果。

（六）王某强奸案

2014 年 8 月 18 日 21 时许，被告人王某通过手机聊天软件"遇见"联系到被害人小梦（女，时年 13 岁），后双方通过微信继续交谈。王某明知被害人小梦不满 14 周岁，仍以支付一定数额的钱款引诱小梦与其发生性关系。次日 10 时许，被告人王某在 B 市 S 区古城北路七天快捷酒店 218 房间内与被害人小梦发生性关系，事后未支付钱款。

法院经审理后认为，被告人王某明知被害人系未满14周岁的幼女，仍以金钱引诱幼女与其发生性关系，其行为已构成强奸罪。被告人王某性侵害未成年人，应当依法从严惩治。被告人王某系初犯、偶犯，到案后如实供述自己的犯罪事实，当庭亦自愿认罪，该情节在量刑时予以考虑。依照刑法有关规定，认定被告人王某犯强奸罪，判处有期徒刑5年。宣判后，没有上诉、抗诉，判决已发生法律效力。

法官提示：本案是一起利用网络交流工具、采用金钱财物方式引诱幼女与其发生性关系的案件。一方面，随着生活水平的提高，女孩的身体发育相对提前，但学校和家长对少女们在性生理、性心理、性道德以及性自我保护方面的教育仍显滞后，其中部分家长对孩子的管教方式过于简单粗暴，对孩子的物质需求未能给予正确的引导，使得正处于青春期的孩子感觉缺少家庭的关心和爱护，从而寻求网络交友的快乐和刺激。另一方面，近年来，各种网络聊天软件随手可得，该类软件在给用户带来便利的同时，也为不法分子提供了犯罪机会。不法分子利用未成年人社会经验不足、自我保护能力较弱的特点，采用甜言蜜语或以富足的经济条件为诱饵，骗取未成年少女的信任，乘机对其进行猥亵甚至性侵害。本案中的被害人通过聊天软件与被告人认识后，未能经受住金钱的诱惑，按被告人指定的时间地点进行约会，最终遭受性侵害。

（七）许某某猥亵儿童案

被告人许某某曾因犯强制猥亵妇女罪被判处有期徒刑3年，2011年6月18日刑满释放。2013年10月28日，被害人小芳（女，9岁）在放学独自回家行至S区某马路东侧时，被被告人许某某尾随。许某某采用掐脖子、捂嘴等手段强行将小芳拖入路边小树林，脱掉小芳裤子对其实施猥亵，致使小芳左耳外伤性鼓膜穿孔，外阴周围皮肤发红等。

法院经审理后认为，被告人许某某犯猥亵儿童罪，判处有期徒刑4年8个月。

法官提示：在本案的审理过程中，S区人民法院结合本案以及考虑到未成年被害人的实际情况做了以下两方面工作：一是运用先进手段充分保护未成年被害人隐私。承办法官在综合全案案情后认定由小芳及其法定代理人参加庭审。为充分保护未成年被害人的隐私，在主法庭之外另设一个分法庭作为小芳及其法定代理人的出庭场所，运用证人保护系统对他们的图像、声音予以模糊处理并传输至主法庭，既保证了本案被害人、被告人之间充分发表意见以查明案情，又充分保护了被害人的隐私。二是引入心理咨询师对被害人进行心理疏导，妥善安抚未成年被害人。根据《S区人民法院关于涉诉未成年人心理干预工作的若干规定》，对因此次事件导致心理遭受较大创伤的未成年被害人小芳开展心理疏导，帮助小芳走出心理阴影，重树人生希望。这些措施有力地保护了被害人的隐私，对弥补其心灵创伤、确保其健康成长、维护其家庭和谐起到了重要作用，是对"特别、优先"保护原则的具体践行，也是对"司法为民"理念最好的呼应，在司法实践中值得肯定、推广。

（八）陈某某强制猥亵案

被告人陈某某自2015年11月起至案发兼职担任课外辅导老师。2016年年底始，其担任被害人小玉（女，14岁）的一对一化学课外辅导老师，辅导时间为每周四17点到19点，补课地点为B市S区面积80余平方米的住宅用单元房，该补习班缺乏相关资质且未经备案。

2017年3月23日，被告人陈某某在该单元门口将小玉接至位于次卧的补习教室补习功课。在此期间，陈某某趁补习地点无人且被害人小玉不防备之际实施猥亵行为。小玉在补习结束时即向其母亲哭诉其被陈某某猥亵的事实，其母亲于当日19时41分报警。民警于当日22时许将陈某某抓获。

法院经审理后认为，被告人陈某某犯强制猥亵罪，判处有期徒刑9个月。

法官提示：本案一方面反映了补课市场乱象丛生，培训机构欠缺培训资质以及培训老师良莠不齐的情况均在不少数；另一方面也反映了家长在过度重视孩子学习成绩的同时，忽略了对孩子的安全防范教育，很多家长自身也欠缺安全防范意识。本案中，被害人的母亲仅仅是听到朋友推荐，在没有考察该补考地点及补习班资质的情况下，便让被害人单独前往补习地点上课。被害人在发现补习地点仅有其与补课老师二人时，也未能及时离开补课现场，反映了被害人及家长安全防范意识的缺失。

（九）肖某猥亵儿童案

被告人肖某系某学校教师。某日，被告人肖某利用课后补习机会，在教师办公室内趁无人之机强行搂抱被害人小丽（女，13岁），并对小丽实施猥亵行为。

法院经审理后认为，被告人肖某犯猥亵儿童罪，判处有期徒刑2年6个月。

法官提示：本案的典型意义在于它反映了师德的重要性。中国几千年的历史表明，教师这种角色，历来是受人尊敬和爱戴的，因为它既要让学生有广博的知识，还要教会学生做人的道理，育人、授德才是教师的价值取向，这就需要教师执业者知荣明耻，为人师表。由此可见，师德是教师的底线。若教师将罪恶之手伸向学生，挑战、击穿的便是法律的尊严，是社会基本的道德规则，是老百姓内心所能容忍的最后的社会底线，这值得我们每一个人去深思。

（十）王某某猥亵儿童案

2017年4月30日，被告人王某某在B市S区其侄子的小卖店内对前来买冷饮的被害人彤彤（女，8岁）的阴部进行抠摸。被害人的母亲于当日报警，2017年5月1日，被告人王某某被民警抓获归案。

法院经审理后认为，被告人王某某犯猥亵儿童罪，判处有期徒刑1年。

法官提示：本案反映了家长在养育孩子时面临的矛盾处境：既希望孩子尽快独立，又害怕不在孩子身边孩子会受到伤害。本案中，被害人的母亲为了锻炼孩子独立购买商品的能力，便让8岁的被害人独自前往小区内的小卖部买冷饮，虽然被害人的母亲一直通过窗户观察孩子的动静，发现情况不对后迅速下楼跑向小卖部，但侵害却已经发生。鉴于此，作为未成年人的监管人员，一方面要在保证其安全的前提下培养孩子的自立能力，另一方面也要加强对孩子的安全教育和性教育，提高其安全防范意识和自我保护能力。

（十一）刘某强制猥亵案

2018年7月6日，被告人刘某（18岁）在超市购物后尾随被害人小媛（女，17岁）至某居民楼二层平台处对其进行猥亵。后被告人刘某经公安机关通知到案。

法院经审理后认为，被告人刘某犯强制猥亵罪，判处有期徒刑1年3个月。

法官提示：在强制猥亵案件中，大多数被告人因自身病态心理需求或满足感官刺激而实施犯罪。但在本案中，合议庭通过法庭调查和法庭教育，发现被告人刘某实施犯罪竟是因其曾受到校园欺凌，缺少家庭和学校的关爱，树立了错误的价值观念和两性观念——以暴制暴，将自己的愤懑转移到更加弱小的未成年人群体上。法官依托"青春护航基地"，组织"亲情会见"，通过家人关怀和法庭教育让被告人正视自己给他人、给社会带来的伤害，认罪伏法。法官也到服刑地对被告人进行了判后回访，开展了教育工作，并与被告人邮寄书信十余封。通过判后的帮教工作，被告人刘某于出狱后参加了高考，并以高分考入 985 重点大学。

本案充分展现了审判前后大量的延伸帮教工作，对教育矫治青少年具有重要意义。在预防青少年犯罪和保护未成年人的身心健康方面，全社会都要肩负起各自的责任。首先，家庭应为子女筑起"第一道防线"，正确对待孩子的性教育问题，及时关心孩子的身心健康。其次，学校应加强对未成年人性教育、性道德、性观念的认识，多关注学生的心理健康，当学生遇到欺凌时，可以及时解决，避免悲剧再次发生。最后，对于青少年违法犯罪，包括法院在内的全社会都应该付出努力，提高教育感化成效，既预防青少年再次犯罪，也能间接保护潜在的未成年受害人。

（十二）苏某敲诈勒索案

2019 年 10 月 4 日，被告人苏某（女，17 岁）在居民楼房间内向被害人常某卖淫。事后，苏某以常某支付的嫖资数额不够为由，威胁称不给钱便纠缠、对方报警便告发强奸，并找他人帮忙施压，向常某索要人民币 8000 元未果。同年 10 月 5 日，被害人常某报警，被告人苏某接民警电话通知后投案。被害人常某支付给被告人苏某的嫖资人民币 2000 元已被公安机关依法收缴。

法院经审理后认为，被告人苏某以非法占有为目的，敲诈勒索被害人财物，数额较大，其行为已构成敲诈勒索罪，依法应予惩处。鉴于被告人苏某犯罪时系不满 18 周岁的未成年人，虽已着手实施犯罪，但因意志以外的原因未能得逞，系犯罪未遂，其接民警电话通知后主动到案如实供述犯罪事实，系自首，故对被告人依法从轻处罚。最终，被告人苏某犯敲诈勒索罪，被判处拘役 4 个月，缓刑 6 个月，并处罚金人民币 2000 元。

法官提示：未成年人受社会不良风气的影响，对金钱、物质享受等诱惑抵抗力弱。本案中，被告人苏某因过早辍学，知识水平较低、法律意识淡薄，从事卖淫违法行为后，对他人进行敲诈勒索，已经触犯刑法，却全然不知。

案件的背后是对"失足"少年关怀的缺位。首先，家庭不良环境的影响和教育的偏差。在未成年犯中，不少属于单亲家庭、失管家庭，家庭成员间情感交流失衡，导致他们很容易形成孤僻、冷漠、自卑等不良性格特点和叛逆心理。有的父母在外务工，无暇与子女沟通；有的父母教育方式不当，溺爱或者放任自流；还有的父母有酗酒、赌博、家庭暴力等不良行为，会给孩子造成潜移默化的影响，加之未成年人缺乏辨别是非善恶的能力，很容易造成心理扭曲，走上违法犯罪的道路。其次，不良信息的唆使和物质诱导。未成年人不成熟、容易受蛊惑，辨别能力差，很容易被网络上虚幻、淫秽、暴力等不良文化影响，受到金钱至上理念的腐蚀，容易受成年人的蒙骗进行物质攀比，最后不惜铤而走险。

因此，建议未成年人提升自身法律意识，在学校中遇到问题及时向老师反映，在生活中及时和父母沟通，对网络上认识的朋友以及生活中所谓的成年"引路人"都应予以警惕，不要被别有用心的人利用，走上歧途。

（十三）史某某等寻衅滋事案

被告人史某某（19岁）、温某某（18岁）、薛某某（18岁）与被害人关某某（18岁）系同学、朋友关系。2021年10月底的一天，三被告人在学生宿舍内无事生非殴打关某某。同年11月19日，三被告人在学生宿舍内以逞强要横、凌辱取乐为目的，对关某某拳打脚踢，并对关某某实施多种形式的欺凌伤害。上述被告人的行为造成被害人面颈部、左上肢、左下腹、臀部、双足等多处损伤。烫伤面积达体表面积5%以上，经鉴定被害人的损伤程度为轻伤二级。

法院经审理后认为，三被告人寻求刺激、逞强要横，无视他人尊严，使用恶劣手段在学生宿舍内欺凌、殴打他人，致一人轻伤二级后果，属情节恶劣，三被告人的行为均已构成寻衅滋事罪，分别判处三被告人有期徒刑3年4个月到2年6个月不等。

法官提示：本案中被害人自上职业高中期间便被被告人视为"跑腿"和"跟班"，自升入大专院校后，被告人更是变本加厉，除要求被害人打扫卫生、洗衣外，还肆意殴打、欺凌被害人。被害人在遭受欺凌后选择忍气吞声，直至被害人伤情被其家人发现后本案始案发。公诉机关与三被告人签署认罪认罚协议，量刑建议为2年6个月至1年8个月不等。法院综合案情依法建议从重调整量刑建议，最终判处三被告人3年4个月到2年6个月不等。宣判后，合议庭比照未成年人特色审判机制对三被告人开展法庭教育，三被告人真诚悔罪，均未上诉。

第三节　B市S区未成年人刑事司法机制的探索与形成

B市S区人民法院少年法庭自成立以来勇于探索、积极发展具有中国特色、专门适用于未成年人案件的审判制度和工作机制［详见附件一：B市S区人民法院未成年人案件综合审判庭关于开展未成年人心理疏导机制的若干规定（试行）］。法庭内外，圆桌审判方式、社会调查报告制度、轻罪记录封存制度、法庭教育制度、心理评估干预机制、延伸帮教以及对未成年人出庭和作证采取的各种保护制度等相继登场，合力推进未成年人保护工作稳步向前。

（1）推行庭前社会调查，全面摸底，找出犯罪原因，为科学量刑和判后帮教提供参考依据。早在2007年，该院即探索建立了未成年人社会调查工作制度，于庭前对未成年被告人的成长经历、性格特点、犯罪原因、监护教育等进行全面调查并出具调查报告。

（2）引入心理干预机制，为未成年人点燃新生希望。该庭在少年审判中引入心理干预机制，制订了《S区法院关于涉案未成年人心理辅导工作的若干规定》，将心理辅导工作贯穿于庭前安抚、庭审教育与庭后帮教的全过程。由该庭审理的多个典型案例被中央级刊物《法律与生活》杂志专栏报道，并在市高院组织召开的涉诉未成年人心理评估与干预工作推介座谈会上作经验介绍。

（3）推动合适成年人制度，对未成年人的诉讼权利予以细微关怀。该庭与团区委签订协议，成立并培训合适成年人队伍。为多起无法定代理人到庭的未成年人聘请合适成年人，保证其合法权益。该庭承办的李某盗窃一案适用心理干预、合适成年人机制，起到良好教育效果，被评为第三届S区政法系统"十大精品案件"三等奖。

（4）充分运用证人保护系统，在查明案件事实的同时注重保护未成年被害人的隐私。该庭审理的许某某猥亵儿童案，需要不满14周岁的未成年被害人及其父母到庭参加诉讼，该庭做了充足准备并采用证人保护系统模糊处理了被害人及其父母的影像和声音。最终，合议庭经过评议，以猥亵儿童罪判处被告人许某某有期徒刑4年8个月。

（5）遵循诉讼便捷高效原则，在涉少家事、侵权纠纷中注重调解解决，调解率一直位居前列，保障了当事人和涉案未成年人的合法权益。对于该庭审理的多起涉及未成年人权益保护的家事案件，北京电视台 BTV3《法制进行时》、BTV1《特别关注》、BTV7《生活 2013》、BTV9《晚间新闻报道》、北京电视台青年频道、区电视台《法制聚焦》、《法制晚报》、《北京晚报》均进行过多次集中报道。

（6）判决书后附法官寄语，强化法庭教育效果，制定《未成年人案件"三"个"三"工作机制》，对所有判决的涉未成年人刑事、民事案件均附上法官寄语，作为法庭教育、判后释明的工作程序连同宣判笔录附卷归档。多年来，一审服判息诉率达 95%以上。首都政法综治网发布的《一封特殊来信体现 B 市 S 区法院未成年人案件"法官寄语"工作机制成效》一文推介了该项工作。

一、新时代未成年人刑事特色机制的形成

党的十九大以来，以习近平同志为核心的党中央高度重视未成年人的健康成长，致力于让所有未成年人在阳光下茁壮成长。多年来，S 区人民法院在未成年人案件审理过程中始终贯彻"教育为主、惩罚为辅"的少年司法精神，坚持儿童利益最大化原则和"教育、感化、挽救"六字方针，秉承特殊、优先保护理念，教育矫治和保护了一大批未成年人。

在探索未成年在校生的法治教育思路上，S 区人民法院创造性地发挥法官在学校法治教育中的积极作用，扎实做好预防未成年人犯罪工作，保护未成年人合法权益，推进社会综合治理从学生抓起的战略决策，2008 年，S 区人民法院与 S 区教委经充分协商，决定建立年度案件通报会机制，通过召开联席会议，由 S 区人民法院向主管区领导、S 区教委、区属各学校通报在本学年内发生的在校生犯罪情况、教育机构侵害未成年人合法权益情况以及通过法院审理案件发现学校等相关部门存在的问题等。通报会机制自建立以来已运行十年，成效显著。S 区人民法院以该机制为基础，加强与辖区内各部门之间的联动，创造性地建立了"青春护航基地""相伴青春观护站""相伴青春法官工作室"以及"传统文化与青少年犯罪预防研究中心"四个特色工作平台，在预防未成年人犯罪、保护辖区青少年健康成长方面实现了从"一个一"到"四个一"的探索。十年来，S 区人民法院在未成年人保护方面打造了从单一到多维，从平面到立体的 S 区模式，为构建具有中国特色的未成年人保护工作贡献了力量。

二、S区刑事特色机制形成的背景——未成年人案件审判实践分析

十年以来,S区人民法院受理涉未成年人刑事案件共计294件,其中未成年人犯罪案件为250件,涉及未成年被告人352名,被害人为未成年人的案件为44件;在校生犯罪案件共计51件,在校被告人87名。从数量上看,未成年人犯罪案件及在校未成年人犯罪案件整体呈逐年下降态势,只有个别年份有所起伏。

表1-1 未成年人刑事案件分年数据表

分项数据 / 年度	未成年人犯罪案件		在校未成年人犯罪案件	
	案件数	被告人数	案件数	被告人数
2007年	47	70	15	25
2008年	35	46	7	9
2009年	32	45	7	14
2010年	25	37	5	8
2011年	27	36	6	9
2012年度	15	22	1	2
2013年度	17	20	2	3
2014年度	22	43	6	15
2015年度	13	14	0	0
2016年度	11	13	1	1
2017年度	4	4	1	1
2018年1月至11月	2	2	0	0
合计	250	352	51	87

在校未成年人犯罪的主要类型为侵犯财产类犯罪、妨害社会管理秩序类犯罪、侵犯公民人身权利类犯罪,主要集中在抢劫罪、聚众斗殴罪、故意伤害罪、寻衅滋事罪、盗窃罪,分别占在校未成年人犯罪案件数的26.44%、19.5%、18.4%、18.4%和11.5%;另有部分案件涉及放火罪、强奸罪、掩饰隐瞒犯罪所得罪、抢夺罪。

被害人系未成年人的刑事案件中，犯罪类型主要为侵犯公民人身权利类犯罪，主要集中在猥亵儿童罪、强奸罪、强制猥亵罪，分别占被害人系未成年人的刑事案件总数的30%、16%、11.4%。

表1-2　被害人系未成年人的刑事案件主要类型

案由	抢劫	聚众斗殴	寻衅滋事	故意伤害	盗窃	放火	强奸	掩饰、隐瞒犯罪所得	抢夺
涉案人数	23	17	16	16	10	2	1	1	1

（一）犯罪主体特征

从性别上看，在校未成年被告人以男性为主。在87名在校未成年被告人中，男性有82人，占比为94.25%；女性为5人，占比为5.75%；在被害人系未成年人的刑事案件中，被害人以女性为主，占比为90%。

从年龄上看，在校未成年被告人以16岁至17岁的未成年人为主，尤其集中在17岁。在全部案件中，不满16周岁的未成年在校生案犯为20人，占比为23%；已满16周岁不满18周岁的未成年在校生案犯为67人，占比为77%。在被害人系未成年人的刑事案件中，被害人的年龄以不满14周岁的儿童为主，占比为75%。

从是否有过前科、不良记录上看，在87名在校生案犯中，4人曾接受过行政处罚；3人曾因打架、吸烟等违纪行为被学校给予纪律处分；其余大多数在校生案犯均无前科劣迹及不良记录。

从户籍所在地上看，在校未成年被告人以北京籍为主，在87名在校生案犯中，北京籍的有69人，占比为79%，非京籍的有18人，占比为20.7%。其中，河北籍、黑龙江籍分别为4人，占比各为4.6%；吉林籍、山东籍、安徽籍分别2人，占比各为2.3%；另外有陕西籍、山西籍、河南籍、湖北籍在校未成年被告人各1名。在被害人系未成年人的刑事案件中，被告人与被害人均呈现多为非京籍的特征。

（二）客观表现

在校未成年人犯罪客观上呈现团伙化特征。在全部犯罪中，涉及共同犯罪42件，占比为82.35%；非共同犯罪9件，占比为17.65%。在校未成年人两人搭帮结伙进行犯罪共5件，占比为9.8%；纠集或被纠集多人进行犯罪共37件，占比为72.55%。

在被害人系未成年人的刑事案件中，被告人与被害人的关系绝大多数为互不相识的陌生人，有28件，占比为63.6%；熟人作案16件，占比为36.4%，其中包括邻居关系、朋友关系、网友关系、师生关系、同学关系。

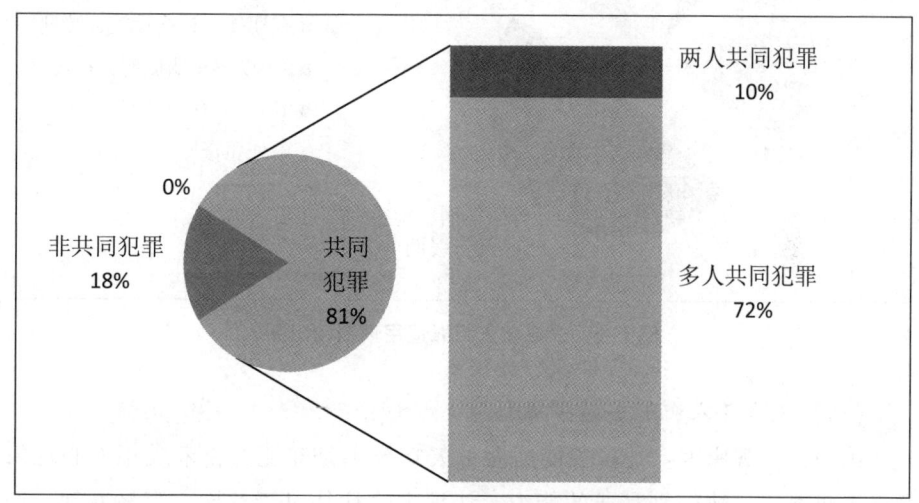

图1-1 在校未成年人犯罪行为特征

（三）未成年人犯罪案件处理情况

从刑罚结果来看，以适用非监禁刑为主。近70%的在校生犯罪，经法院审理后符合非监禁刑的条件，从最有利于教育、挽救未成年罪犯的角度出发，均适用了非监禁刑，使这些未成年人罪犯可以重返校园，继续上学。

全部在校未成年案犯中，被判处免予刑事处罚（被告人的行为已经构成犯罪，法院作出有罪判决，但由于犯罪情节轻微，不再判处刑罚，即只定罪不判刑）的有13人，占比为15%；被判处有期徒刑、拘役宣告缓刑（根据犯罪分子的犯罪情节以及悔罪表现，适用缓刑确实不致再危害社会的，法院作出有罪判决，同时判处一定刑罚，但宣告暂缓执行，对罪犯不予关押，规定一定考验期，考验期满原判刑罚不再执行）的有42人，占比为48.3%；被判处3年以下有期徒刑、拘役的有22人，占案犯总人数的25.3%；被判处3年以上有期徒刑的有5人，占案犯总人数的5.8%；单处罚金（不剥夺其自由，仅判处向国家缴纳一定数额的罚金）的有5人，占案犯总人数的5.8%。

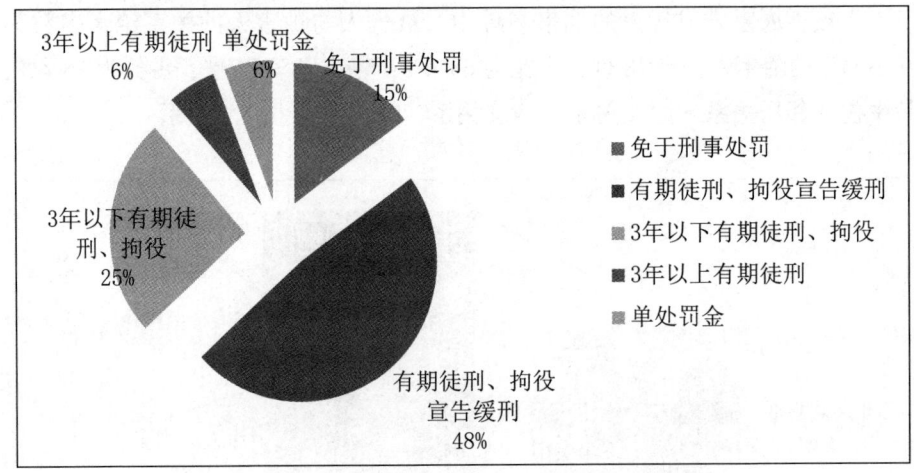

图1-2 未成年人犯罪适用刑罚情况图

（四）未成年人犯罪成因分析

第一，主观原因：①自控能力差，欠缺辨别是非能力，未成年人心理发育尚不成熟，欠缺辨别是非的能力，认识事物往往过于片面，容易冲动、产生盲从心理，且付诸行动，甚至会产生严重的后果，酿成大错。②自尊心、虚荣心强。未成年在校生正处于青春期，身心都处于快速变化中。其过强的自尊心与较差的自制力之间的冲突导致其极易出现认知及行为偏差。他们很容易把打架斗殴视为"英雄行为"，为了所谓的哥们义气，不惜与人大打出手。在此期间，如果对青少年教育乏力、管理不当、疏导无方，极易导致其误入歧途。③法治观念淡薄。一些未成年人不学法、不知法、不守法，甚至连学校的规章制度都不能遵守，法治观念、规矩意识淡薄，最终导致了犯罪的发生。

第二，家庭原因：家庭是孩子的第一课堂，父母是子女的第一任老师。不良的家庭环境往往是引发未成年人犯罪的重要原因。从S区人民法院审理的在校未成年被告人的家庭背景来看，无论家庭健全与否，其在教育未成年子女方面都可能存在一定的问题。①家庭的破裂或解体是导致未成年人犯罪的重要原因。据统计，父母离异家庭子女犯罪率是健全家庭的4.2倍，残缺的家庭会导致孩子悲观、敏感、失望、痛恨父母、不满现实，形成反社会心理，如果得不到安慰和教育，这些未成年人在进入社会后极易被不法分子利用或拉拢，最终走上违法犯罪的道路。②溺爱与严厉都是过犹不及的教育方式。现在的未成年人大多是独生子女，容易娇生惯养，家长对孩子百依百顺，不能进行正确的指导和教育，不能及时发现和矫正孩子的不良行为；还有一些父母望子成龙心切，把看管、斥责、打骂作为教育手段，一旦孩子出现问题，即对孩子采取打骂等简单粗暴的方法，造成孩子性格孤僻、脾气暴躁甚至出现暴力倾向。③父母的不良恶习是未成年人犯罪的模仿对象。未成年人三观尚未形成，好奇心强，很容易模仿一些不良行为，若父母有赌博、酗酒、盗窃、打架斗殴等不良恶习或犯罪史，都可能会在孩子心中埋下违法犯罪的种子。

第三，社会原因：①城乡分化导致贫富差距加大，非京籍在校生犯罪问题突出。改革开放以来，中国社会进入快速转型时期，工业化、城镇化进程不断加快，城市与农村的差异越来越大，大量流动家庭和留守儿童的出现，使得城乡在教育、经济、文化领域的差距愈加扩大。在近年来 S 区人民法院审结的在校未成年人犯罪案件中，非京籍在校生犯罪占据一定比例，他们大部分出生在外地，随父母或其他亲属来京务工或就读打工子弟学校，由于生活、学习环境的变化，心理容易产生内向、易怒、长期沮丧等情况，加之父母工作繁忙沟通较少，思想与行为极易产生偏差。部分未成年人家庭经济状况不好，又不愿从事父辈那般艰苦的工作，在不劳而获思想的驱使下容易走上盗窃、抢劫等犯罪道路。②社会上的不健康文化直接影响未成年人的成长。随着现代文明的高速发展，各种网络、电视、影视文学作品、音像制品、小报小刊、电子游戏的普及使得未成年人可以十分方便地接触、了解到一些宣传拜金主义、暴力、色情思想的内容，而未成年人又处在青春发育阶段，人生观、世界观、价值观尚未形成，辨别是非的能力差，在该年龄阶段摆脱学校及父母的监管、追求独立的思想严重，很容易模仿一些不良行为，导致他们崇尚金钱和暴力，攀比风盛行，最终酿成危害社会的恶果。

第四，学校原因：①学校不愿接纳问题学生。根据对以往未成年在校生案犯成长背景的社会调查，有相当比例的未成年犯所在学校为了追求考核目标及防止学生不良影响等，对犯错学生动辄训斥、体罚，甚至直接要求其转校或者予以开除；对于被判处缓刑或短刑刑期已满想重新回到学校接受教育的未成年犯，学校不愿意接收，把对他们的教育视为额外的负担。这既未做到纠正学生的行为错误，也堵住了他们重新找回自信的道路。若这部分未成年人被再次推向社会甚至其他民办或职业类院校，极易导致未成年人再犯罪及其他犯罪风险。②学校的法治教育力度不够，应试教育导致社会将高分数、升学率作为衡量教学质量和学生素质的唯一标准。学校等片面强调学习成绩和升学率，轻视思想道德和法治教育，一些学校虽设有德育课，但授课方式过于单一，不适应未成年人的特点，使该课程流于形式，导致未成年人的道德水平低下、法治观念淡薄。在笔者受理的案件中，很多未成年在校生只知道自己做错了，但根本没意识到犯罪离他如此之近，要接受如此严厉的惩罚。③教师素质不高，甚至存在侵害未成年人权益现象。一些学校对于教师的选任只注重教学质量，忽视了基本品德和教养。在笔者办理的案件中，不乏老师借补课名义猥亵学生的现象；还有一些"兼职教师"，在没有任何资质的情况下滥办"培训班"，并对学生实施猥亵和性侵行为。这些不仅扰乱了学校的正常教学秩序，也给未成年被害人造成了难以弥补的心理伤害。

结合审判实践，S区人民法院发现，虽然未成年人犯罪率逐年下降，但未成年人权益受损的客观现实已经引起了社会各界的高度关注。每一个涉未成年人案件的背后都隐藏着个人、家庭、学校和社会等多个错综复杂的原因，是社会多方面因素的综合反映。要切实维护未成年人合法权益，途径不仅是预防和惩戒，关键还是要强化家庭、学校、社会的共同作用，多管齐下护航青少年健康成长。在对未成年人保护工作新特点新形势进行分析后，S区人民法院与S区教委于2008年签署《B市S区人民法院与B市S区教育委员会法制共建协议书》，建立了预防未成年人违法犯罪、维护未成年人合法权益的联动机制，决定通过每年联合召开案件通报会，立足经典案例，深入剖析原因，提出专业意见和建议，向未成年人教育、保护有关部门及一线德育教育工作者进行通报，以便教育工作者更整体地把握辖区未成年人犯罪情况，能够更全面、具体地了解案件背后反映的问题，推进学校的德育教育更加有的放矢，以便法院与教育等有关部门形成合力，共同做好预防未成年人犯罪综合治理工作，推动法治完善。

2012年，S区人民法院成立了独立建制的未成年人案件综合审判庭，受案范围扩大到涉及未成年人权益保护的民事案件。为了更好地开展未成年人保护工作，S区人民法院与S区教委扩大了共建合作的范围。新的共建协议在内容上从原有的预防青少年违法犯罪为主，扩展到未成年人的相关民事权益保护工作；在范围上，从原来的以中学为主，扩展到小学、幼儿园；在主体上，从以学生为主，扩展到教师。

（五）案件通报会机制的运行模式和效果

案件通报会立足于 S 区人民法院历年审判实践，辐射的案件范围包括：①未成年人犯罪案件；②涉未成年被害人刑事案件；③涉未成年人民事案件；④18 周岁至 25 周岁的青年人轻刑案件。在前期大量案件积累的基础上，S 区人民法院形成了面向教委，涵盖学校、教师、学生及家长，紧密联系辖区涉未成年人案件特点，及时回应时事热点的主题式年度通报会机制。2008 年至 2017 年，S 区人民法院在收案数量倍速激增的情形下，十年如一日地坚持调研、汇总涉未成年人案件基本情况，精心策划主题、选取典型案例并提出合理化建议，在 12·4 宪法宣传日、6·1 国际儿童节、开学季、毕业季等特殊时间节点，有数据、有内容、有对策地通报未成年人犯罪预防和权益保护现状，并邀请传统媒体和新媒体共同加入，营造话题式讨论氛围，推动增强全社会未成年人保护意识和参与度。

在通报会主题的选取上，S 区人民法院注重立足区情、依靠首都、面向社会、放眼世界。未成年人保护是全世界面临的共同问题，"儿童利益最大化""儿童优先"已经成为国际社会的通行准则。在此背景下，脱离世界的眼光孤立地看待我国、北京市甚至 S 区的未成年人审判和保护工作，远远达不到未成年人保护的最大功效和最优水平。为此，S 区人民法院积极组织少年审判法官参加国家级甚至国际研讨会，拓展少审法官国际视野，在此基础上选取的校园暴力、幼儿园校园安全、校园及培训机构性侵害问题等主题均具有时代特点和通报意义，2016 年以未成年人家庭保护角度确定的主题"监护不当引发未成年人权益受损"更是与国际社会"儿童福利"原则和我国"国家监护"的推动高度接轨；在通报会听众的选择上，S 区人民法院采用"1+N"模式，即教委是主体，学校、教师、家长、社区、妇联甚至人大代表等根据与所选主题的关联度轮番参与。未成年人保护是一项系统工程，法院、教委均是其中的关键环节，但仅有这两家并不能构成未成年人保护的完整闭环。因此，通过对听众的灵活选择，S 区人民法院力求把未成年人保护工作真正变成全社会的共识、全社会的事业。

S 区人民法院与 S 区教委自 2008 年签署共建协议以来已经十年（详见附件二），通过每年的案例通报会、模拟法庭、法院开放日、送法进校园等系列活动，共同配合开展未成年人的法治教育，扩大了普法受众面，增强了法治教育的实际效果，使辖区学生的法治教育、德育教育形式更加丰富，内容更加有针对性，法治教育的实际效果得到了切实增强，受到了共青团中央、团市委、首都综治委、上级法院等单位的重视和表彰，取得了较好的社会效果。

预防未成年人犯罪效果显著：十年来，S区未成年人犯罪和在校未成年人犯罪案件数量整体均呈下降趋势。2007年法院判处在校未成年犯罪案件15件，2008年判处7件，同比下降53.3%；2009年判处7件，与上一年度持平；2010年判处5件，同比下降28.6%；2011年判处6件，与上一年度基本持平；2012年判处1件；2013年判处2件；2014年判处6件；2015年判处0件；2016年、2017年各判处1件，2018年截至11月尚无在校未成年人犯罪。S区人民法院在坚持贯彻宽严相济刑事政策的同时，立足对未成年犯进行保护、教育、感化、挽救的方针，对未成年人犯罪依法落实刑罚宽缓的要求。经过审理，充分考察未成年在校生案犯的社会危害性、再犯风险，积极落实合适成年人、社区矫正等制度，对70%的在校生案犯判处了非监禁刑，轻罪缓刑少年犯回归校园比例较高，在校未成年重新犯罪率低。S区人民法院与S区教委、辖区学校合作，妥善安置了5名适用缓刑的在校生重返校园，现在5人顺利开展学业，取得了较好的教育、挽救效果。

未成年人保护工作获多方肯定：通报会机制运行过程中，针对非京籍未成年被告人在京社区矫正存在困难这一问题，S区人民法院撰写了审判信息，建议实施社区矫正的司法行政部门制定统一的居住地核实标准，避免因此类情况导致无法进行社区矫正，甚至脱管的情况发生，获得了B市高院的高度重视。针对未成年被害人的诉讼权益保障问题，S区人民法院通过制作发送《未成年被害人及其法定代理人权利义务告知书》、为专门法庭配装证人保护系统、建立未成年被害人电子档案三项举措保护未成年被害人的合法权益，受到了B市高院的认可。针对最常见的校园暴力案件，S区人民法院建立了立体化防控机制，促使该院审理的所有校园暴力案件当事人均服判息诉，被害人心理重获健康，社会矛盾得以化解，取得了良好效果，获得了时任B市高级人民法院院长的肯定批示。

S区人民法院以通报会机制取得的成效为导向推动未成年人保护工作发展，创建了追求系统工程的"S区模式"，受到了中央人民广播电台、中国教育电视台、《人民法院报》《中国妇女报》《民主与法制报》、首都政法综治网、《法律与生活》杂志等多家媒体的采访和报道。B市未成年人保护委员会和 B 市高级人民法院对 S 区人民法院未成年人保护工作给予了充分肯定，多次授予 S 区人民法院少年庭干警 B 市未成年人保护工作先进个人、B 市先进工作者、B 市"三八"红旗奖章、B 市法院少年法庭工作荣誉贡献奖、B 市法院少年法庭工作优秀个人等荣誉，授予 S 区人民法院少年庭 B 市未成年人保护工作先进集体称号。S 区人民法院少年庭连续多年被评为 B 市优秀"青少年维权岗"和 S 区"巾帼文明岗"。2017 年，在 B 市高院召开的"北京法院少年法庭三十周年表彰大会"上，S 区人民法院少年庭荣获"北京法院少年法庭工作先进集体"，S 区人民法院"青春护航基地"帮教机制获评 B 市法院未成年人权益保护制度十大创新事例。

三、S 区人民法院刑事特色机制的完善

在推进全面依法治国和全面深化司法改革的大背景下，S 区人民法院认真贯彻落实习近平新时代中国特色社会主义思想和党的二十大精神，创新未成年人保护举措，深化未成年人保护机制的创新与应用，不断提升未成年人保护工作水平。S 区人民法院在高质量完成审判业务的同时，创新未成年人刑事审判工作模式，拓宽未成年人审判延伸职能，以"温暖青春、守护未来"为司法宗旨，立足实际，创新发展。以案件通报会为基石，通过总结历年通报会问题点和着力方向，与相关单位相继探索建立了"青春护航基地""相伴青春观护站""相伴青春法官工作室"以及"传统文化与青少年犯罪预防研究中心"，形成了"一站一室一基地一中心"工作机制，着力打造具有新时代特色的"枫桥经验"模式，为构建具有中国特色的未成年人保护机制贡献力量。

一站：相伴青春观护站——推进专业审判，保护儿童成长。在审理的涉少民事案件中，S 区人民法院少年庭发现父母过度干预致未成年人权益受损、父母之间矛盾较深把孩子当作报复武器、父母教育方式不当、沟通方式简单粗暴等危害未成年人权益的现象高发。为了更好地体现未成年子女需求、保护未成年子女的权益，预防未成年人子女因家庭原因走向违法犯罪，2015 年 12 月，S 区人民法院与 S 区妇联共同建立了"相伴青春观护站"，并加入了高院"百例社会观护计划"，聘请社会观护员开展未成年人民事审判社会观护工作，通过社会观护员的介入对未成年人进行社会调查、形成调查报告、参与案件调解以及对生效裁判文书执行情况进行跟踪考察、回访，实现了对涉诉未成年人权益受侵害情况的及时干预。社会观护对践行未成年人利益最大化、协

助法院准确判断涉诉未成年人成长利弊、提升未成年人司法保护工作的水平均具有重要意义。

一室：相伴青春法官工作室——遏制校园欺凌，护航花季人生。S区人民法院少年庭总结既往审理的涉校园类暴力案件发现，该类案件呈中职学校学生发案率高、团伙性施暴案件比率高，附带民事诉讼调解难、被害人心理疏导难、未被起诉的施暴者教育挽救难的"两高三难"特点。在此基础上，S区人民法院少年庭尝试在辖区学校建立法官工作室，利用时间节点，进行富有针对性的宣讲，从而达到遏制校园欺凌现象、打造平安校园的目的。2017年5月，S区人民法院与S区教委签订法制共建协议并依托教委在全区设立"相伴青春法官工作室"，将全区五十余所中小学校纳入防范校园欺凌工作成员单位，把违法犯罪问题预防在源头。S区人民法院少年庭依托"相伴青春法官工作室"定期为辖区学校提供法律咨询、心理辅导，实施有针对性的、有特点的、易于接受的、活泼生动的法律教学活动，将学校的日常教育与普法宣传相结合，将未成年人犯罪预防与中国的传统文化相结合，持续关注涉未成年人热点问题，教育问题少年、化解校园纠纷、防控校园欺凌，以期打造全社会共同关注、共同预防、共同保护的局面。

一基地：青春护航基地——完善帮教机制，重塑罪错少年。S区人民法院少年庭在长时间审理涉少刑事案件的过程中，发现未成年人再犯罪趋势上升、后续帮教措施乏力以及社区矫正衔接不畅，导致部分未成年罪犯不能如期获得司法矫正等情况凸显。为此，S区人民法院少年庭在调研的基础上，联合相关单位合作建立了B市首个综合性帮教基地——"青春护航基地"，涵盖复学、就业、城市体验、社会实践、志愿服务等多个帮教项目。依据共同制定的涉罪未成年人考察帮教实施方案以及工作流程，司法社工、法官、涉罪未成年人及家长共同商定帮教计划，形成法官+社会力量的合力、有针对性地进行"个性辅导"。全方位、立体化的考察和帮教使基地成为涉罪未成年人回归社会的"传送站"，帮助未成年犯远离滋生犯罪的原生环境，切实维护了社会稳定和发展。

一中心：传统文化与青少年犯罪预防研究中心——德法教育并重，根源预防犯罪。2018年5月，S区人民法院与北方工业大学文法学院合作成立"传统文化与青少年犯罪预防研究中心"，旨在通过法院这一实践基地和高校这一学术领域的联合，加强对传统文化在立人立德方面作用的研究，并通过开展法治、德治系列课堂，打造学科交叉领域下青少年犯罪预防研究和德育教育新品牌。依托"传统文化与青少年犯罪预防研究中心"，S区人民法院设计"信·未来"系列明信片，整套明信片正面记载了习近平总书记历年对少年儿童的讲话，背面突出展示了少年庭特色工作，面向辖区中小学校学生发放，取得了良好的社会效果。同时，S区人民法院创新普法宣传平台，开展"互联网+"法治、德育教育，定期将传统文化小故事系列推送至S区人民法院少年庭官方微信公众号"法知青春"，深受辖区师生的关注和喜爱。以该中心研究成果为基础，S区人民法院与共青团中央青少年研究中心进行对接，着力打造京西传统文化与青少年犯罪预防研究中心。

"相伴青春"法官工作室典型案例：

《就"相伴青春"法官工作室对话佟某华律师》

时间：2017年8月7日上午10点

地点：致诚青少年法律服务中心图书室

参加人员：佟某华、S区人民法院法官杨某

法官杨某：去年，我们法制副校长让我们配到每一个技师学院，我们就建立了法官工作站。我担任技师和技工学院的法制副校长，技工学院确实是社会的一个乱点，相当于未成年人30%的孩子在这里面，但他们已经有了犯罪倾向，但因为年龄或其他原因，他们不能引入犯罪里面。现在他们的犯罪率一直在提升，我们一直在讲课，但时不时地也有犯罪在发生。

那么，法官尤其是少审法官要不要再下沉一些？我们就以校园欺凌这个点做了一些工作，发现效果还可以，建成了工作站以后解决了一些遗留问题，学校和家长都认可。

今年5月份和六一，我们和S区教委签订了共建协议，把法官工作室在全区都铺开了。一方面，我们要总结学校的民事、家庭教育、校园欺凌和心理问题；另一方面，我们又用"法知青春"公众号和座谈会以及每年的工作交流机制，在这个过程里面会互相沟通，会发布一些典型案例的通报。

佟某华：这两年，我一直在呼吁建立少年和家事法院，我已经谈了四五次了，我一直在呼吁这个问题。我认为，建立专门法院肯定是由最高人民法院来推动的，这个我们不考虑。但是有几点很好：

第一，观护基地。这个社会很关注，但是探索的地方很多。我们都知道，所有犯罪的孩子都有家庭的原因。怎么让家庭积极发挥作用？司法机关怎么做？离婚并不可怕，但是离婚过程中孩子没有安排好，这个是非常可怕的。为什么我们会关注离婚过程中涉及孩子的问题？现在，要么父母都不想承担责任，要么就把孩子当作情感报复或者争夺财产的砝码。

第二，学校方面。单靠学校不行，肯定需要法院的支持。

上次在最高人民法院开会，也是在谈校园欺凌。司法机关怎么做？少年法庭要延伸，怎么做？现在社会很关注，如果我们有一点儿探索。就像您说的，您谈话肯定比校长、老师谈话有效果。

法官杨某：12月16日我们成立了法官工作室。成立以后刚过十几天，刚过完元旦。辖区一个学校跟我联系，说有一个特别苦恼的案子。一个校园欺凌的案子，家长找来了，做新闻媒体的。我们有共建协议，我就让他约家长，下午我就过去了。

两个孩子是北京的，一个是湖北十堰的，一个是湖南的。他们都是大一刚上学，大专，很多都是专升本。湖北的孩子比较老实，北京的两个孩子老是欺负他，让他扫地、打水，总欺负他，这个孩子就是有些抑郁。他跟家长说不想上学了，家长不同意。十一回家就跟家长哭，一直不愿意回来，最后还是回来上学了。他爸就觉得不对劲，本身是做新闻媒体的，也怕出现欺凌事件，就给老师打电话。老师已经知道情况了，也对两个孩子进行了批评教育，但这两个孩子没太在意。孩子的父亲通过学校了解到这个情况，觉得学校在处理，也没有太深究。

但是，后来最重的一次，这两个孩子把这个湖北的孩子打伤了，然后住院了。家长一听很严重了，看完孩子就回老家治疗，后来出院就过来解决。他们学校的院长、辅导老师、班长都解决不了，学校担药费及治疗费用，但是两个孩子都不觉得算回事。叫过来家长，家长也不承认，说小男孩打架很正常。

元旦期间，这个父亲专门来解决这个事。这个时候父亲才亮明是电视台的主任编辑，说如果你们解决不好，我就通过媒体来解决。恰恰这个时候，我们的法官工作室成立了。他们就给我打电话。我一听确实有问题，这是明显的校园欺凌行为，而且比较典型。我也在想，是以司法的方式出现还是什么？我是他们学校的法制副校长，而且有合作机制。

后来，我就见了被害人，那孩子一看就特别老实。我又跟家长聊了聊，家长也说，如果是不会交往、不会交流这都可以理解，但是这半年的时间，一直可着我孩子欺负，还不承认错误，这是最可怕的。他说国家一直在打击这个，构不成刑事也得承认。我了解到他是当地电视台的领导，跟他做了说服工作，介绍了法官工作室，后来他就说让我们给一个说法。我说不仅是医疗费，还有情感需要和心理需求，应该让对方家长明白这不是钱能解决的。让他再想想。

后来，我又把两个孩子和他们的家长叫进来。我跟他们提到，我第一堂课讲的，你们这是暴力。我说学校是在保护你们，早就应该让公安把你们抓了。他们家长也说没那么重，我说最起码得有一个行政处罚，到时明显会让毕业受影响。我后来说，你们换个角度想想，你们被人打了，你们不定还怎么闹呢？后来，有一个家长松口了，说赔钱。另有一个家长说没钱，是农民、下岗职工，然后就可劲儿地批评孩子。我就说，你们骂没用，虽然他们已经是成年人了，但是你们的教育、保护义务还得承担。

整个过程胶着了几轮。后来，我就提出一个方案：一家拿出 2500 块钱。被害人家长说，钱多钱少没关系，希望两个孩子每人 1 块钱给自己孩子。这两个孩子都没有想到，当时就道歉给钱了。被害人家长也说，你们都是同学，以后好好沟通。我也说，人的这一辈子最难忘的是战友情、同学情、同事情。你们到了湖北以后，你们可以说有一个同学。湖北的同学到了北京，也会说不打不相识。我说，我以法制副校长的身份给学校提两个建议：第一，两个孩子必须做检讨，并且是在全系大会上做检讨，这就是一种校园欺凌，不能滋生，必须打。第二，学校做一个记过处分，这是一个暂时性的档案。如果这两年或者这三年确实改了，他们努力学习了，而且也引导周围的同学，建议你们撤销这个记过，让他们清清白白地毕业。

最后，双方非常愉快地和解了。这个案子胶着了 3 个多月，最后被我们解决了。

佟某华：你用了多长时间？

法官杨某：我当时电话沟通了 2 次，后来现场去了 3 个多小时，现场办公、现场签协议。心悦诚服地承认错误。

佟某华：这就是学校做不到的。最后，每家 2500 块钱，两个孩子每人 1 块钱。他们还做了检讨？

法官杨某：嗯。我当时还跟学校说，这两份检讨书要存档，还要给处分。

佟某华：你跟我讲这个过程，这是司法人员解决校园欺凌的一个特别好的范例。做这些工作，其实也是靠着个人的情感在做，可多做也可以少做。

法官杨某：我也跟孩子说，你们将来肯定也会成家立业有孩子。我们要给他们创造更好的条件。不管怎么变，还是凭着良知干活。

"相伴青春观护站"典型案例：

《李某诉贾某变更抚养关系纠纷案》
——社会观护两手抓

基本案情：李某与贾某因感情不和协议离婚，约定婚生子小东由贾某抚养，李某每月支付抚养费600元。现李某认为贾某经常殴打孩子，给孩子幼小的心灵造成极大的伤害，遂诉至法院，请求变更抚养关系，贾某每月支付孩子抚养费，并承诺将保证贾某的探望权。

审理经过：法院受理此案后，在征得双方当事人同意后，启动了社会观护工作。观护员先后两次到李某、贾某家中实地走访，与他们开展访谈，了解到小东从小学习柔道，曾参加过比赛，获得了全国第二的成绩，现因网络游戏影响学习，在学校出现不听课、与同学打架、骂脏话等情况，贾某感到担忧，为此打过小东，观护员遂与小东的柔道教练和班主任取得联系，通过访谈证实了上述情况。观护员和法官不想看到聪明伶俐的小东就此变为"问题孩子"，遂对小东开展了"互动型"教育。在访谈过程中，小东最初比较被动，对观护员的提问几乎以"不知道""对、嗯"等方式回答或者不予回答，观护员又从亲情代入，对小东动之以情、晓之以理，最终解开了小东的心结，使他感受到父母对自己的爱并未缺席，认识到沉迷于网络游戏的不良后果。法官也与贾某进行谈话，对贾某殴打孩子的行为予以严厉批评，贾某意识到不应采取打骂等方式管教子女，并最终同意小东由李某抚养。

典型意义：离婚家庭中，孩子往往是弱势一方，缺乏话语权，社会观护工作为他们表达意愿和诉求提供了有效途径，也为法院优先保护未成年人合法权益提供了有利条件。在本案中，为最大限度地维护未成年人合法权益，法官和观护员采取了"两手抓"的方式：一方面，开展亲职教育，到李某和贾某的居住地走访，倾听他们的感受，引导他们树立正确的亲子理念，改善教育方式，避免过激行为，督促其正确履行监护职责；另一方面，对小东进行帮扶指导，通过互动式谈心，让小东明白父母都是关心爱护他的，身为一名学生，要努力改变不良行为，身心健康成长，成为对社会有用的人。最终，在法官与观护员的共同努力下，李某、贾某摒弃个人成见，积极反思在教养子女方面存在的问题，并就抚养事宜达成和解协议，为孩子的健康成长营造了良好氛围。

观护员感言：子女行为是家庭关系的一面镜子，子女身上藏着父母最真实的品行，穷养、富养，都不如父母的好教养，家庭问题对孩子造成的伤害无法自愈，但我们可以用爱治愈。

"青春护航基地"典型案例一：

主要案情：小晨（化名），男，在涉案前是北京某学校的学生，现在某财富公司从事理财工作。2013年11月12日19时许，犯罪嫌疑人小晨伙同王某、田某某对被害人贺某某进行殴打，并抢走其白色苹果4型手机一部，造成贺某某头外伤性神经反应、右前胸壁、胸背软组织挫伤，后被抓获。2013年12月被取保候审，2014年7月被判处有期徒刑1年6个月，缓刑1年6个月。2014年8月，S区人民法院委托专职司法社工对小晨缓刑期间的表现进行考察帮教。

帮教重点：①小晨对于此次案件的悔罪态度需要提升，在之前的社会调查中，小晨尚未深刻意识到自己的行为给他人和社会秩序造成的伤害，自我反思与自我剖析较少，法律意识有所欠缺，需要专职司法社工的引导。②小晨在是非观和交友观方面存在一定的偏差认知，在遇到他人唆使和物质利益诱惑时容易出现不良行为，并且在社会交往方面结识了具有明显不良行为习惯的朋友，需要专职司法社工对其进行引导。③小晨缺少一技之长，缺少专业的职业技能训练，并且生活有些懒散，上班以及参加活动时容易出现迟到的情况，需要专职司法社工在行为状态方面帮助其进行调整。

帮教过程：在为期6个月的考察帮教期内，专职司法社工对小晨开展个案面谈5次、小组活动2次，工作单位实地走访2次，专职司法社工对小晨母亲进行了2次电话访谈。此外，专职司法社工通过微信与小晨维持日常联系，就小晨的日常行为表现进行了解、跟踪、干预。在考察期间，小晨的工作和生活状态较为稳定，对专职司法社工开展的帮教工作可以按照计划进行，完成了考察期目标。

开展活动： 2015年1月10日和2015年1月17日，专职司法社工与小晨在首都师范大学办公室共同观看电影《放牛班的春天》，并就电影中的内容与其进行分享，在规则意识以及人生规划方面对其进行引导，之后到小晨单位进行实地走访。

考察期间的表现与取得的成效： 小晨的法律认知程度和悔罪态度有所提升。专职司法社工为小晨讲解了诸多未成年刑事案件，小晨表示自己案发时比较无知，没有想到会有如此严重的后果，既不懂法律也没有重视法律，此次案件的教训会一直记在心里，并保证今后不会再从事违法犯罪行为。

良好的社会交往情况的维持： 在考察帮教期间，小晨在工作和生活中接触了诸多同龄人，小晨的社会交往群体不存在明显的不良行为。另外，小晨因为辞职，和单位领班产生对立的状态，对此小晨能够及时和专职司法社工沟通，寻求解决问题的途径，最终顺利辞职，拿到工资，学会了妥善处理与单位领班的人际矛盾。可见，小晨在面对人际和工作困境时学会了向他人求助，并且理性地处理问题，没有再将矛盾扩大化。

思考与期待： 小晨性格有些懒散，在前期与专职司法社工见面访谈或者小组活动时容易出现迟到的情况，因此专职司法社工添加了小晨的微信，这样更方便与他进行联系，每次见面前都会提醒他注意安排时间，并且让小猛（系同案）也一同督促他，这样让小晨在日常生活中做好时间管理工作，并且改善迟到的行为习惯。在考察帮教过程中，小晨也没有到团区委青春护航基地指定的企业工作，自己到社会上求职，但比较频繁地变动工作，缺少对工作技能的深入学习。因此，如今后再遇到这种情况，应尽量安排服务对象到指定的单位，并且培训专门的观护员对他们进行监督和考核，这样更有利于他们习得职业技能并且养成良好的工作习惯。

"青春护航基地"典型案例二：

主要案情： 小猛（化名），男，汉族，1997年出生，案发前所在学校是B市某技师学校，现在某地产从事发单员的工作。2013年11月12日19时许，犯罪嫌疑人小猛伙同小晨（系同案）、王某对被害人贺某某进行殴打，并抢走白色苹果4型手机一部（2012年8月3999元购买），造成贺某某头外伤性神经反应、右前胸壁，胸背软组织挫伤，后被抓获。2013年12月被取保候审，2014年7月被判处有期徒刑1年6个月，缓刑1年6个月。2014年8月，S区人民法院委托专职司法社工对小猛缓刑期间的表现进行考察帮教。

帮教重点：小猛性格偏内向，在生活中的主要娱乐活动是在家上网玩网络游戏，缺少与外界的联系与交往，缺乏社会实践的经历，因此专职司法社工可以引导他加强与外界的沟通，组织他参与社区青年汇活动，增强其人际沟通与社会实践的能力。小猛在社会生活中缺少一技之长，在以往的打工经历中更换工作较为频繁，对于生活和工作缺少想法、设计以及规划，因此专职司法社工可以在人生规划以及职业规划方面对其进行积极引导。专职司法社工可以就小猛在此次案件中所表现出来的在是非观、金钱观、交友观以及法律意识方面的劣势进行巩固帮教。

在为期6个月的考察帮教期内，专职司法社工对小猛开展个案面谈5次、小组活动2次、植树活动1次，专职司法社工对小猛父母电话访谈共5次。此外，还通过微信与小猛维持日常联系，就小猛的日常行为表现进行了解、跟踪、干预。在考察期间，小猛工作和生活状态稳定，对专职司法社工开展的帮教工作可以按照计划进行，完成了考察期目标并取得了良好的效果。

开展活动：①2015年1月10日和2015年1月17日，专职司法社工与小猛在首都师范大学办公室共同观看电影《放牛班的春天》，并就电影中的内容与其进行分享，在规则意识以及人生规划方面对其进行引导。②2015年4月9日，专职司法社工与小猛共同参与S区团委组织的植树活动，与其分享活动感悟，鼓励他在生活中多参与社会实践。

考察期间的表现与取得的成效：小猛法律意识以及规则意识的提升。在帮教考察期间，小猛一直用法律规范来约束自己的行为，没有因为物质利益的诱惑再次实施不良行为。并且，让小猛到北京市第一中级人民法院参观，使小猛对法律有了更加深刻的认知。通过观影分享对规则形成了更深的理解，小猛表示今后在求职和生活中遇到法律纠纷时会寻找妥善的解决方法。

积极的家庭支持和正向的社会关系：小猛一直和母亲居住在一起，母亲照顾其生活起居，并且对小猛进行教育和监管，小猛在求职和生活中遇到困难时学会了向父亲求助，家庭可以为其提供积极的支持。另外，虽然小猛在考察帮教期间更换过数次工作，但他接触的社会交往群体较为正向，未发现小猛接触的朋友和同事存在明显的不良行为习惯。

积极的生活态度：在帮教考察期间，小猛认为 S 团区委青春护航基地提供的单位不太适合自己，因此他本人到社会上主动求职，他认为应该用自己的劳动来获得经济收入，从而分担家庭的经济压力，较以往有了很大的改变。

思考与期待：小猛性格偏内向，不善于表达，并且在帮教前期对专职司法社工的工作出现过抵触的情绪。面对这种情况，专职司法社工调整工作方法，通过桌游与其建立关系，让其表达内心的想法，并且尝试通过观看电影《放牛班的春天》调动小猛的积极性，加强其对规则意识的理解，这种尝试取得了较好的结果。

关于小猛更换工作过于频繁的情况，专职司法社工与其进行了探讨，引导其意识到稳定的工作状态对于习得工作技能和积累工作经验的重要性，小猛表示理解，但仍会因种种原因在短时间内变换工作。专职司法社工接触的服务对象中有多人出现过这种情况，如果这些未成年所在单位能有专门人员对他们的工作和生活状态进行指导，则会取得更好的效果。因此，如今后再遇到这种情况，应尽量安排服务对象到指定的单位，并且培训专门的观护员对他们进行监督和考核，这样更有利于他们习得职业技能并且养成良好的工作习惯。

"青春护航基地" 典型案例三：

主要案情：小茆（化名），男，1996 年出生，初中肄业，小学就跟随来京务工的父母在京生活，案发前暂住在出租房内。小茆此前无前科劣迹。

2013 年 2 月 15 日 23 时许，犯罪嫌疑人小茆在其朋友冉某的纠集下，持金属棍对王某某、张某二人进行殴打，致王某某右手食指近节中段横行骨折、断端移位；右手中指近节斜行骨折；右眼眶内壁骨折等，经法医鉴定为轻伤；致张某左耳外伤性鼓膜紧张部穿孔、多处软组织损伤，⊥13 牙折、⊥1 牙折断面未露髓腔等，经法医鉴定为轻伤。2014 年 9 月，S 区人民法院委托专职司法社工对小茆进行考察帮教。

帮教重点：①小茆过往生活和工作状态懒散，长期的待业生活使其失去了对待生活和工作积极乐观的态度，缺乏主动承担家庭和社会责任的意识，需要引导其培养积极的生活目标与态度，保持生活状态的稳定。②小茆过往的社会交往群体中存在有不良和违法行为的个体，对其行为具有负面影响，需要引导其树立积极的交友观。

帮教过程：在为期 3 个月的考察帮教期内，专职司法社工与小茆进行访谈、联系 4 次。在此期间与小茆的父亲通过电话联络沟通数次。在考察期间，小茆工作生活状态稳定，对专职司法社工开展的帮教工作能够良好配合，收获了良好的效果。

开展活动：在帮教期间参与桌游活动。

考察期间的表现与取得的成效：在考察期内，小茆认识到自己并非不能作出独立的判断和选择，自己摆脱不了不良友伴有自己"不够坚定"的原因。经过反思后，小茆表示，自己现在及以后秉持的交友观念是不交有坏行为的朋友、不交酒肉朋友、朋友之间不讲求物质上的给予而是相互支持和关心，并且自己在和朋友相处时应该有主见。据了解，小茆考察期间更换了联系方式，通过现有的工作环境结识了一些新的伙伴，偶有聚会唱歌、上网等休闲娱乐活动，总体而言互动较为积极健康。小茆表示，自己在与不良友伴断绝联系后，生活也比较规律，"心里也不会有负担"，自己比较满意现在的状况。在工作和生活态度方面，小茆积极思考自己的兴趣爱好和发展目标，将这些与自己的就业选择相结合，有意识地学习技能或知识，形成一技之长。尝试寻找自己喜欢的职业，"多干一段时间积累经验和钱，将来自己发展"。据小茆父亲反馈，在接受帮教后，小茆会给家里交钱、存钱，与父母的沟通变多，也会分担家中的一些家务，给父母帮忙。

思考与期待：小茆个性中缺少坚毅、生活缺乏目标、处事缺少原则，这些都使他更容易受到环境的左右，也逐渐形成了习惯于被他人安排、摆布的惰性。反思专职司法社工在服务过程中的工作，虽然针对他的交友观、压力等问题进行了处理，也取得不错的效果，但是在更深层次引发小茆对自我的认识和认同，对肯定自己的能力、明确自己的定位这些自我同一性形成方面的重要内容的引导比较欠缺，略显遗憾。

"青春护航基地"典型案例四：

主要案情：小毫（化名），男，汉族，1997年出生，初中肄业，案发前处于待业状态，此前无前科劣迹。2015年2月3日8时许，犯罪嫌疑人小毫伙同周某某等人强行向侯某（男，12岁）索要白色苹果牌iPhone 4S手机一部，后被抓获。2015年12月，S区人民法院委托专职司法社工对小毫进行考察帮教。

帮教重点：①小毫在案发之前的生活状态较为散漫，缺乏稳定的工作状态和积极的发展目标，较为沉迷于与朋友玩乐，需要帮助其树立积极的发展目标，形成良好的生活习惯。②小毫的社会交往群体中存在较多有不良行为习惯的个体，且过往与朋友圈的关系紧密，存在受到朋友圈内不良行为习惯影响的风险。需要帮助其对交往群体及友伴的行为加以辨别，建立良好的社会交往以及与友伴的互动。③小毫此前存在逃避法律处罚的侥幸心理，自觉守法的法律意识有待提升。

帮教过程：在为期6个月的考察帮教期内，专职司法社工与小毫开展访谈、联系6次。在考察期间，小毫的工作生活状态稳定，对专职司法社工开展的帮教工作配合良好。

开展活动：在帮教期间参与桌游活动。

考察期间的表现与取得的成效：在考察期内，小毫更换了联系方式，断绝了与原来友伴的联系，现在主要和在京一同工作的表弟在一起，会一起上网、闲聊、逛街，休闲娱乐活动较为积极、健康。在工作和生活态度方面，小毫此前并未对自己今后的发展做出规划，因此工作状态并不积极，缺乏稳定性，并将大量时间和金钱花费在娱乐上。在考察帮教期间，通过专职司法社工的引导以及参与帮教基地组织的活动，小毫开始接触较积极向上的活动，反思认识到应该让自己的生活更丰富、更具目标。目前，小毫在某摄影器材城找到了一份销售相框的工作，他想了解进货、销售这一整套流程，"将来自己也可以在此方面创业"，并开始有积蓄的习惯，工作状态较积极稳定。此外，小毫每天会留出时间观看法制节目，每次在与专职司法社工访谈时，小毫都会就近期观看的法制节目中的个案并与专职司法社工进行讨论。通过个案的分析以及对法律法规的了解，小毫的法律意识得到提升，以往对违法行为轻忽和逃避的态度得到改善。

思考与期待：小毫个体的行为基础和认知水平是比较好的，考察帮教期间表现也比较积极稳定。这是在服务过程中较常遇到的一类案主。这些案主的生活并没有太大的危机，人生目前遇到的最大危机可能就是此次发生的行为和要承担的法律后果。但这背后隐藏的是他们在青春期这个形成自我同一性的关键时期没有"合适"的成年人对他们给予指引，帮他们度过混沌不清的阶段。专职司法社工的陪伴、司法人员的教育固然有效，但是如何能够帮他们减少犯错、获得成长，则需要我们把教育引导的工作提到前沿。

第二章

基于我国未成年人刑事司法实践探索的理论分析

第一节 我国未成年人刑事司法实践得失

未成年人是祖国的未来、民族的希望，预防未成年人违法犯罪关系到家庭的幸福安宁与社会的和谐稳定。随着我国经济快速的发展、社会的急剧转型以及城市化进程的加快，许多社会矛盾日益凸显，青少年犯罪问题也日趋突出。自上海市长宁区人民法院于 1984 年 10 月成立全国首个"少年犯合议庭"以来，我国未成年人刑事司法始终坚持"教育、感化、挽救"的方针，遵循"教育为主、惩罚为辅"的原则，坚持双向保护、全面保护理念和柔性司法、恢复性司法理念，积极延伸司法职能，开创了圆桌审判、社会调查、法庭教育、合适成年人参与、心理疏导、强制亲职教育、未成年人犯罪记录封存、"政法办案一条龙"和"社会支持一条龙"工作机制等诸多未成年人审判特色机制，充分保障未成年人诉讼参与权，维护未成年人合法权益，为未成年人改过自新、重新回到学校、回归社会做出了积极努力，有力促进了中国未成年人刑事司法事业的发展贡献。其中，以北京、上海、河南、广东等为代表的未成年人刑事司法最具代表性。本章将逐一探讨四省（市）的未成年人刑事司法实践，从而总结我国未成年人刑事司法实践三十余载的得与失。

一、北京市样本分析

（一）北京市未成年人刑事司法工作发展历程

与世界各国未成年人刑事司法的诞生一样，我国未成年人刑事司法制度的建立也缘于青少年犯罪问题日益突出，以及预防、矫治青少年违法犯罪的现实需要。改革开放以来，我国的社会经济结构、文化形态、价值观念等都发生了深刻变化，在这个社会转型时期，青少年暴力犯罪在我国成为越来越严重的社会问题，并呈现出犯罪成员低龄化、犯罪形态团伙化、犯罪手段暴力化、犯罪方式智能化等特点，[1]北京、上海、广州等经济发达城市尤为突出，少年法庭应运而生。1987 年，北京市东城区、宣武区（现并入西城区）、海淀区、石景山区、房山区等基层法院成立了第一批少年法庭，将未成年人刑事案件从成年人刑事案件中分离出来进行专门审判。

20 世纪初，随着社会矛盾多元化、复杂化发展，单一审理未成年人刑事案件的合议庭已经无法满足现实需求，因此，2006 年 8 月，最高人民法院下发了《关于在部分中级人民法院开展设立独立建制的未成年人案件综合审判庭试点工作的通知》，在全国 15 个省市自治区 17 家中级人民法院设立独立建制的未成年人案件综合审判庭试点，综合审判涉及未成年人的刑事、民事和行政案件，北京市第二中级人民法院少年审判庭作为第一批试点单位，于 2006 年 12 月 25 日正式建立。2013 年，北京市高级人民法院成立了有编制、有职数、有职责范围的未成年人案件审判庭，标志着少年法庭在北京市高级人民法院、中级人民法院和基层人民法院形成了一套较为完整、独立的体系。在司法改革的推动下，以及受到法院内部编制、业务庭室设置等现实问题的影响，少年法庭经历了一系列撤并。

进入新时代，随着经济社会的快速发展，未成年人的成长环境发生了巨大变化。为适应新时代要求，充分发挥审判职能，大力推动未成年人保护事业发展，2020 年，最高人民法院根据新修订的《未成年人保护法》和《预防未成年人犯罪法》的相关精神，发布了《最高人民法院关于加强新时代未成年人审判工作的意见》，明确了深化涉及未成年人案件综合审判改革，将与未成年人权益保护和犯罪预防关系密切的涉及未成年人的刑事、民事及行政诉讼案件纳入少年法庭的受案范围，对于提升人民法院未成年人审判工作能力水平，解决未成年人审判实践中的问题，推进未成年人保护事业发展具有重要意义。在此基础上，北京市东城区等 13 个法院内设机构、朝阳区等 4 个法院人民法庭统一挂牌少年法庭、少年家事法庭，进一步推动了新时代少年法庭工作的发展。

（二）北京市未成年人司法工作先进经验

北京法院在实践中相继总结出了一系列特色工作方法，并建立起了相关

---

[1]　张善根：“社会转型与校园暴力的法社会学思考——以‘弑师案’为切入口”，载《青少年犯罪问题》2009 年第 1 期。

规章制度。其中较典型的是北京市高级人民法院创设的未成年人司法救助基金制度。[1]2008年起，北京市高级人民法院在总结基层试点经验的基础上，积极整合社会力量，先后与全国律协未成年人保护专业委员会、公益性非政府组织"中国人权发展基金会"合作，设立了"未成年人司法救助基金"。与传统的司法救助基金制度相比，北京市高级人民法院设立的未成年人司法救助基金制度在资金来源、救助对象、救助内容、救助程序、监督机制等方面有许多特色，在当时全国各级法院针对未成年人的司法救助实践中尚属首创。

资金来源社会化。未成年人司法救助基金主要面向社会筹集善款，全国律协未成年人保护专业委员会、中国人权发展基金会下设的两项专项资金全部来源于社会慈善人士的捐赠。同时，部分下级法院也积极发挥区域优势，陆续筹集到其他社会人士的安心捐款。这种做法打破了法院主要依赖政府拨款开展司法救助的模式，实现了司法救助资金来源、渠道社会化，充分调动了社会公众参与未成年人救助的积极性，有效缓解了司法救助资金短缺的困境。

救助对象多元化。未成年人司法救助基金坚持以"最大限度多元化"为原则，将救助对象范围扩大到包括刑事、民事案件未成年当事人在内的6类处于特殊困境的未成年人，其中既有刑事案件中的未成年被告人、被害人，也有民事案件中的受到侵害、未及时获得赔偿的未成年当事人，且不受本人户籍所在地、经常居住地的限制。

救助内容多样性。未成年人司法救助基金秉持最大限度挽救、保护未成年人的原则，不限救助次数、不设救助上限，救助内容也不拘一格，包括资助培训、复学、就医、就业等，同时注重与心理救助相结合，在为未成年人解决实际困难的同时，辅以细致、深入的心理辅导、鼓励教育、跟踪回访工作。

救助程序快速、便捷。一是"专人专办"，高级人民法院设专人负责对全市法院申报情况进行核查、协调指导；中级、基层人民法院均设立一名"专职联络员"，负责基金的日常申领、跟踪回访、备案建档工作，增强了救助程序的衔接性与实效性；二是"程序简化"，申请人只需按要求提交必要的申请

---

〔1〕 该制度为北京法院少年法庭三十年总结大会十大创新事例之一，由北京市高级人民法院整理。

及证明材料，待审核同意后，填写格式化的表格即可获得救助；三是"时段前置"，司法救助启动时间从传统的案件执行阶段前置到宣判阶段，在紧急情况下还可以前置到受理案件之后的任一诉讼环节。

监督机制严谨透明。引入社会管理监督模式，由全国律协未成年人保护专业委员会、中国人权发展基金会等捐资团体亲自留存、管理救助基金，法院在其中主要起到了"桥梁"作用。

"未成年人司法救助基金"有效解决了救助资金短缺、救助机制衔接不畅等问题，将未成年人司法救助工作推上了一个新台阶，中央电视台、《人民法院报》、新华网、人民网、中国法制网等二十多家新闻媒体对此进行了专门报道，2014年在中央综治办、共青团中央、中国法学会等单位主办的"未成年人健康成长法治保障制度创新事例"评选中获"优秀事例"奖。

二、上海市样本分析

（一）上海市未成年人司法工作发展历程

上海是中国未成年人刑事司法的发源地。19世纪80年代初，改革开放的大潮席卷了整个中国，在剧烈的社会变革中，上海市长宁区人民法院在大量审判实践中发现了一个严峻的现实：长宁区青少年犯罪数量占整个刑事犯罪的比例迅速上升，其中已满14周岁未满18周岁的未成年人犯罪占到了10%，许多人青年时期成为惯犯、累犯，就是因为未成年时期未得到有效的矫治。要扭转这种状况，审判工作必须要有新突破。1984年10月，中国第一个专门审理未成年人刑事案件的合议庭在上海市长宁区人民法院成立，开创了中国大陆地区未成年人刑事司法的先河。最高人民法院时任院长郑天翔在1987年6月召开的全国法院工作会议上明确指出："上海市长宁区人民法院成立的专门审理未成年人犯罪的合议庭是一个改革，在有条件的法院可以推广。"同年11月29日，上海市高级人民法院召开现场工作会议，推广长宁区人民法院少年法庭经验。1991年底，上海在全市22家基层人民法院和中级人民法院的刑庭内基本均建立了少年刑事案件合议庭；2006年11月，按照最高人民法院的统一部署，作为全国法院第一批试点单位，上海市第一中级人民法院开展了未成年人案件综合审判庭的试点工作；2010年10月，上海市高级人民法院成立全国法院系统首个统筹三级法院少年审判工作调研、检查、指导、管理的专门机构——少年法庭指导处，从而形成了高院设少年法庭指导处，中院设涉未成年人刑事、民事、行政案件综合审判庭，区县部分法院设涉未成年人案件综合审判庭、部分法院设专项合议庭或指定专人审理涉未成年人案件的比较完备的"1+2+5+13"三级法院少年审判工作体系。[1]

（二）上海市未成年人司法工作先进经验

多年来，上海市在未成年司法发展领域一直走在全国前列，其少年司法机构的建立与完善，与其少年司法机构专业化发展较好以及少年司法跨部门合作开展较好有着密切的关系。少年司法部门之间、少年司法与社会组织之间形成了良性互动关系，并推动彼此共同发展。三十多年间，上海的少年司法从长宁区人民法院一个小小的合议庭发芽开花，结出了累累硕果。如今的上海少年司法已发展出一套集未成年人、家事审判特点于一身，具有时代特征、中国特色、上海特点的未成年人审判"长宁模式"，全面创新和发展着中国少年司法的审判理念、制度和方法，已成为上海乃至全国少年司法工作的一颗明珠。"长宁模式"司法组织专门化的特征，主要体现在以下几个方面：[2]

公、检、法、司"政法一条龙"的跨部门合作。上海市长宁区人民法院作为全国第一个建立少年法庭的法院，于1986年提出了公、检、法、司均应有专门人员采用与成年犯不同的处理方式办理少年案件的建议，并得到了该区人大、政法委的重视，以及区公、检、司的积极响应。1986年，长宁区公安分局成立了全国第一个少年犯罪案件办案组，长宁区人民检察院成立了全国第一个少年犯罪案件起诉组，长宁区司法局由区律师事务所指定专职律师和特邀律师组成了未成年人辩护组，看守所开辟了专门的少年监房，进而在1987年1月建立了全国第一个区级少年司法"一条龙"配套协作体系。当年10月，该院又与上海市少年犯管教所签订了业务协作协议，初步形成了少年犯羁押、预审、起诉、审判、管教"一条龙"工作体系，从而开始了对少年司法"政法一条龙"的探索。在长宁区少年司法配套工作体系形成后，各相关单位发挥各自职能作用，在未成年人刑事案件诉讼各个流程对涉罪未成年人进行向心教育，工作衔接配合，从而形成了前后延伸、环环相扣，有效教育、矫治未成年人的良好机制，引起了广泛的关注与重视。随着1988年5月

〔1〕 肖姗姗："改革开放以来我国少年司法的演进及前瞻"，载《预防青少年犯罪研究》2018年第5期。

〔2〕 以下内容节选自钱晓峰："少年司法跨部门合作'两条龙'工作体系的上海模式"，载《预防青少年犯罪研究》2015年第3期。

最高人民法院在上海召开"全国法院审理未成年人刑事案件经验交流会议"（上海会议），"政法一条龙"被作为上海经验迅速在全国推广。2010 年，上海市公、检、法、司共同建立了未成年人刑事司法联席会议，每半年召开一次会议，协调商议未成年人刑事司法工作中的实务问题，建立配套衔接机制，统一执法标准。通过这一平台，四家单位会签相关制度，并以联席会议纪要的形式对一系列办理未成年人刑事案件的特殊工作要求和配合衔接问题予以明确。全市各区县也积极推动建立区级未成年人刑事司法检法联席会议机制。两级联席会议机制为形成未成年人刑事司法改革工作合力、优化上海少年司法改革工作环境提供了很好的平台。

多部门参与的"社会一条龙"跨部门合作。长期以来，上海少年司法部门坚持综合治理、共同参与的原则。1987 年《上海市青少年保护条例》第 2 条第 1 款规定："青少年是国家的希望和未来。保护青少年是国家机关、人民团体、企业事业单位、学校、家庭以及公民的共同责任。"在 20 世纪八九十年代，上海少年司法的"社会一条龙"主要依靠工、青、妇、教等部门和社会组织共同参与对未成年人的安置帮教、回访考察，使司法机关办案中的教育、感化、挽救工作与未成年人重返社会后的继续帮教以及就学、就业、救助安置等工作有机结合起来并取得了积极的成效。在进入 21 世纪后，社工等专业化社会组织的成熟为"社会一条龙"注入了新的含义。例如，2004 年，长宁区人民法院少年法庭推出了"合适成年人参与制度"，在父母不愿意到庭或无法到庭的情况下，该少年庭会邀请以青少年社工为主的合适成年人参与案件审理。2010 年 4 月 19 日，上海市公、检、法、司有关领导联合签署了《关于合适成年人参与刑事诉讼的规定》。上海市 13 个区已构建"合适成年人"全面参与未成年人刑事诉讼工作机制。2011 年 2 月，上海市综治委、共青团、公、检、法、司等部门联合发布《上海市关于进一步建立、完善和规范办理未成年人刑事案件配套工作体系的若干意见》，将社工、青保老师等担任合适成年人，委托社区矫正部门进行社会调查，未成年人社区矫正与成年人分开等制度予以进一步确立。随着未成年人综合审判的开展，社工的身影同样也出现在未成年人民事案件审理的法庭之上，社会观护员为法官提供判前社会调查、判中出庭宣读并接受质证、判后观护等全流程服务，为法官判案提供了客观依据。2011 年 12 月，上海市高级人民法院发文将未成年人民事案件社会观护工作向全市推广。社工等专业社会力量的介入为少年司法的发展提供了积极的支持。

三、河南省样本分析

（一）河南省未成年人司法工作发展历程

河南省的少年审判工作一直走在全国前列。1988 年 5 月，最高人民法院在上海召开了第一次全国法院审理未成年人刑事案件经验交流会议；同年 6 月，河南省高级人民法院成立了少年法庭工作指导小组及其办公室，指导全省法院开展少年法庭试点工作，并开始尝试将城市市区的未成年人刑事案件集中到一个基层法院管辖。通过实践，河南省高级人民法院认识到了有独立建制的少年法庭的重要性。为此，强化少年法庭组织机构建设成了省高院指导下级法院开展少年审判工作的一项重要内容。2006 年 2 月，全国法院第五次少年法庭工作会议提出要加快推进少年司法制度改革，开展未成年人案件综合审判庭试点工作；同年 9 月，最高人民法院确定了首批 17 个中级人民法院试点未成年人案件综合审判，其中包括河南省安阳市中级人民法院和河南省洛阳市中级人民法院。为了配合试点工作，在此基础上，河南省高级人民法院结合本省实际，又指定周口市、驻马店市、南阳市 3 个中级人民法院，邓州市等 13 个基层人民法院开展未成年人案件综合审判庭试点工作。2010年，河南省高级人民法院再次提升了少年法庭机构建设指导工作，下发文件要求全省各中级人民法院及有条件的基层人民法院在年底前设立独立建制的少年法庭；同年 4 月，明确了设立独立建制少年法庭是标准化的条件之一。2012 年底，郑州市、驻马店市中级人民法院被最高人民法院确定为第二批未成年人案件综合审判庭试点工作单位。至 2013 年底，河南省 19 个中级人民法院已有 16 个中级人民法院建立了独立建制的少年法庭。2022 年，河南省加强少年法庭建设，逐步夯实了未成年人审判专业化组织基础，三级法院以独立建制或者加挂牌子的方式设立少年法庭 182 个，基本实现了少年法庭全覆盖。通过选择交通便利的城区或城郊法庭，整合少年法庭和家事法庭资源，积极开展少年审判和家事审判融合试点工作，推动二者相互促进，融合发展。[1]

（二）河南省未成年人司法工作先进经验

河南省有许多在全国颇具影响的少年司法工作经验，其中有两项较为

---

[1] 2022 年 5 月 31 日，河南省高级人民法院新闻发布会上少年审判庭庭长杜燕萍做了经验介绍发言。

突出：

第一，开展标准化少年法庭建设。河南省少年法庭建设得到了最高人民法院的充分肯定，特别是独立建制少年法庭的数量、标准化少年法庭的建设，都在全国居于首位。在对全国法院及河南法院先进少年法庭的工作模式和经验总结的基础上，该省法院提出了标准化少年法庭，从办案理念、机构设置、人员配备、案件审判、判后帮教、参与综合治理等诸方面进行了规范。首先，明确了少年法庭工作的指导思想和基本原则，少年法庭不仅仅是办理案件的审判机构，更是承担着教育、感化、挽救未成年人、预防未成年人犯罪的重要职责。其次，高素质的少年审判法官队伍是做好少年法庭工作的重要保障，统一了少年法庭的建制和人员配备，标准化少年法庭必须建制，基层人民法院人数不少于 3 人，中级人民法院不少于 5 人。再次，规范了受案范围，建立了判前判后延伸工作机制，主要是以未成年人刑事案件为主，也可审理涉及未成年人的民事、行政案件。庭前实施社会调查员制度，对未成年被告人的个人特点、家庭社会背景、成长经历等进行社会调查，出具社会调查报告供法院审判时予以参考。庭后建立帮教档案，定期开展回访、帮教，积极参与社区矫正。最后，建立"法官进校园，法庭进教室"制度，由少年庭法官担任法制副校长，每年为辖区学校上不少于 2 次法治课，选择合适公开审理的案件在学生教室现场开庭，漯河市源汇区人民法院还举办了全国第一家未成年人法制夏令营。[1]

第二，开展未成年人犯罪案件量刑规范化工作。2009 年 4 月，最高人民法院修订了《人民法院量刑指导意见（试行）》，计划在全国开展量刑规范化试点工作。量刑规范化改革是贯彻落实科学观，满足人民群众对刑事审判工作新要求、新期待的具体措施。为了在未成年人刑事案件中试行量刑规范化意见，该省分析了法院办理未成年人刑事案件的相关司法统计数据，发现各地法院在对未成年被告人量刑问题上意见不一致、量刑不均衡，不少地区存在量刑偏差较大的现象。这既不利于对失足未成年人的教育挽救，也不利于社会的和谐稳定。为了全面贯彻宽严相济的刑事政策和"教育、感化、挽救"基本方针，规范法官自由裁量权，河南省高级人民法院专门组织人员广泛调研，多方征询意见，经过半年多的调查研究，根据《刑法》和最高法

[1]　侯兆晓："河南：少年司法先行者"，载《民主与法制》2010 年第 17 期。

院的相关司法解释，于 2010 年 3 月 31 日下发了《未成年人犯罪量刑规范化指导意见（试行）》，提出了适合未成年被告人特殊保护需求的量刑意见，规定了对未成年被告人量刑的步骤、确定基准刑的方法、量刑情节调节基准刑的幅度、确定宣告刑的方法，规定了从轻、减轻或者从重、加重惩罚幅度，对未成年人量刑需审查 24 种情节及不同情节对量刑的影响。试行量刑规范化：一是可以科学地对未成年被告人量刑，从实体上保护未成年人的合法权益；二是可以规范法官的自由裁量权，避免个别法官对未成年被告人量刑的自由倾向；三是实现同罪同刑，实现量刑均衡化，避免量刑不统一，基于地区差异、法院差异、法官差异等造成的对未成年被告人量刑的过大差别；四是有利于全社会理解少年法庭对未成年被告人从轻、减轻处罚的意义，唤起社会各界对未成年人健康成长的关注。

四、广东省样本分析

（一）广东省未成年人司法工作发展历程

改革开放以来，工业化、城镇化进程不断加快，中国社会进入快速转型时期，出现了大量的流动家庭和留守儿童，亲情缺失、教育落后、社会支持体系不完善、互联网的不良影响等一系列原因造成未成年人犯罪率开始上升。广东省作为经济较为发达的沿海城市，未成年人刑事司法工作应运而生。早在 1987 年，荔湾区人民法院就成立了广州市第一个少年刑事审判合议庭，1996 年广州市中级人民法院成立了独立建制的少年刑事审判庭，1992 年广州市中级人民法院和共青团广州市委等 11 个单位共同组织开展了旨在遏制、防范未成年人犯罪的"羊城金不换工程"，受到了社会的普遍赞誉和最高人民法院的充分肯定。此后一段时间，由于各方面的原因，特别是 2002 年法院机构改革取消了少年法庭的编制，市中级人民法院只保留了一个少年刑事审判合议庭，整个少年法庭工作受到了影响，进展较慢。2006 年，最高人民法院为改革和完善少年司法制度确立了在全国 17 个中级人民法院开展少年综合审判试点工作，其中包括广东省广州市中级人民法院。广州市中级人民法院以建立独立建制的少年综合审判庭为契机，开创了广州市未成年人司法保护工作的新局面。广东省未成年人刑事审判工作的区域差异较大，珠三角地区和粤东、粤西、粤北地区在犯罪人数、审判力量、机构建设等方面都存在较大差异，广东省高级人民法院倡导各地法院以需要和可能为原则，因地制宜设置与实际情况相适应的未成年人审判机构。截至 2018 年底，全省共设置独立建制的未成年人审判庭 35 个、未成年人审判合议庭 56 个。在全省 21 家中级人民法院（不含铁路、海事、知产法院）中，有 4 家中级人民法院设有独立建制的少年法庭，占比为 19.04%，其中广州市中级人民法院设有独立建制少年家事审判庭，佛山市、汕头市、阳江市 3 家中级人民法院设有独立建制少年刑事审判庭；在全省 129 家基层法院中，有 31 家基层法院设有独立建制的少年法庭，占比为 24.03%，其中 7 家基层法院设有独立建制少年家事（或家事少年）审判庭，5 家基层法院设有独立建制少年综合审判庭，另有 19 家基层法院设有独立建制少年刑事审判庭，主要分布在广州、深圳、佛山、惠州等 9 个地级市辖内县区。[1]

（二）广东省未成年人司法工作先进经验

广东法院积极探索适合未成年人生理和心理特点的审判、矫正方式，在审理中，注重与其他司法机关加强协作配合，以预防重新犯罪为目标，创设了一系列富有广东特色的延伸帮教机制。其中，广州市中级人民法院在全国率先引入了心理干预机制，联合专门心理咨询机构，矫正未成年被告人不健康的心理，为法院裁判和未成年人个性化矫治提供了科学参考。少年审判心理干预机制是指在少年审判中，通过对涉案未成年人和其他诉讼参与人进行心理疏导，以减缓未成年人的紧张情绪，消除当事人心理障碍，化解当事人矛盾，尽力矫正未成年被告人的不健康心理，促进诉讼活动顺利进行，并通过多种形式的心理测评活动，为法院的裁判提供科学参考，也为判后对未成年犯进行个性化的矫治提供了客观依据。为此，广州市中级人民法院少年庭建立了专门的少年心理咨询与测评室，供心理专家与未成年当事人及其他诉讼参与人进行面谈、咨询、心理测评，了解受访者心里的困惑，释放其压力。心理干预的受案范围包括人民法院认为需要心理干预的第一审、第二审刑事案件的未成年被告人、被害人及其家属，以及第一审、第二审民事案件的未成年当事人及其法定代理人、监护人等。为打造少年审判心理干预机制的专业支持平台，广州市中级人民法院努力开展与专业心理咨询与测评机构的合作，由专业机构的心理专家为少年审判心理干预机制的开展提供专业支持，

---

〔1〕 "广东未成年人刑事审判（2013-2018）白皮书"，载广东法院网：http://www.gdcourts.gov.cn/index.php? v=show&cid=226&id=53719，最后访问时间：2022 年 8 月 20 日。

协助人民法院更好地开展未成年案件的审理、教育和帮扶工作。

五、我国未成年人刑事法治工作成就

（一）立法层面

1.《未成年人保护法》

该法于 1991 年通过，1992 年 1 月 1 日起正式施行。随着我国经济社会的快速发展，未成年人保护遇到了不少新问题、新挑战、新要求，与时俱进地修改和完善法律才能更好地保障未成年人健康成长。因此，该法于 2006 年、2012 年和 2020 年进行了三次修订，最新修订的《未成年人保护法》于 2021 年 6 月 1 日起施行，包括总则、家庭保护、学校保护、社会保护、网络保护、政府保护、司法保护、法律责任和附则 9 章，一共 132 条，规定了家庭、学校、社会、政府、网络产品和网络服务提供者、司法机关等各个主体都应当承担保护未成年人的职责并将责任细化。本次修订有以下五大亮点和创新点：一是增设了强制报告制度，进一步保护受侵害未成年人。相关数据显示：强奸、猥亵儿童、强制猥亵等性侵害犯罪是未成年人遭受犯罪侵害的主要类型。为此，新法增设了强制报告制度，要求学校、幼儿园对性侵害、性骚扰未成年人等违法犯罪行为不得隐瞒，应当及时向公安机关、教育行政部门报告，并配合相关部门依法处理。二是将未成年人网络保护单独成章。这既顺应了互联网时代的发展要求，又对网络时代未成年人打赏、未成年人网络沉迷、网络欺凌等社会热点问题进行了回应，体现了立法的与时俱进。三是首次定义了学生欺凌，要求学校建立欺凌防控工作制度。近年来，校园暴力、校园欺凌事件频繁见诸报端，引发了社会的高度关注。对此，新法首次对学生欺凌进行了定义，即发生在学生之间，一方蓄意或者恶意通过肢体、语言及网络等手段实施欺压、侮辱，造成另一方人身伤害、财产损失或者精神损害的行为。同时，新法要求学校建立学生欺凌防控工作制度，对教职员工、学生等开展防治学生欺凌的教育和培训，为建设平安和谐校园奠定了法律基础。四是明确了国家监护制度，为未成年人提供了兜底保护。新法增设了"政府保护"一章，对于实践中出现的监护人缺位、监护不当、监护缺失等问题，新法规定了 7 种由民政部门进行临时监护的情形。除此之外，新法同样明确了以国家监护作为兜底，即在查找不到未成年人的父母或者其他监护人、监护人死亡或者被宣告死亡且无其他人可以担任监护人等五种情形下，民政部门应当依法对未成年人进行长期监护。临时监护和长期监护是对父母或者其他监护人监护的临时补充，可以确保父母或者其他监护人缺位时未成年人能够获得有效监护，最终能够回归正常家庭生活。五是新法在密切接触未成年人的行业首次确立了"入职查询"制度，在社会保护一章中明确密切接触未成年人的单位招聘工作人员时，应当向公安机关、人民检察院查询应聘者是否具有性侵害、虐待、拐卖、暴力伤害等违法犯罪记录；发现其具有前述行为记录的，不得录用，同时应当每年定期对工作人员是否具有上述违法犯罪记录进行查询。通过查询或者其他方式发现其工作人员具有上述行为的，应当及时解聘。通过职业限制，将保护未成年人的预防关口前移，有利于排除各种隐患、震慑违法犯罪分子，是从源头保护未成年人的重要举措。

2.《预防未成年人犯罪法》

该法于1999年制定，作为《未成年人保护法》的姊妹篇，该法同样在2012年、2020年两次进行了修订。最新修订的《预防未成年人犯罪法》于2021年6月1日起施行，包括总则、预防犯罪的教育、对不良行为的干预、对严重不良行为的矫治、对重新犯罪的预防、法律责任和附则七个部分。这部法律主要强调对未成年人不良行为、违法犯罪行为的预防及对实施此类行为的未成年人的教育。新法的一大创新点是对未成年人犯罪实施分级预防，明确将未成年人的偏常行为分为不良行为、严重不良行为和犯罪行为等由轻及重的三个等级，并分别规定了相应的干预或矫治措施。其中，不良行为基本采用了各国少年法通行的"虞犯"概念，是指未成年人实施的不利于其健康成长的行为，包括吸烟、饮酒、多次旷课、逃学、无故夜不归宿、离家出走、沉迷网络等九种。严重不良行为是指未成年人实施的有刑法规定、因不满法定刑事责任年龄不予刑事处罚的行为，以及严重危害社会的行为。未成年罪错行为分级更加科学，有利于更加合理地细化相应的预防体系。建立专门的矫治教育制度，取代收容教养制度。收容教养因程序不清、场所不明等原因，在实践中难以发挥作用，导致对不满刑事责任年龄的未成年人进行矫治成了一个社会难题。新法的另一大创新点是在充分吸收收容教养这一制度的做法后，对原来收容教养的对象进行分流，极个别地按照《刑法》追究刑事责任，大多数送入专门学校，以专门矫治教育取而代之，没有完成义务教育的继续完成义务教育，已经完成义务教育的接受职业教育，更多地强调对未成年人的教育而非惩戒，解决了"一关了之""一放了之"的问题，且依托专门学校对未成年人进行专门矫治教育可以避免其被"污名化",为未成年人重新融入社会奠定了基础,这些无疑是立法上的进步。

3.《家庭教育促进法》

中华民族历来注重家庭教育,父母作为孩子的第一任老师,家庭作为人生的第一座学校,都承担着教育的重要职责,良好的家庭教育是培育健全人格的沃土,每个"问题少年"的背后都有"失职父母",家庭教育的缺位是未成年人走上违法犯罪道路的重要原因。《家庭教育促进法》是我国首部家庭教育领域的专门性立法,其将社会主义核心价值观、立德树人培根铸魂融入家庭教育,体现了党和国家对家庭、家教、家风建设的高度重视,实现了家庭教育由以家规、家训、家书为载体的传统模式向以法治为引领和驱动的法治模式的转化,推动了家庭教育的法治化进程,也顺应了时代对于教育事业发展的需求。

该法于 2021 年 10 月 23 日颁布,2022 年 1 月 1 日起正式施行,标志着"依法带娃"时代正式开启。该法包括总则、家庭责任、国家支持、社会协同、法律责任、附则,共 6 章 55 条。该法首次明确了家庭教育的概念、要求和方式方法,还明确了父母或者其他监护人拒绝履行、怠于履行、不正确履行家庭教育职责,侵害到未成年人合法权益时的惩戒措施,即可视情况对其予以训诫,并责令其接受家庭教育指导。该法明确,家庭教育应尊重未成年人的身心发展规律和个体差异,监护人不应机械照搬"别人家孩子"的教育方式,而应该努力为孩子提供最适合其成长的生长环境和教育方式,这是对孔子"因材施教"教育理念的传承与升华。根据该法,尊重未成年人人格尊严,保护未成年人隐私权和个人信息,保障未成年人合法权益,应该成为家庭教育的前提和底线。孩子不是家长的私人物品,"棍棒底下出孝子"这种教育理念不可取,教育的开展不能建立在践踏孩子人格尊严的基础上,孩子作为具有完全独立人格的自然人,家长应当给予充分尊重和保护。

该法针对当今社会家庭教育面临的一些热点问题也进行了回应,比如面对社会生活节奏快、压力大,大量父母因生活所迫进城务工,导致孩子成为留守儿童,教育重任落在爷爷奶奶、外公外婆身上这种社会现状,该法规定"未成年人的父母或者其他监护人依法委托他人代为照护未成年人的,应当与被委托人、未成年人保持联系,定期了解未成年人学习、生活情况和心理状况,与被委托人共同履行家庭教育责任","共同生活的具有完全民事行为能力的其他家庭成员应当协助和配合未成年人的父母或者其他监护人实施家庭教育"。也就是说，即使父母不在身边，孩子由老人照顾，父母在子女的教育中也不能缺位，父母仍然要承担家庭教育的主要责任，长辈仅是协助配合，共同为未成年人营造一个良好的成长环境。

4. 其他法律法规

除以上三部专门针对未成年人的立法外，《行政处罚法》《治安管理处罚法》《义务教育法》《社区矫正法》等法律法规均对未成年人违法、违规行为作出了有针对性的规定。

《行政处罚法》规定，不满 14 周岁的未成年人有违法行为的，不予行政处罚，责令监护人加以管教；已满 14 周岁不满 18 周岁的未成年人有违法行为的，应当从轻或者减轻行政处罚。《治安管理处罚法》规定，已满 14 周岁不满 18 周岁的人违反治安管理的，从轻或者减轻处罚；不满 14 周岁的人违反治安管理的，不予处罚，但是应当责令其监护人严加管教。《义务教育法》规定，县级以上地方人民政府根据需要，为具有《预防未成年人犯罪法》规定的严重不良行为的适龄少年设置专门的学校实施义务教育。对未完成义务教育的未成年犯和被采取强制性教育措施的未成年人应当进行义务教育，所需经费由人民政府予以保障。《社区矫正法》第七章对未成年人社区矫正进行了特别规定，要求对未成年人的社区矫正与成年人分别进行。对未完成义务教育的未成年社区矫正对象，社区矫正机构应当通知并配合教育部门为其完成义务教育提供条件。未成年社区矫正对象的监护人应当依法保证其按时入学接受并完成义务教育。年满 16 周岁的社区矫正对象有就业意愿的，社区矫正机构可以协调有关部门和单位为其提供职业技能培训，给予就业指导和帮助。未成年社区矫正对象在复学、升学、就业等方面依法享有与其他未成年人同等的权利，任何单位和个人均不得歧视。有歧视行为的，应当由教育、人力资源和社会保障等部门依法作出处理。

（二）司法层面

三十余载的未成年司法实践，积累了大量的司法实践经验，主要有以下几个方面：[1]

---

〔1〕"为了孩子幸福为了国家未来——人民法院少年法庭工作辉煌 30 年回顾"，载《人民法院报》2014 年 11 月 25 日。

（1）教育挽救了一大批失足未成年人，有力保障了涉诉未成年人的合法权益。在过去的三十余年里，全国法院少年法庭依法公正高效地审理了大量涉及未成年人的刑事、民事案件，为未成年人健康成长、家庭和睦与社会稳定，保障未成年人的合法权益作出了突出贡献。三十余年来，经过少年法庭教育矫治，其中绝大多数未成年犯都能悔罪服判，并最终重返社会，成为遵纪守法、自食其力的公民。其中，相当一部分人考入了大学及各类职业学校，成为社会的有用之材。自 2002 年以来，未成年人重新犯罪率始终保持在 2%左右，远低于全部罪犯的重新犯罪率。同时，少年法庭在依法审理大量涉及未成年人抚养、抚育、监护、探视等民事案件中，坚持对双方当事人平等保护，从有利于未成年人健康成长的角度出发，依法给予涉诉未成年人必要的特殊、优先保护。这种做法有力地保障了未成年人的合法权益，切实体现了司法的人文关怀，为未成年人健康成长营造了良好的司法环境，受到了党和国家的充分肯定，也赢得了社会各界和广大人民群众的理解、支持和好评。

（2）形成了多元化的少年法庭审判组织格局。少年法庭从最初的合议庭发展到独立建制的审判庭，从只审理未成年人刑事案件的审判庭发展到审理未成年人刑事、民事、行政案件的综合审判庭，从开始只有基层人民法院设置未成年人案件审判机构到中级、高级人民法院也设置未成年人案件审判庭。目前，全国四级人民法院均已建立了少年审判专门机构或者指定专人办理。一些中级、基层人民法院还从审判工作实际出发，因地制宜，创造性地设立了跨区（县）指定管辖、集中审判的组织模式，进一步推动了少年法庭审判资源的优化和科学配置。在少年法庭机构建设过程中，各地人民法院相继打造了不少特色鲜明、在全国产生较大影响的少年法庭机构模式品牌，比如上海市长宁区人民法院首创的"合议庭模式"、江苏省常州市天宁区人民法院首创的"综合审判庭模式"、B市S区人民法院"未成年人保护'四个一'工程模式"等。这些机构模式的创新实践，充分展现了广大少年法庭法官解放思想、勇于创新、勇于实践的精神和集体智慧，极大地带动了全国法院少年法庭工作的顺利开展。

（3）建立了一支高素质的少年法庭审判队伍。三十余载以来，全国法院高度重视少年法庭审判队伍的专业化建设，在长期的审判实践中锻炼了一大批精通相关法律，掌握未成年人身心特点，善于做青少年思想工作，具有丰富审判经验和较强司法能力的法官，涌现了一批像尚秀云、李其宏、詹红荔这些先进法官代表。她们被人民群众亲切地誉为"法官妈妈"，少年法庭工作被人们称赞为"特殊的希望工程"。少年法庭广大法官关心爱护未成年人健康成长、努力保护未成年人合法权益的社会责任感，严格、公正、文明、司法的良好作风赢得了广大学校、家庭和社会各界的广泛赞誉，树立了人民法院为人民的优良风范，为建立和完善公正、高效、权威的中国特色社会主义少年司法制度做出了突出贡献。

（4）创立了具有中国特色的未成年人审判制度和工作机制。少年法庭诞生的三十余年，是全国法院勇于探索、不断实践和改革创新未成年人审判制度机制的三十余年。各地法院积极创立了具有中国特色的、专门适用于未成年人案件的审判制度和工作机制，比如圆桌审判方式、社会调查报告制度、轻罪记录封存制度、法庭教育制度、心理评估干预机制、延伸帮教以及对未成年人出庭和作证采取的各种保护制度等。有的制度机制经过实践检验，已经上升为国家法律和最高人民法院的司法解释，有的得到了中央有关部门和最高人民法院的赞同和采纳，并在实践中加以推广应用，有的正在开展相关试点论证，作为实施新一轮司法体制改革的重要内容。

（5）树立了少年法庭良好的社会形象和国际形象。三十余载以来，少年法庭的法官们立足审判，积极深入社区、学校甚至田间地头，栉风沐雨，不畏艰辛，为保护未成年人合法权益、关心未成年犯的教育改造倾注了极大的爱心、耐心、诚心和工作热情。他们亲民、爱民的形象跃然报章，口口传颂，在社会各界和广大人民群众心目中树立起了司法育人的丰碑。他们在平凡的工作岗位上所取得的不平凡业绩也引起了国际少年司法界的广泛关注，一些国家（包括西方发达国家）也派员或者组团到我国进行学习和交流。人民法院创设的一些特色审判制度和工作机制，以以人为本的司法理念和所取得的良好工作成效赢得了国际社会的广泛赞誉。少年法庭工作已经成为我国司法人权领域的一大亮点，对树立我国司法保障人权的良好国际形象发挥了积极作用。

六、我国未成年人刑事司法工作的不足

通过对我国现有未成年人刑事司法工作制度进行反思，可以看出，我国目前的未成年人刑事司法制度还只是初步建立，很不完善，无论是未成年人刑事司法制度理念、立法、司法实践还是其他具体司法制度的设立都需要进

行补充和完善，未成年人刑事司法制度的建构对于未成年人违法犯罪的预防和国家的稳定和谐发展而言都是至关重要的。新的形势对未成年人刑事司法工作提出了新的、更高的要求，这既为未成年人刑事司法工作的进一步改革和发展提供了难得的机遇，也使未成年人刑事司法工作面临着前所未有的挑战。

（一）价值独立性未获充分重视

自未成年人刑事司法制度诞生以来，其独立存在的价值便一直饱受争议。在现行法律体系下，我国对未成年人罪错行为的处罚分别通过《预防未成年人犯罪法》《行政处罚法》《治安管理处罚法》和《刑法》加以规定，未成年人刑事司法未能从根本上从成年人法律体系中独立出来。虽然立法者在2012年修正《刑事诉讼法》时在特别程序中增设了未成年人刑事案件诉讼程序，但是这一举措也只是"推动在普通法律中设置未成年人专章以尽量兼顾未成年人的特殊性"，[1]并未能推动在《刑法》中设置未成年人专章；在办理未成年人案件过程中，实务界也存在用成人司法去考量的情况。

未成年人刑事司法的审判理念也不同于成人司法。对于少年法庭的法官来说，更多的工作可能通过"案外"实现，但是这些案外司法延伸工作的正当性与可行性却受到了外界的质疑。有人认为这些案外司法延伸工作的主体应该是社会工作者而不是法官，脱离了审判本职的法官不再处于一个中立的裁判者地位，与以审判为中心的刑事诉讼制度改革背道而驰。

（二）机构组织与受案范围科学性不足

从我国少年法庭的发展史可以看出，少年法庭的改革具有多元化、碎片化、零散化特征，没有建立起完善、有效的审判机构和制度体系，"自下而上""摸石头过河"始终是主旋律，缺乏中央层面的认可和规则的统一制定。少年法庭现存的几种组织形态中，有的受案范围过于狭隘，不利于对未成年人的全面保护；有的成立少年家事庭或者家事少年庭，将大量家事案件纳入少年法庭的工作范围，使得少年法庭特色工作制度被淡化，未来难以成为主流模式；有的少年法庭被归入了刑事审判庭，少审法官除承担未成年人案件外还要办理普通刑事案件，导致少年审判特色被削弱。各地根据审判工作实际情况建立相应行之有效的审判组织和工作机制，虽然符合各地区实际，但

---

〔1〕 姚建龙："中国少年司法的历史、现状与未来"，载《法律适用》2017年第19期。

其积累的经验方法难以在全国范围内得到推广；最高人民法院也始终没有设立专业的未成年人审判机构，缺乏上级法院对下级法院的指导，导致全国标准不统一。

（三）考核机制未反映实践需求

在当前法官员额制改革深入推进的背景下，法官业绩考核评价机制多以结案数为重要指标，而单从案件数量上来看，"吃不饱"一直是少年法庭遇到的难题。如果一味地追求案件数量，少年法庭不断扩大受案范围，那么少年司法的独特价值理念和特色工作经验将面临被淡化的危险。如果想保持少年法庭的"本色"，法官继续从事案外延伸工作，比如开展审前调查、心理评估干预、法庭教育、判后回访帮教等诸多看似与审判工作没有直接关联但实际上对于教育、感化、挽救涉罪未成年人具有重要意义的工作，虽然《最高人民法院关于加强新时代未成年人审判工作的意见》明确提出要将社会调查、心理疏导、法庭教育、延伸帮教、法治宣传、参与社会治安综合治理等工作纳入绩效考核范围，但该项规定仅是原则性规定，过于笼统，具体标准难以制定，导致这些工作无法被量化评价，这将直接影响到少年法庭队伍的工作积极性、创造性以及少年法庭的传承和发展。

（四）配套支持体系不够完备

教育、感化、挽救未成年人的工作，仅靠司法机关一家之力是不够的，需要社会力量的介入。我国少年司法体系中司法部门之间、司法部门与社会机构之间的协作配合尚存在诸多问题。

在办理未成年人案件配套工作体系中，少年法院和少年检察院经历过一系列撤并，从目前来看整体设立情况较好，但公安机关设立少年警务机构只是昙花一现，目前只有个别地区设置了未成年人警务科或未成年人预审中队，指定一些专门人员办理未成年人案件，尚未形成统一机制；未成年犯的矫正机构更是有待加强，未成年犯管教所、工读学校形同虚设，未成年人社区矫正制度仍处于试点改革中。2013年劳动教养制度废除后，我国对将因不满16周岁而免予刑事处罚的未成年犯，或者被判处非监禁刑罚、被判处刑罚宣告缓刑、被假释的未成年人送往何处进行矫正也没有作出明确规定。

未成年人帮教是一项系统工程，具有社会性特征。在办理未成年人案件时，少年司法的社会支持体系并不完备成了一大制约因素。我国目前对于社会支持体系还没有较为系统的理论研究，在司法实践中，社工组织人员的社会调查、心理评估、法庭教育、社区矫正、司法救助、判后帮扶等非审判工作往往都是由承办人来完成，这既加重了法官的工作压力，使得法官分身乏术，也难以保障质量和效率。

第二节　自刑事政策层面的展开分析

一、我国未成年人犯罪刑事政策之演变

我国未成年人犯罪刑事政策的演变大致可分为三个阶段，即古代（1840年以前）、近代（1840年至1949年）以及新中国成立后（1949年至今）。

（一）中国古代未成年人犯罪刑事政策

中国自古便有"尊老恤幼"的道德传统，孟子曾提出"老吾老以及人之老，幼吾幼以及人之幼"。究其根本是通过倡导对老幼的特殊照顾，实现社会内部的互帮互助，加强团结，减少分裂，以传统道德维护社会秩序的稳定。此类理念在刑法中的体现则是按照年龄标准划定"老""幼"的具体范围，再给予这些特殊群体定罪量刑的优待。唐律等古代律例便对未成年人犯罪作出了特殊规定，《唐律·名例律》第30条规定："九十以上、七岁以下，虽有死罪，不加刑。七岁至十岁、八十岁至九十岁犯反、逆、杀人应死者，上请；盗及伤人者，亦收赎。余皆勿论。七十以上、十五岁以下，犯流罪以下，收赎。"由此可见，唐律将未成年人按年龄划分为，7岁以下、7岁至10岁、15岁以下三类，并分别采取了免除刑事处罚、罪名认定需额外"上请"、减轻刑事处罚等措施。

在中国古代社会，传统种植农业是主要的经济形式，受生产方式的影响，大部分人口以宗族为单位，以村落为形式在固定区域长期定居，人员流动性不强，社会关系稳定，在这种相对稳定而且封闭的社会环境中，未成年人由父母或家族长辈依照宗族习惯、家规家训进行严格管教，未成年人恶性犯罪案件极少发生，此类犯罪的特殊性往往被忽略。虽然古代律法减轻了对未成年人犯罪的处罚，但现实中处理未成年人犯罪所依据的法律规范、审判机构、审判程序均与成年人犯罪相同，并未具备特殊性，中国古代没有将未成年人犯罪从成年人犯罪中剥离出来，并未构建适用于未成年人犯罪的特殊刑事法律制度，也没有提出明确的未成年人犯罪刑事政策。

（二）中国近现代未成年人犯罪刑事政策

清朝末年，时局动荡，社会变革，中国传统社会制度受到西方外来文化的全面冲击，清政府中不乏有识之士，主张积极对外学习，主要途径为向海外派遣留学生以及官绅考察团，正所谓"年少英俊者使之游学，年长更事者使之游历"。在这种交流与学习的过程中，西方刑事实证学派理论、英美少年法院运动以及日本少年监狱改良思想等先进理论对清朝未成年人司法制度改革产生了直接影响，中国未成年人刑事政策的基本理念也在潜移默化中发生了转变。清末法学家沈家本奉旨修律时就曾阐释过未成年人犯罪"惩治教育"的新理念："夫刑罚为最后之制裁，丁年以内乃教育之主体，非刑罚之主体。凡幼年犯罪，改用惩治处分，拘置场中，视情节之重轻，定年限之长短，以冀渐收感化之效，明刑弼教，盖不外是矣。"可见，中国未成年人刑事政策的基本理念正在由传统的"报应、惩治"向"感化、教育、矫正"过渡。

1908年，由沈家本主持的《大清新刑律》编纂完成。就未成年人刑事责任年龄而言，《大清新刑律》第11条规定："凡未满十二岁人之行为，不为罪；但因其情节，得施以感化教育。"第50条规定："未满十六人或满十八岁人犯罪者，得减本刑一等或二等。"即对刑事责任年龄进行了明确的规定，12岁以下为无刑事责任年龄，12岁到18岁为减轻刑事责任年龄。就诉讼程序而言，《大清刑事民事诉讼法》规定被告人不满12岁又没有辩护人的，有关审判组织或检察官要为其指定辩护人，《刑事诉讼律》规定对未成年人犯罪案件的审判适用特殊程序。就执行程序而言，《大清监狱律草案》吸收了西方先进的监狱管理理念，根据未成年人易受成年人影响从而染上恶习的特点，规定未成年人应该与成年人分别关押。[1]

1911年《大清新刑律》等系列相关法律颁布，1912年清王朝即告覆亡，虽然涉及未成年人犯罪的相关规定并未真正施行，但其借鉴整合了当时国外未成年人犯罪司法改革的最新成果，确立了惩治教育、指定辩护、特殊程序、分类羁押等一系列制度，对我国未成年人刑事司法制度进行了开创性的有益探索，促进了中国未成年人犯罪刑事政策由传统的报应、惩治向感化、教育、矫正转化，产生了深远影响。

1912年中华民国宣告成立，由于当时立法技术尚不成熟，没有进行大规

---

〔1〕 参见梅文娟："少年刑事政策研究"，西南政法大学2015年博士学位论文。

模系统立法的能力，因此国民政府仅将与中华民国基本国家制度相矛盾的清朝法律条款予以废除，其他之前便已经颁布施行的清朝法律依旧暂时有效，对《大清新刑律》进行部分修订，更名为《中华民国暂行新刑律》。随着西方法律思想与制度的进一步引入，法学界已经认识到了未成年人犯罪的特殊性，并尝试构建中国本土的未成年人刑事司法制度。1928年，国民政府颁布并实施《中华民国刑法》，其中明确提出了刑事责任年龄的概念，并针对刑事责任年龄作出规定："未满十三岁之行为不罚。十三至十六岁之间，如果犯罪可减刑一半。"但该条规定在实施过程中暴露出了诸多缺陷，1935年国民政府对其进行修订，将最低刑事责任年龄提高为14岁，规定14岁至18岁之间犯罪的未成年人可减轻处罚。

1936年5月9日，国民政府颁布《审理少年案件应行注意事项令》，训令认为未成年人的心理状态与成年人不同，在审判时应采用不同的处置方式，以体现对未成年人的特殊保护。对未成年人案件审理法官、审理形式、不公开审判、审理基本态度、关押方式等提出了要求，要求选择经验丰富，性情宽厚，对心理学、教育学等相关学科有所研究者担任审理法官；审理形式应当追求简单，降低未成年人的犯罪审判感；审判不公开，以保护未成年人的隐私；审理的态度应当避免过于严厉；对未成年人罪犯符合条件的应当适用缓刑，尽量避免羁押，必要时应当与成年人分开羁押，避免其受到不良影响等。1946年颁布的《监狱行刑法》对未成年人的关押作出了进一步的详尽规定。如其第16条规定："未成年犯独自关押的时间，不得超过三个月，以免因独自关押无人做伴，而影响其身心健康发展。"为实现对未成年人的分别羁押，国民政府在各地分批次建立了少年监狱。1948年3月南京少年法庭成立，采用谈话式审理方式，专门审理未成年人刑事案件，一时成效显著。除了建立未成年人刑事司法制度外，国民政府也尝试建立相关配套制度，主要做法是推行感化教育与再教育，对于已满14周岁的未成年人，经少年法庭判刑之后送感化教育处进行感化教育，只有在感化教育明确无效时，才可恢复执行判罚。对未满14周岁的问题儿童进行感化教育，感化教育的主要实施机构是各地的救济院，同时负责对未成年人进行保护观察以及职业再教育，提高未成年人的就业能力，帮助未成年人回归社会，预防再犯罪。

总体看来，民国时期的未成年人刑事司法制度在移植了英美以及日本相关制度的基础上，结合我国国情进行了有益改良，虽未提出明确的成年人犯罪刑事政策，但从其基本原则、立法内容、制度设计等不难看出民国时期的未成年人犯罪刑事政策已经与西方国家保持一致，以"教育""感化""矫正"作为其基本政策理念。民国时期的未成年人刑事司法制度的相关规定已经较为完善，制度初具雏形，但由于人员素质与经济水平等原因，详尽的规定并未得到良好的实施，徒有其文，未见施行。虽然民国时期的未成年人刑事政策、司法制度存在时间不长、实施程度不佳，但不可否认的是，民国时期的未成年人刑事政策是中国未成年人刑事政策本土化过程中的重要探索，也为我国当前未成年人刑事政策的进一步发展提供了有益借鉴与启示。

中国共产党也十分重视对于未成年人的保护，中华人民共和国建立前就已经在解放区施行了以教育为基本理念的未成年人刑事政策，通过再教育与参与劳动的方式完成对未成年人的改造。

（三）新中国成立后的未成年人犯罪刑事政策

新中国成立以后，中央十分重视未成年人犯罪问题，在不断的摸索和实践中，逐渐形成了具有中国特色的未成年人犯罪刑事政策。

1957 年，《最高人民法院、司法部关于城市中当前几类刑事案件审判工作的指导》规定，对于未成年犯，必须以贯彻教育为主，惩罚为辅的方针。这是官方文件首次提出未成年人犯罪的刑事政策，为我国后来未成年人犯罪刑事政策的发展奠定了总基调。1979 年，中共中央 58 号文件提出："对违法犯罪的未成年人要实行教育、挽救、改造的方针。"1982 年，《中共中央关于加强政法工作的指示》明确指出："必须坚决实行教育、感化和挽救的方针，着眼于挽救。"这也代表着中共中央关于未成年人犯罪的刑事政策理论初具雏形。1992 年 1 月 1 日施行的《未成年人保护法》第 38 条规定："对违法犯罪的未成年人，实行教育、感化、挽救的方针，坚持教育为主，惩罚为辅的原则。"这是以法律的形式将未成年人犯罪的刑事政策固定了下来。[1]之后，1999 年施行的《预防未成年人犯罪法》以及 2013 年施行的《刑事诉讼法》都重申和强调了该方针原则。

如何理解"教育、感化、挽救"的方针与"教育为主，惩罚为辅"的原则？正确理解"教育、感化、挽救"的方针的内在含义，明确三者之间的关系，可以确保我国未成年人刑事司法制度的发展始终朝向正确的方向。

---

〔1〕　杨帆："未成年人犯罪刑事政策研究"，苏州大学 2014 年硕士学位论文。

"教育"是指教育者根据一定的社会要求，有目的、有计划、有组织地通过教育工作，对受教育者的身心施加影响，促使他们朝着期望的方向变化的活动，是一种培养人的社会活动。教育可以促进人社会化，使人们具有正确的认知，习得有用的生存技能，是个人实现社会价值的基础。未成年犯的心智尚未成熟，容易受外界环境的影响，可塑性较强，通过少管所、工读学校、社区矫正机构根据未成年犯的特点进行具有针对性的再教育可以有效地对其身心施加影响，帮助其形成正确的人生观与价值观，传授其劳动生活技能，有助于其改过自新、回归社会，预防其再次犯罪。另外，未成年犯大多处于读书年龄，教育的方式可以保证其继续学习，不会因此中断学业，体现了我国对未成年犯的特殊保护。

"感化"是指用行动影响或善意劝导，使人的思想、行为逐渐向好的方面转变。对未成年犯的感化具体是指通过心理辅导、个人谈话、生活关怀等方式使未成年犯从内心深处认识到自己过去行为的错误性，并下决心改正。就预防未成年人犯罪而言，感化的效果优于一般的刑罚，刑罚是通过对犯罪人施加痛苦或限制，使其不敢再犯、不能再犯，是利用了人们的恐惧心理达到预防犯罪的目的，一旦恐惧消失犯罪就会再次发生。对未成年人施加刑罚会加重未成年人的"犯罪标签"，可能会激起未成年人的逆反心理，使其产生自暴自弃，更加难以回归社会。感化则是使一个人的内心深处发生变化，从而形成新的认知体系，指导其客观行为，效果更加持久、稳定，可以从根本上实现挽救未成年犯的目的。

"挽救"是指将未成年人从危险或不利中解救回来。具体是指，司法工作人员通过各种措施与手段，使未成年犯脱离犯罪的轨道，回归正常的学习生活，从而恢复为正常的社会成员。未成年犯可塑性强，通过教育、感化可以有效改变其陋习，具有挽救的可能性。未成年人是国家和社会的未来，是社会建设发展的后备力量，对其进行挽救使其回归社会，可以促使他们日后成长为对社会有益的建设者，具有挽救的必要性。"教育、感化、挽救"这三者，挽救是最终的目标，教育、感化是实现挽救目标的手段方式，感化是教育的一种，是特殊形式的教育。

对于"教育为主，惩罚为辅"的原则，学界存在不同的理解，一种观点认为，教育和惩罚是两种完全不同的矫正手段，"教育为主、惩罚为辅"是指在处理未成年人犯罪案件时，在大多数情况下采用教育的手段，在少数情况下采用惩罚手段，两者是主要手段与次要手段的关系。另一种观点则将教育和惩罚解释为目的，对于未成年人犯罪，不管是采用刑罚还是非刑罚的处罚，其主要目的都是教育未成年犯，改过自新不再犯罪。在这个过程中，教育是主要目的，惩罚是教育的一种手段。同时，为了实现社会正义，对未成年犯过去的犯罪行为作出评价，惩罚又是次要目的，惩罚既是手段又是目的，该观点是当下国内的主流观点。

未成年人犯罪及其治理不是单纯的法律问题，而是复杂的社会问题，与一个社会的价值观念和公共政策取向密切相关。[1]我国当前施行的"以教育、挽救、改造为方针，以教育为主、惩罚为辅为原则"的未成年人犯罪刑事政策表明在处理未成年人犯罪案件的过程中，以教育为主要目的，以惩罚为次要目的是我国开展各项未成年人刑事司法工作所要遵循的原则。通过对未成年犯进行通识教育和感化教育，使其改过自新，不再犯罪，从而实现对其挽救的目的，这是我国未成年人刑事司法工作努力的具体方向。该刑事政策既体现了我国自古以来"恤幼"的优良传统，又吸收借鉴了世界范围内预防未成年人犯罪的先进理论成果，更彰显了我国对于未成年人的特殊人文关怀，符合我国的基本国情，对我国未成年人刑事司法制度建设具有重要的指导意义。

二、实现我国未成年人犯罪刑事政策的具体方案

六字方针和八字原则是我国未成年人犯罪刑事政策的基本指导思想，我国未成年人犯罪刑事政策体系是围绕这一基本指导思想展开构建的，主要体现在三个方面，即实体法规定、刑事程序设计以及相关配套制度的完善。

（一）实体法规定

《刑法》总则主要是对少年犯罪的刑事责任年龄以及对少年从轻或减轻处罚的情况作出规定。例如，该法第 17 条第 1、2、3 款明确规定了未成年人的刑事责任年龄，第 4 款规定了对未成年人犯罪的从轻或减轻处罚的原则，第 49 条明确规定了对未成年人不得适用死刑，第 65 条第 1 款规定了未成年人犯罪不构成累犯，第 100 条规定了未成年人前科报告义务的免除。分则部分主要规定了未成年人作为刑事案件被害人的一些刑罚规范，如强奸罪，猥亵儿

---

[1]　参见卢建平："未成年人犯罪刑事政策的整体完善"，载《青少年犯罪问题》2009 年第 4 期。

童罪，拐卖儿童罪，雇用童工从事危重劳动罪，组织未成年人进行违反治安管理活动罪，引诱未成年人聚众淫乱罪，引诱幼女卖淫罪，不解救被拐卖、绑架妇女、儿童罪，阻碍解救被拐卖、绑架妇女儿童罪等。此外，《最高人民法院关于办理少年刑事案件的若干规定（试行）》《最高人民法院、最高人民检察院、公安部、司法部关于办理少年刑事案件建立互相配套工作体系的通知》等司法解释和政策性法规也在建构中国的少年司法制度方面发挥着积极作用。

就实体法规定而言，其明确了未成年人犯罪的刑事责任年龄，确定了未成年人犯罪从轻或减轻处罚的法定情节。

新中国成立以来，我国法律不断提高未成年人犯罪的最低刑事责任年龄，并不断完善刑事责任年龄的规定，采用分段式处罚方式，较好地体现了教育、挽救的刑事政策理念。1951 年《法制委员会关于未成年人被匪徒利用放火投毒是否处罚的批复》规定，未满 12 周岁的儿童犯罪的，不作刑事处罚。新中国成立初期，社会秩序趋于稳定，未成年人犯罪数量相较之前显著下降，且未成年人犯罪相对于犯罪总数而言占比较低，未成年人犯罪的最低刑事责任年龄也相应地作出了调整。1954 年政务院公布的《劳动改造条例》将最低刑事责任年龄上调为 13 周岁，1979 年颁布的《刑法》将最低刑事责任年龄上调为 14 周岁，并进一步将刑事责任年龄一分为四（14 周岁以下为无刑事责任年龄，14 周岁至 16 周岁为相对刑事责任年龄，16 周岁以上为完全刑事责任年龄，14 周岁至 18 周岁为减轻刑事责任年龄），同时规定犯罪时不满 18 周岁的未成年人不适用死刑。

我国刑法还利用举轻以明重的基本理念，在实体法中明确了未成年人犯罪从轻或减轻处罚的法定情节，对于利用未成年人实施犯罪的犯罪人则要求从重处罚。2006 年颁布实行的《最高人民法院关于审理未成年人刑事案件具体应用法律若干问题的解释》明确了几种未成年人所犯的轻微刑事案件可以不认定为犯罪，如 14 周岁至 16 周岁的未成年人，与幼女发生性行为，次数较少，情节较轻，未造成严重后果，不认为是犯罪；16 周岁至 18 周岁的未成年人，盗窃自己亲属财物，事后被害人不予追究，可以不认定为犯罪。《刑法》第 65 条规定，未成年人不构成累犯。以上实体法内容体现了刑法对未成年犯的特殊人文关怀。同时，对于利用未成年人实施犯罪或从事严重违法行为的犯罪人，刑法对其从重处罚，如《刑法》第 29 条规定，教唆不满 18 周岁的人犯罪是教唆犯的从重处罚情节；《刑法》第 353 条规定，引诱、教唆、欺骗或强迫未成年人吸毒的，是强迫他人吸毒罪的从重处罚情节。以上规定从不同的角度贯彻了保护未成年人的刑事政策理念。

（二）刑事程序设计

2012 年 3 月 14 日，第十一届全国人民代表大会第五次会议通过了《全国人民代表大会关于修改〈中华人民共和国刑事诉讼法〉的决定》，修改后的《刑事诉讼法》专章规定了"未成年人刑事案件诉讼程序"，根据未成年人的特点和保护未成年人的需要，设置了未成年人情况调查、附条件不起诉、犯罪记录封存等新制度。2012 年 12 月 20 日公布的《最高人民法院关于适用〈中华人民共和国刑事诉讼法〉的解释》（以下简称《刑诉法解释》）进行了细化，对于未成年人情况调查制度，《刑诉法解释》规定，人民法院应当接受人民检察院移送的调查报告以及辩护人提交的书面材料，必要时，可以委托或者自行调查。对未成年被告人情况的调查报告，以及辩护人提交的有关未成年被告人情况的书面材料，法庭应当审查并听取控辩双方意见，并可以作为法庭教育和量刑的参考。针对前科封存制度，《刑诉法解释》规定对于被判处 5 年有期徒刑以下刑罚以及免除刑事处罚的未成年人的犯罪记录，应当封存。2012 年 12 月 31 日以前审结的案件符合封存条件的，相关犯罪记录也应当封存。《刑诉法解释》还规定了查询犯罪记录的具体程序，即司法机关或者有关单位向人民法院申请查询封存的犯罪记录的，应当提供查询的理由和依据。对查询申请，人民法院应当及时作出是否同意的决定。规定对于需要封存犯罪记录的案件，公开审理、宣判时不得组织旁听，法庭应当告知旁听人员不得传播案件信息。《刑诉法解释》还强化了对未成年被害人、证人的权益保障，规定未成年被害人及其法定代理人因经济困难等没有委托诉讼代理人的，人民法院应当帮助其申请法律援助。为避免未成年被害人在庭审中受到"二次伤害"，对于未成年被害人、证人，一般不得通知其出庭作证。对确有必要出庭的未成年被害人、证人，可以采取不暴露身份信息、不暴露外貌、真实声音等特殊保护措施；条件具备的，还可以采取远程视频等方式作证。

就刑事程序设计而言，我国以保护未成年人合法权益、帮助未成年人回归社会为目的制定了系统、具体、全面的刑事程序。主要分为两方面：其一是审判程序特殊化，其二是审判机构专业化。

1. 审判程序特殊化

在 2012 年之前，我国便已经在《刑事诉讼法》中确立了诸多维护未成年人权益的机制，2012 年《刑事诉讼法》修正后，将原本散见于《刑事诉讼法》各处的关于保护未成年人权益的程序规定进行了统一整合，在第五编特别程序第一章设置了未成年人刑事案件诉讼程序，使未成年人刑事程序在内容上更加系统、完善，立法体例上相对独立，强化了对于未成年犯人身权利、诉讼权利的保护。具体内容包括以下几方面：

第一，指定辩护。2012 年《刑事诉讼法》第 267 条规定："未成年犯罪嫌疑人、被告人没有委托辩护人的，人民法院、人民检察院、公安机关应当通知法律援助机构指派律师为其提供辩护。"未成年人心智尚未成熟，语言表达较弱，为未成年犯提供法律援助，可有效维护其辩护权。

第二，社会调查。2012 年《刑事诉讼法》第 268 条规定："公安机关、人民检察院、人民法院办理未成年人刑事案件，根据情况可以对未成年犯罪嫌疑人、被告人的成长经历、犯罪原因、监护教育等情况进行调查。"依据社会调查，法官可以了解未成年犯的生活、学习环境、家庭情况、成长经历等情况，综合评估未成年犯的社会危害性、人身危险性，作出更有效的个别化判罚。

第三，慎用逮捕措施。2012 年《刑事诉讼法》第 269 条第 1 款规定："对未成年犯罪嫌疑人、被告人应当严格限制适用逮捕措施。……"逮捕是最严厉的刑事强制措施，不当的适用可能会对未成年人的心理造成伤害，应控制逮捕的使用，将逮捕作为最后的强制措施。

第四，法定代理人、合适成年人在场。2012 年《刑事诉讼法》第 270 条第 1 款规定："对于未成年人刑事案件，在讯问和审判的时候，应当通知未成年犯罪嫌疑人、被告人的法定代理人到场。……"未成年人的法定代理人到场可以缓解未成年人的紧张心理，监督讯问、审判程序的合法性，维护未成年人的合法权利。

第五，不公开审理。2012 年《刑事诉讼法》第 274 条规定："审判的时候被告人不满十八周岁的案件，不公开审理。"不公开审理未成年人犯罪案件，可以降低未成年人犯罪案件的社会影响，避免未成年犯被贴上"犯罪标签"，有助于其回归社会。

第六，附条件不起诉与前科封存。2012 年《刑事诉讼法》第 271 条第 1 款规定："对于未成年人涉嫌刑法分则第四章、第五章、第六章规定的犯罪，可能判处一年有期徒刑以下刑罚，符合起诉条件，但有悔罪表现的，人民检察院可以作出附条件不起诉的决定。……"第 275 条第 1 款规定："犯罪的时候不满十八周岁，被判处五年有期徒刑以下刑罚的，应当对相关犯罪记录予以封存。"这两条规定分别在犯罪成立之前和刑罚消灭之后，为未成年犯留出了改过自新、回归社会的转圜余地，最大程度上消除了犯罪对未成年人未来发展的影响。

2. 审判机构专业化

20 世纪 80 年代的上海，正值改革开放初期，社会发生转型，受外来文化的影响，社会治安问题较为突出，在与犯罪作斗争的同时，上海市长宁区人民法院的法官们发现，抢劫、斗殴等恶性刑事案件多发生于未成年人之中。未成年人相较于成年人具有更强的可塑性，为实现中央针对未成年人犯罪提出的"教育、感化、挽救"方针，长宁区人民法院的法官们决定针对此类案件设计特殊的审判方式。1984 年 11 月，上海市长宁区人民法院正式建立了我国第一个少年法庭，少年法庭的成立引起了最高人民法院的重视，在最高人民法院的推动下，少年法庭很快在全国范围内得到推广。经过一段时间的发展与巩固，2006 年 7 月，最高人民法院在全国范围内选定了 17 个中级人民法院作为试点单位，设立了独立建制的未成年人案件综合审判庭，扩大了少年审判庭的受案范围，未成年人案件审判机制进一步专业化、规范化，全国少年法庭建设进入了新阶段。截至 2018 年 6 月，全国四级法院共设立少年法庭 2253 个，全国 31 个省、自治区、直辖市的高级人民法院都建立了少年法庭指导小组，形成了一支专业少年审判法官队伍，至少拥有少年审判法官 7000 名。

（三）相关配套制度完善

以"教育、感化、挽救"为指导方针，以"教育为主，惩罚为辅"为指导原则，新中国成立后我国逐渐建成了多样化的未成年人犯罪矫正配套机制。

1. 工读学校

工读学校是为有违法或轻微犯罪行为的未成年人而办的特殊学校，以"立足教育、挽救孩子、科学育人、造就人才"为办学方针，是教育、挽救失足青少年的重要机构。工读学校收容 13 岁至 17 岁，有严重不良行为但并未达到违法犯罪程度的未成年人，这些人从常规的中小学退学、被开除，或者被学校认为不宜留校学习，但不足以送少年管教所，由未成年人的家长或监护人提出申请，经当地的区、县教育部门和公安局共同审批，可进入工读学校学习。在校期间，学生除了接受文化教育、职业技术教育和思想政治教育，还按年龄组织必要的生产劳动，实行半工半读，实行严格的管理和奖惩制度。工读学校的学生毕业以后，根据各自的情况继续上学、参军或安置就业，不受歧视。

2. 少年犯管教所

少年犯管教所，是对已满 14 周岁、未满 18 周岁的未成年犯进行教育、挽救、改造的场所。未成年人的认知能力受限，容易受到外界环境的影响，把未成年犯和成年犯一起关押改造不利于未成年人的健康成长，因此将未成年犯关押到少年犯管教所进行教育改造。少年犯管教所针对未成年人的特点而设立，采取特殊的教育和改造方式，在照顾他们成长发育的情况下，让他们从事轻微的劳动，采取诱导、关怀、鼓励、感化的方法，进行适合未成年犯心理和生理特点的德、智、体、美全面教育，促使他们思想转化，早日改造成为有利于社会的新人，为他们将来的升学、就业创造条件。

3. 社区矫正制度

社区矫正是指针对被判处管制、宣告缓刑、裁定假释、暂予监外执行的这四类犯罪行为较轻的对象所实施的非监禁性矫正刑罚，罪行轻微、主观恶性不大的未成年犯，是适用上述非监禁措施，实施社区矫正的重点对象。社区矫正人员应当参加社区定期组织的教育学习活动，参加社区服务，培养社会责任感，定期接受心理辅导以及职业培训。社区矫正可以使未成年犯不脱离社会、不脱离生活，增加未成年犯与社会的联系，促使未成年犯掌握生活技能与相关社会知识、塑造符合社会正常生活的人生观与价值观，降低"犯罪标签"影响，借助政府、社区、社会爱心人士以及亲人的帮助，使未成年犯可以更好地回归并适应社会。[1]

三、对我国现有未成年人犯罪刑事政策之反思

（一）重刑主义的处罚体系与刑事政策不协调

我国当下未成年人刑事政策所贯彻的"教育、感化、挽救"方针与"教育为主、惩罚为辅"原则，更倾向于矫正性的未成年人刑事政策。在我国处理未成年人案件的司法实践中，未成年人的特殊性并没有得到足够的重视，许多典型的未成年人犯罪案件，仍然是按照以成年人标准设计的刑法来定罪量刑的。[2]由于尚未制定独立的未成年人犯罪法，未成年人犯罪案件的定罪

---

〔1〕 杨帆：“未成年人犯罪刑事政策研究”，苏州大学 2014 年硕士学位论文。
〔2〕 卢建平：“未成年人犯罪刑事政策与少年司法制度变革”，载《法治研究》2011 年第 3 期。

量刑、诉讼、执行都依附于为成年人犯罪设计的刑事法律，受传统的"报应刑"观念的影响，在处理未成年人犯罪案件时会出现"重刑主义"倾向，处罚较多、矫正不足。言而总之，我国未成年人犯罪刑事政策强调"矫正"，司法实践则着重"惩罚"，总体呈现出刑事政策基本理念与司法实践不相协调的状态，刑事政策未对司法实践形成有效的指导。其中，非刑罚化的处置措施设置不合理是产生此种现象的重要原因之一。

非刑罚化是当下国际刑事立法的基本发展趋势之一，在未成年人犯罪领域非刑罚化的倾向更加明显，随着我国社会主义法律制度的建成以及社会主义法治建设的不断完善，我国对未成年人这一特殊群体的保护日趋重视，但我国未成年人犯罪的非刑罚化探索起步较晚，非刑罚化处置措施仍有进一步完善的空间。

具体来说有三点：首先，未成年人犯罪非刑罚化措施依附于成年人犯罪，我国现行刑法中的非刑罚化措施被集中规定在《刑法》第 37 条，该条统一适用于成年人与未成年人，并未针对未成年犯的特点作出专门规定。其次，非刑罚措施种类单一，效果不佳。我国所规定的几种非刑罚措施有训诫、具结悔过、赔礼道歉、赔偿损失等，种类较少，且处罚程度较轻。训诫、具结悔过和赔礼道歉是通过口头或者书面的方式对未成年犯进行批评，要求未成年犯认错并且致歉，保证不再犯，这三种方式只是作用于其内心的道德谴责，实际效果很难把握。由于未成年人大多没有独立的财产，赔偿损失一般只能执行其法定监护人的财产，也很难对未成年犯产生深刻影响。因此，我国非刑罚措施的设置不合理，尚难实现刑事政策对于未成年犯的教育、矫正目的。最后，非刑罚处罚措施可适用场景较少。根据我国《刑法》和《刑事诉讼法》的规定，我国针对未成年犯适用非刑罚措施仅限定在了情节轻微而不需要判处刑罚或酌定不起诉的情况下，《刑事诉讼法》对未成年人犯罪的诉讼程序作出了特别规定，引入了未成年人附条件不起诉制度，该规定将附条件不起诉的情节设定在有期徒刑 1 年以下，限缩了未成年犯罪者适用附条件不起诉的范围。从非刑罚处置措施设置不合理这一侧面可以看出，我国未成年人犯罪刑事政策与司法实践的不协调主要缘于未成年人刑事司法制度构建尚不完善，在"报应刑""惩罚"观念极重的成年人刑事司法制度框架内，未成年人犯罪刑事政策的"矫正"目的不易实现。

（二）对未成年人不良行为缺乏关注

未成年人犯罪刑事政策不应仅关注已经发生的未成年人犯罪行为，也要关注未成年人的不良行为，由事后规制向事前规制延伸，补齐预防未成年人犯罪工作链。现有的未成年人刑事政策以强调事后规制为主，事后规制指在未成年人犯罪行为发生之后，对其进行教育、感化、挽救，并将相关案例作为素材向社会大众进行警示性教育，以实现刑法一般预防与特殊预防的功能，事后教育无疑是非常重要的，但是如何在犯罪行为实施之前对未成年人不良行为进行规制是值得我们进一步研究的问题。在我国刑事领域，只有符合刑法犯罪构成的行为才是犯罪，未成年人的一般不良行为（如校园暴力、虐待动物、窃取少量财物等）不构成刑法上的犯罪，不属于刑法的规制范围，但此类行为有极高的发展成犯罪的可能性，刑事政策的设计应当平衡好未成年人犯罪事前规制与事后规制的动态关系，重视未成年人不良行为的潜在危害，提前介入，阻断其发展为犯罪行为。

（三）警惕矫正性刑事政策之缺陷

矫正性刑事政策也有其固有缺陷，矫正性刑事政策将未成年人一律视为需要保护和照看的儿童，认为未成年人犯罪需要的不是惩戒，而是保护与矫正，对于未成年犯要实行非刑罚化、轻刑罚化、非监禁化的司法保护，但刑法的谦让一定会收获预期中的效果吗？答案可能是否定的。以社区矫正为例，我国法律已将社区矫正明确化及法定化，对未成年人适用社区矫正可以使未成年人在原有的社区中生活，不与家庭分离，不中断教育，有利于其回归社会。但在司法实践中，社区矫正的随意性较大，缺乏相关的配套措施，社区矫正并未对成年人与未成年人加以区分，矫正内容较为单一，缺乏针对性，难以实现矫正效果，社区矫正基本流于形式。

刑法作为社会秩序的最后一道防线，不能有太多的"笑脸"，当刑法谦让陷入无度，在未成年犯的口耳相传之下，进法院如同回家一样亲切，法院就可能变成他们把欢晤谈的地方。未成年犯绝非善良天真的儿童，他们已经拥有了一定的认知能力、控制能力，他们理应为自己的行为承担相应的责任，刑事政策可以强调对其加以矫正、挽救，但这种保护是有限度的，绝不能以牺牲刑法的目的与功能为代价。在预防、惩治未成年人犯罪上，刑法一味地规避、退让绝非问题解决之道，需要我们做好保护与惩治之间的平衡与拿捏。[1]

---

〔1〕 崔志伟："保护与惩治之间：未成年人犯罪刑事政策的争议焦点与类型区分"，载《青少年犯罪问题》2018 年第 1 期。

未成年人犯罪刑事政策不能过于理想化、极端化，要保留必要的惩罚措施，要做到执两端而取其中，避免重蹈西方福利主义司法模式的覆辙，如此才可开创我国未成年人犯罪刑事政策的新篇章。

第三节　自刑事规范层面的展开分析

犯罪低龄化是全球面临的严重社会问题，未成年人犯罪日益为国际社会所高度关注。党和政府一贯重视运用法律规范规制未成年人犯罪行为，以此对未成年人进行教育。早在第二次国内革命战争时期，中华苏维埃政府制定的《宪法大纲》《劳动法》《婚姻法》等法律便规定了保护青少年生存、劳动、学习等权利以及惩罚未成年人犯罪的内容。新中国成立后，一系列法律规范中都有教育和保护未成年人的专门条款。特别是近四十年来，随着对未成年人问题的关注程度不断增高，我国未成年人刑事立法不断完善，未成年人犯罪研究不断深入，未成年人刑事法律规范的制定与运用进入了一个新的历史发展时期。

一、我国未成年人刑事实体法的立法发展及分析

（一）我国未成年人刑事实体法的立法发展

在刑事实体法立法方面，新中国成立之初的 1950 年 7 月 25 日《刑法大纲草案》就明确规定了未成年人犯罪的相关内容。1979 年《刑法》对未成年人相关规定又作了进一步的扩充与完善。具体而言，我国刑事实体法关于未成年人犯罪的规定主要包括两个方面：

1. 关于未成年人刑事责任年龄的规定

刑事责任年龄是未成年人承担刑事责任的重要依据。我国未成年人刑事责任年龄的立法发展主要体现在：完全不负刑事责任年龄、相对负刑事责任年龄、完全负刑事责任年龄三个方面。

（1）完全不负刑事责任年龄的立法沿革。我国刑法关于不负刑事责任年龄的规定，经历了一个从低到高的发展过程。1954 年《刑法指导原则草案（初稿）》第 3 条第 3 款规定：“不满十二岁的人，不论犯任何罪，不负刑事责任；但是应当责令他的父母或者其他监护人，加以管教。”[1] 从而将刑事

---

〔1〕　高铭暄、赵秉志编：《中国刑法立法文献资料精选》，法律出版社 2007 年版，第 229 页。

责任年龄的起点规定为满 12 周岁。1956 年《刑法草案（草稿）》（第 13 次稿）和 1957 年《刑法草案（初稿）》（第 22 次稿）都将刑事责任年龄的起点规定为满 13 周岁。1979 年《刑法》则将刑事责任年龄的起点规定为满 14 周岁，并沿用至今。关于采用满 14 周岁的理由，最高人民法院刑法修改小组于 1989 年 3 月在《关于刑法总则修改的若干问题》一文中指出：当前绝大多数青少年犯罪仍是在 16 岁至 25 岁这个年龄阶段，14 岁以下的少年犯罪尤其是严重犯罪案件虽然有，但毕竟是极个别现象；随着社会的进步，青少年出现早熟现象，成熟程度也有所提高，但对于占全国面积 80% 以上的广大农村来说并非如此，降低刑事责任年龄，有悖国家对青少年"教育为主，惩罚为辅"的原则；世界上多数国家都把 14 周岁作为负刑事责任的起点年龄。[1]

（2）相对负刑事责任年龄的立法沿革。早在 1954 年，《刑法指导原则草案（初稿）》第 3 条第 2 款就规定："已满十二岁不满十五岁的人，犯反革命、杀人、放火和严重破坏交通罪，应当负刑事责任。" 1957 年《刑法草案（初稿）》（第 22 次稿）第 13 条第 2 款则规定："已满十三岁不满十五岁的人，犯杀人、重伤、放火、严重偷窃罪或者严重破坏交通罪，应当负刑事责任。"[2] 1979 年《刑法》和 1997 年《刑法》则将相对负刑事责任年龄的范围规定为"已满十四周岁不满十六周岁"。这一规定主要是考虑到一般达到这个年龄阶段的人，都已经具备了一定的辨别大是大非和控制的能力，即对某些严重危害社会的行为具备一定的辨认和控制能力，这一规定也与世界上大多数国家对相对负刑事责任的年龄的规定一致。同时，与其相关的相对负刑事责任的罪名范围也在立法过程中发生了变动。1954 年《刑法指导原则草案（初稿）》将该年龄段应负刑事责任的犯罪规定为"反革命、杀人、放火和严重破坏交通罪"。1957 年《刑法草案（初稿）》（第 22 次稿）则将其范围规定为"杀人、重伤、放火、严重偷窃罪或者严重破坏交通罪"。1979 年《刑法》则扩大其范围，包含了各种严重破坏社会秩序的犯罪。1997 年《刑法》则缩小了其范围，将之限定为"故意杀人、故意伤害致人重伤或者死亡、强奸、抢劫、贩卖毒品、放火、爆炸、投放危险物质"八种犯罪。

---

〔1〕 参见高铭暄、赵秉志编：《新中国刑法立法文献资料总览》（下），中国人民公安大学出版社 1998 年版，第 2233~2234 页。

〔2〕 高铭暄、赵秉志编：《中国刑法立法文献资料精选》，法律出版社 2007 年版，第 250 页。

（3）完全负刑事责任年龄的立法沿革。新中国成立之初的 1954 年《刑法指导原则草案（初稿）》与 1957 年《刑法草案（初稿）》（第 22 次稿）都将完全负刑事责任的年龄规定为满 15 周岁。随着社会的发展变迁，现行《刑法》则将完全负刑事责任年龄规定为满 16 周岁。这也是考虑到未成年人的生理与心理特点，并与社会发展等各种因素相适应。这一年龄规定一直沿用至今，被社会广为熟知并接纳。

2. 关于未成年人适用刑罚的规定

与一般犯罪人的刑罚适用不同，关于未成年人的刑罚适用，我国采取了区别对待的立法模式。这种区别规定主要体现在死刑适用与无期徒刑适用两个方面。

（1）关于未成年人适用死刑的规定。死刑作为最严厉的一种刑罚方式，有着严格的适用条件。特别是未成年犯罪人是能否适用死刑这一问题，一直备受关注。关于该问题，我国在立法规定上经历了一个逐渐清晰、完善的过程。1954 年《刑法指导原则草案（初稿）》并未对未成年犯罪人能否适用死刑作出规定，从而缺乏对司法实践明确的指导。就立法规定而言，没有明确禁止对未成年犯罪人适用死刑则意味着是可以适用死刑的。1979 年《刑法》第一次明确规定了未成年犯罪人适用死刑的情形。其中，第 44 条规定："犯罪的时候不满十八岁的人和审判的时候怀孕的妇女，不适用死刑。已满十六岁不满十八岁的，如果所犯罪行特别严重，可以判处死刑缓期二年执行。"该规定明确指出对未成年人不适用死刑立即执行，但若罪行极其严重，可以适用死刑缓期二年执行。这种规定将死刑割裂为死刑立即执行和死刑缓期二年执行两种不同的情形，其实是对刑法死刑规定的违反，不符合死刑一贯的政策，也有违全球保留死刑国家对未成年人不适用死刑的共识。1997 年《刑法》对此作出了修改，明确规定对未成年人犯罪不得适用死刑，即不得对其适用死刑立即执行与死刑缓期二年执行。1997 年《刑法》第 49 条规定："犯罪的时候不满十八周岁的人和审判的时候怀孕的妇女，不适用死刑。"继而全面禁止了对未成年人适用死刑。该规定被一直沿用至今，成了限制死刑适用的一项重要内容，同时也体现了对未成年犯罪人"教育为主，惩罚为辅"的刑事政策。

（2）关于未成年人适用无期徒刑的规定。关于未成年人能否适用无期徒刑这一问题，我国立法也经历了一段修改的过程。1957 年《刑法草案（初稿）》（第22次稿）第46条规定："犯罪的时候不满十八岁的人，不适用无期徒刑。"1979年《刑法》和1997年《刑法》则未针对该问题作出明确不得适用的规定。理论界和实务界一般都认为可以对未成年人适用无期徒刑，司法实践中也有适用。主要是因为这两部刑法典都规定了对未成年人不得适用死刑立即执行。特别是1997年《刑法》禁止对未成年人适用死刑立即执行与死刑缓期二年执行，无期徒刑就成了对于罪行极其严重的未成年犯罪人的唯一主刑选择，符合罪行相适应的刑法基本原则。2006年《最高人民法院关于审理未成年人刑事案件具体应用法律若干问题的解释》第13条也明确规定对未成年犯罪人可以适用无期徒刑，对这一问题予以了明确回应。

（3）关于未成年人犯罪从宽处罚的规定。对未成年犯罪人以"教育为主，处罚为辅"进行处罚，一直是刑事立法遵循的重要原则。1950年《刑法大纲草案》第11条就规定："14岁以上未满18岁者，得从轻处罚"，体现出了对其从宽处罚的精神。1979年《刑法》和1997年《刑法》虽然没有明确规定对所有未成年犯罪人都适用"应当"或者"可以"从轻或者减轻处罚，但是适用时一般会考虑未成年人的特殊身份。且1997年之后的刑法修正案针对未成年犯罪人的某些处罚作了相应修改。如2011年《刑法修正案（八）》将《刑法》第65条第1款修改为："被判处有期徒刑以上刑罚的犯罪分子，刑罚执行完毕或者赦免以后，在五年以内再犯应当判处有期徒刑以上刑罚之罪的，是累犯，应当从重处罚，但是过失犯罪和不满十八周岁的人犯罪的除外。"在累犯的认定上对未成年犯罪人作了较宽处理。同时，将《刑法》第72条修改为："对于被判处拘役、三年以下有期徒刑的犯罪分子，同时符合下列条件的，可以宣告缓刑，对其中不满十八周岁的人、怀孕的妇女和已满七十五周岁的人，应当宣告缓刑：（一）犯罪情节较轻、（二）有悔罪表现……"在缓刑适用条件上对未成年犯罪人也作了较宽处理。此外，还在《刑法》第100条中增加一款作为第2款："犯罪的时候不满十八周岁被判处五年有期徒刑以下刑罚的人，免除前款规定的报告义务。"即免除未成年犯罪人的前科报告义务，为其重返社会创造了有利条件。这些规定都体现了刑事立法中未成年犯罪人与一般犯罪人的区别，从而有针对性地对其进行刑罚处罚。

（二）我国刑法典关于未成年人犯罪规定之分析

从前述立法发展可以看出，我国刑法典关于未成年人犯罪的规定主要集中在刑事责任承担和刑罚处罚方式两个方面。这些规定与刑法典一同经历了初创、成型再到完善的过程，呈现出了我国未成年人刑事立法的自有特点：

1. 采用未成年人犯罪分散式立法

一般而言，未成年人犯罪的刑事立法主要有三种模式：一是在普通刑法典之外专设单行少年刑法，如德国和日本；二是在普通刑法典之中设专编、专章或专节规定未成年人的刑事责任，如瑞士、俄罗斯和越南；三是在普通刑法典中分散规定未成年人刑事责任的相关规范，如意大利。[1]由于我国刑法专门规定未成年人犯罪的条文比较少，难以针对未成年人犯罪另立刑法，因而我国采用的是分散式的立法模式，即在《刑法》总则部分以条或款的方式规定了刑事责任年龄、刑罚适用等问题。这种立法模式将有关未成年人犯罪的规定融入刑法典，具有一目了然、操作简便的优点。但同时也存在一些问题，如立法过于分散，难以形成体系，难以覆盖未成年犯罪人的全部方面，难以体现我国对未成年人犯罪人这一特殊群体的相关刑事政策。正如有学者所言："仅靠几个条文很难把少年刑法制度的众多内容规定详细、系统，于是，不得不借助司法解释或者判例等，对相关刑法条文进行细化或补充。这种立法模式弊病很多，是比较原始的立法模式。"[2]就未成年人刑事立法的发展而言，未来时机成熟时，未成年人犯罪集中刑事立法应当是予以充分考虑的立法模式。

2. 刑罚处罚注重"宽严结合"的立法价值取向

1997年《刑法》出台之后，认为未成年人犯罪处罚规定过于严厉的意见比较普遍。立法机关听取各方面的意见，并根据社会发展情况和司法实践现状，在《刑法修正案（八）》中修改了未成年人一般累犯的规定，避免了其因心智不成熟继而再犯罪构成累犯进而加重处罚的情形；进一步放宽了未成年犯罪人适用缓刑的条件；从保护未成年犯罪人角度专门规定了前科消灭制度。这一系列刑法内容的修改深入贯彻了保护未成年人的原则，更好地发挥了刑法预防惩戒未成年人犯罪的功用。另外，刑法也贯彻了"该严则严"的原则。在未成年犯罪人不适用死刑的情形下，保留了对其适用无期徒刑的可能性，以威慑惩戒严重未成年人犯罪。

---

〔1〕 刘凌梅："我国未成年人犯罪刑事责任立法之展望———以《国内法与国际法下的未成年人刑事责任决议》为视角"，载《青少年犯罪问题》2007年第1期。

〔2〕 牛忠志、姚桂芳："中外少年刑法若干问题比较研究"，载《政法论丛》2004年第6期。

3. 注重对未成年犯罪人的保护

刑法注重对未成年人的保护主要体现在刑事责任年龄的划分上。《刑法》规定 14 周岁以下的未成年人不负刑事责任，虽然该规定一直被严格适用，但争议较大。特别是近年来我国发生了多起未满 14 周岁未成年人实施的恶性案件，引起了广泛关注，继而引发了对刑事责任年龄的讨论。比较有代表性的意见是，随着社会快速发展，目前儿童心智发展比较迅速，未成年人犯罪率快速增长，未成年人犯罪的低龄化趋势愈发明显，社会危害性也有所加重，现行刑法对未成年人的保护有些过度，应当降低刑事责任年龄的门槛。但也有学者认为，目前 14 周岁的年龄划分是符合实际情况需要的。如张明楷教授认为，因为未成年人还没有形成一种价值观，他们的价值观在违法和合法之间不停地漂移，故需要以保护为主，在欧洲 84% 以上的国家也是规定未满 14 周岁的未成年人不用负刑事责任。笔者认为，修改刑事责任年龄划分这一问题属于刑法的重大事项，应当予以充分考虑、论证。虽然目前社会上出现了一些低龄人员实施的恶性犯罪，但这些犯罪的数量相对于全部犯罪而言仍然是极少数，在立法问题上，切不可以偏概全，要充分考虑刑法典的普遍适用性。

回顾我国未成年人刑事实体法立法沿革可以看出，经过七十年的立法发展，未成年人刑事立法取得了巨大进步。但是必须正视的是，我国未成年人刑事实体法立法仍然存在着诸多问题，如立法分散、缺乏体系性；对未成年犯罪人的保护并不适度；刑罚适用略有不当；刑事处遇过于单一等。这些问题还需要进一步研究探讨，达成共识，以完善未成年人刑事实体立法，更好地发挥其教育、惩罚功能。

二、我国未成年人刑事程序法的立法发展及分析

（一）我国未成年人刑事程序法的立法发展

未成年人刑事诉讼程序是未成年人刑事立法的重要内容。鉴于未成年犯罪人的特殊身份，刑事诉讼程序规定是否完备与得当不仅关系着未成年人诉讼权利与合法权益能否得到充分保障，还关系着未成年人法律体系的建立与依法治国方略的推进。作为刑事程序法的有机组成部分，未成年人刑事诉讼程序立法的发展必然跟随我国刑事诉讼立法的确立与完善。我国未成年人刑事程序法的发展大致经历了以下几个阶段：

1. 未成年人刑事程序法的初创与探索阶段

从新中国成立至 1979 年我国《刑事诉讼法》颁布实施这一时期,未成年人刑事程序立法处于初创阶段。这一阶段的立法多以政策、法规、文件等方式出台,呈现出了刑事实体法与程序法交融的特点。尽管如此,我国依然在未成年人诉讼程序方面做出了有力探索,如在预审中可以邀请未成年人的父母或监护人以及学校代表人参加讯问;在审判程序中,未成年人犯罪案件应当不公开审理,不得在群众大会上宣判或宣布执行;为未成年被告人指定辩护律师等;为未成年人刑事诉讼程序的形成奠定了基础。例如,1960 年《最高人民法院、最高人民检察院、公安部关于对少年儿童一般犯罪不予逮捕判刑的联合通知》。该通知明确指出,除对特别重大的未成年人犯罪案件应予判刑外,对一般涉罪未成年人不予逮捕判刑,应采取收容教养的办法进行改造。[1]

1979 年我国第一部《刑事诉讼法》颁布实施,标志着我国未成年人刑事程序立法进入了全新阶段。其中,第 10 条第 2 款明确规定:"对于不满十八岁的未成年人犯罪的案件,在讯问和审判时,可以通知被告人的法定代理人到场。"第 111 条第 2 款规定:"十四岁以上不满十六岁未成年人犯罪的案件,一律不公开审理。十六岁以上不满十八岁未成年人犯罪的案件,一般也不公开审理。"从而在立法层面确立了未成年人刑事诉讼的基本原则。这些规定充分体现出了刑事程序法与"教育为主、惩罚为辅"的保护未成年人基本原则相一致。

进入 20 世纪 80 年代之后,未成年人犯罪诉讼程序进入了快速发展阶段。在这一时期:一方面,从国家立法机关到地方立法机关,都相继出台了大量关于保护未成年人权利、惩治未成年人犯罪的法律法规,对 1979 年《刑事诉讼法》中的未成年人犯罪程序立法规定作了有力补充,进一步完善了司法实践操作。另一方面,司法机关也相继成立了针对未成年人犯罪的专门机构。可见,无论是立法还是司法实践都体现了对未成年人诉讼程序的重视。如 1984 年上海市长宁区人民法院建立了全国首个少年法庭,标志着我国未成年人诉讼程序的确立。随后全国先后出台多部法律法规,从国家到地方都对未成年人犯罪案件诉讼程序进行了规范。如 1995 年 5 月《最高人民法院关于办

---

[1]　自正法:"我国未成年人刑事特别程序之演进逻辑及其启示",载《江淮论坛》2018 年第 3 期。

理未成年人刑事案件适用法律的若干问题的解释》，该解释对未成年人刑事案件附带民事诉讼的赔偿范围、原则等作出了详细规定，解决了未成年人犯罪诉讼程序在实践中遇到的一些问题。

1996年，我国重新修正了《刑事诉讼法》，但这次修订对未成年人刑事诉讼程序并未作出重大修改。长期困扰实践的一些问题依然没有得到有效解决。该法只是在第213条第3款作出了"对未成年犯应当在未成年犯管教所执行刑罚"的规定。且这一条也只是在《刑事诉讼法》中重新表述了《监狱法》第74条之规定。可见，1996年修正的《刑事诉讼法》在未成年人刑事诉讼程序方面仍显欠缺。

2. 未成年人刑事程序法的建立与快速发展阶段

进入21世纪后，随着社会的快速发展，未成年人犯罪数量有较大幅度的上升，未成年人权益保障意识也明显增强。而未成年人犯罪刑事立法已经难以应对实践中出现的各种问题。于是，在立法方面，未成年人犯罪刑事程序法律规范进入了快速发展阶段。2001年，《最高人民法院关于审理未成年人刑事案件的若干规定》对未成年人刑事案件应当遵循的基本原则、审判组织、庭前准备工作、审判和执行等作出了明确规定。如该规定第6条第2款将未成年人刑事审判庭和未成年人刑事案件合议庭统称为少年法庭，为之后少年法庭的建立确定了规范保障；第10条明确了少年法庭受理案件的范围；第15条规定了未成年被告人的辩护权等重要内容。从该规定的内容不难看出，在诉讼程序方面，对未成年人与一般犯罪人区别对待。这种区别不仅体现在审判组织的特殊设定上，还贯穿在整个审判过程中。比较注重保护未成年人的隐私权，较好地贯彻了"教育为主，惩罚为辅"的未成年人刑事政策，使得该规定成了这一时期审判程序主要依据的法律规范。

2012年，第十一届全国人民代表大会第五次会议修正了《刑事诉讼法》，这次修法是未成年人犯罪刑事程序立法的重大进展，具有里程碑式的意义。《刑事诉讼法》第一次在特别程序这一篇中设专章规定"未成年人刑事案件诉讼程序"。这一修改既是对整个法学界与实务界多年呼声的回应，也解决了我国一直存在的未成年人刑事程序立法零散、效力层级较低、难成体系的问题。2012年《刑事诉讼法》在第五编第一章首先明确规定了办理未成年人刑事案件的方针与原则，即"对犯罪的未成年人实行教育、感化、挽救的方针，坚持教育为主、惩罚为辅的原则"。这为整个未成年人刑事诉讼程序奠定了基调。继而又规定了未成年人的辩护权和犯罪情况调查，羁押措施适用以及对未成年人的讯问与审判等内容，从法律规范角度解决了司法实务的诸多问题。特别是社会调查制度、附条件不起诉制度、犯罪记录封存制度等规定，具有较强的针对性和可操作性，极大地丰富了未成年人犯罪刑事诉讼法律体系。

3. 未成年人刑事程序法的完善阶段

2012 年《刑事诉讼法》专章设立未成年人刑事案件诉讼程序之后，最高人民法院、最高人民检察院、公安部等部门相继出台了多部司法解释和法律性文件，对未成年人诉讼程序作出了进一步细化规定。如最高人民检察院于 2012 年 10 月发布《最高人民检察院关于进一步加强未成年人刑事检察工作的决定》，这一文件详细规定了诉讼中针对涉罪未成年人的特殊方针、原则和法律政策，特别强调要加强未成年人刑事检察队伍专业化建设和刑事检察工作制度化建设等内容。最高人民法院于 2012 年 12 月颁布《刑诉法解释》，其中有 37 条规定涉及未成年人刑事诉讼程序，对人民法院审理未成年人刑事案件的一般规定、庭前准备、庭审规范和执行程序等内容作了详细规定。这些司法解释的颁布体现了刑事诉讼中未成年人与成年人的区别，贯彻了未成年人刑事政策和原则，落实了《刑事诉讼法》关于未成年人刑事案件诉讼程序的规定，是对未成年人犯罪刑事程序的进一步完善。2018 年《刑事诉讼法》作了大幅度修正，保留了 2012 年《刑事诉讼法》的相关规定，以保持未成年人刑事案件诉讼程序立法的稳定性。

（二）我国现阶段未成年人刑事程序法之分析

我国现行《刑事诉讼法》关于未成年人刑事案件诉讼程序的规定主要包括社会调查制度、附条件不起诉制度、犯罪记录封存制度三个方面。

1. 对未成年人社会调查制度之分析

《刑事诉讼法》第 279 条规定："公安机关、人民检察院、人民法院办理未成年人刑事案件，根据情况可以对未成年犯罪嫌疑人、被告人的成长经历、犯罪原因、监护教育等情况进行调查。"这条规定被称为未成年人社会调查制度。其实，早在 2012 年《刑事诉讼法》作出规定之前，2001 年《最高人民法院关于审理未成年人刑事案件的若干规定》第 21 条便已规定："开庭审理前，控辩双方可以分别就未成年被告人性格特点、家庭情况、社会交往、成长经历以及实施被指控的犯罪前后的表现等情况进行调查，并制作书面材料提交合议庭。必要时，人民法院也可以委托有关社会团体组织就上述情况进行调查或者自行进行调查。"2007 年最高人民检察院印发的《人民检察院办理未成年人刑事案件的规定》第 16 条第 4 款也规定："审查起诉未成年犯罪嫌疑人，应当听取其父母或者其他法定代理人、辩护人、未成年被害人及其法定代理人的意见。可以结合社会调查，通过学校、社区、家庭等有关组织和人员，了解未成年犯罪嫌疑人的成长经历、家庭环境、个性特点、社会活动等情况，为办案提供参考。"这些规定标志着未成年人社会调查制度由理论转换为法律规范。但是，《刑事诉讼法》并没有详细规定如何落实开展未成年人社会调查制度。在实践中，这一规定的执行也产生了一些问题，如怎样确定社会调查开始的阶段和履行机关。未成年人刑事案件要经过侦查、起诉、审判三个阶段，根据《刑事诉讼法》的规定，公、检、法三机关均有权自行进行社会调查，这样就容易出现重复调查的情况。而且，每个机关的职责不同，所调查的内容更倾向于自己职责范围内的事项，不利于全面地掌握未成年人情况。同时，由于刑事诉讼程序的特殊性，不同阶段调查的事项对于刑事诉讼的推进都会有影响，这使得不确定因素大大增加，难以保证社会调查的真正效果。

笔者认为，应当在法律规范中明确社会调查的阶段和调查机关。由于起诉审判阶段在整个诉讼程序中处于中后阶段，而未成年人刑事案件基本由公安机关进行侦查，由公安机关在侦查阶段进行社会调查较为妥当。一方面，公安机关在履行侦查职责时可以更全面地了解、掌握未成年人的具体情况；另一方面，也有利于查明案件犯罪事实。在公安机关社会调查完成后，应将社会调查的结果与案件材料一起移送检察机关，供检察机关和审判机关参考，以最大限度地反映未成年人的个人情况，保障起诉与审判的顺利进行。

2. 附条件不起诉制度之分析

《刑事诉讼法》第 282 条规定："对于未成年人涉嫌刑法分则第四章、第五章、第六章规定的犯罪，可能判处一年有期徒刑以下刑罚，符合起诉条件，但有悔罪表现的，人民检察院可以作出附条件不起诉的决定。人民检察院在作出附条件不起诉的决定以前，应当听取公安机关、被害人的意见。"根据该条规定，未成年人实施侵犯公民人身权利、民主权利罪，侵犯财产罪，妨害社会管理秩序罪这三章规定的犯罪，可能判处 1 年有期徒刑以下刑罚时，有可能适用附条件不起诉。这项制度针对较为轻微的刑事案件，司法机关认为暂时不起诉比较合适的，可以附加一定条件不起诉，以较好地体现"教育为主，惩罚为辅"的处罚原则。但是，这项规定在司法实践中的适用也有讨论的余地：

首先，附条件不起诉制度的适用罪名范围应当扩大。现行法律将未成年人可以适用的罪名限定于上述三章罪名，将其他如危害公共安全犯罪、破坏社会主义市场经济秩序罪等未成年人也较易实施的犯罪排除在外，限缩了附条件不起诉制度的适用范围，实际上降低了对未成年人犯罪案件决定不起诉的数量。立法者可能考虑到未成年人涉及的犯罪，一般多数集中于上述三章，因而将这些犯罪作为适用对象。但另一方面，即使是在危害公共安全罪这类危害较为严重的犯罪中，也有一些行为可以由未成年人实施，如危险驾驶罪、交通肇事罪等。同样，破坏社会主义市场经济秩序罪中的制假售假类犯罪、假币类犯罪、走私类罪也可以由未成年人实施。即使这些犯罪比较轻微也不能适用附条件不起诉制度，这显然不利于贯彻未成年人犯罪刑事政策。此外，未成年人过失犯罪在未成年人犯罪中所占比例较大，过失犯罪主观恶性较小，社会危害不大，在规定故意犯罪可以适用附条件不起诉的情形下，将过失犯罪纳入附条件不起诉的犯罪范围较为合理。

其次，附条件不起诉中的"条件"应当进一步明确。根据《刑事诉讼法》第282条，附条件不起诉中的"条件"是指未成年犯罪人有"悔罪表现"。但这里的"悔罪表现"如何认定？具体内容是什么？以何种形式呈现？对于这些问题，我国法律均没有具体的规定，司法者在不同情形下可能会作出不同的判断。笔者认为，应当尽快以法律规范的形式将"悔罪表现"这一核心条件予以明确。在现阶段，司法机关应充分、全面、深入地考察未成年犯罪人的"悔罪表现"，即其是否履行赔偿损失、真诚悔过、赔礼道歉等行为。同时，要杜绝未成年犯罪人为了逃避刑事责任而欺骗司法机关作出虚假悔罪行为。

3. 犯罪记录封存制度之分析

《刑事诉讼法》第286条规定："犯罪的时候不满十八周岁，被判处五年有期徒刑以下刑罚的，应当对相关犯罪记录予以封存。犯罪记录被封存的，不得向任何单位和个人提供，但司法机关为办案需要或者有关单位根据国家规定进行查询的除外。依法进行查询的单位，应当对被封存的犯罪记录的情况予以保密。"犯罪记录封存制度的设立目的是通过封存未成年人的犯罪记录，为他们完成社会化过程提供有利条件，对于未成年犯罪人正常回归社会、消除"犯罪人"标签具有重要意义。该项规定也是我国刑事程序立法关于未成年人诉讼程序的一项重要内容。但是，犯罪记录封存制度的规定较为粗疏。主要表现为：其一，尚未就封存的主体、内容、程序、告知、查询等作出具体规定；其二，没有明确与相关法律法规、有关部门、少年司法其他制度的衔接关系。这些问题的存在，导致司法实践中出现了适用对象模糊、适用主体不明、操作程序泛化、权利救济与责任追究机制阙如等一系列问题，进而影响到了犯罪记录封存制度的适用效果，制约着其功能的发挥。[1]

犯罪记录封存制度确立并实施以后，尽管相关司法解释明确了犯罪记录封存的主体，但在实践中仍然存在主体不一致的情形。有的地区将法院作为封存主体，有的则将公、检、法三家机关作为封存主体等。正是由于法律相关规定比较模糊，导致实践中这些做法降低了犯罪记录封存制度的效果，损害了司法机关的权威性。此外，犯罪记录封存制度与有关法律法规存在明显的冲突也是客观存在的问题。例如，犯罪人成年以后如果报考公务员等职业考试或资格考试，这些考试对于受过刑事处罚的报考人有明确限制，犯罪记录封存制度虽然规定有关单位可以根据国家规定进行查询，但很多资格考试一旦通过并不必然进行犯罪查询，进而会影响相关就业或资格的取得。针对上述问题，笔者认为有关部门应当尽快以立法形式予以明确，解决司法实践中存在的矛盾。同时，构建多部门联合的封存制度，特别是司法部门要与教育部门、人力资源部门形成联动机制，在升学、就业等方面为未成年犯罪人创造公平、公正的环境。

（三）我国应建立未成年轻罪犯罪记录消灭制度

1. 未成年人犯罪记录消灭制度的适用范围——轻罪的涵义

目前关于轻罪的学界通说是："以法定刑为标准，犯罪可分为重罪、轻罪和违警罪，这种分类形式起源于 1791 年的《法国刑法典》。我国并未规定重罪和轻罪，但一般认为法定最低刑在 3 年以上的有期徒刑的犯罪应当是我国刑法中的重罪。"[2]这种通说观点是如何得出的呢？且看以下分析。

学者们提出我国刑法中实际存在重罪和轻罪区分的依据有：第一，根据《刑法》第 7 条，最高刑为 3 年以下有期徒刑的犯罪应当是轻罪；第二，根据

---

〔1〕 宋英辉、杨雯清："我国未成年人犯罪记录封存制度研究"，载《国家检察官学院学报》2019年第 4 期。

〔2〕 冯军、肖中华主编：《刑法总论》，中国人民大学出版社 2008 年版，第 126 页。

《刑法》第 8 条，最低刑为 3 年以上有期徒刑的犯罪应当是重罪；第三，《刑法》第 72 条关于缓刑的规定提到的被判处拘役、3 年以下有期徒刑的犯罪应当是轻罪。上述三个法条的对比产生了一个问题，那就是 3 年有期徒刑应该属于轻罪还是重罪？根据上述学界通说的观点，3 年有期徒刑应当属于重罪的范畴。因为根据《刑法》第 99 条，以上和以下都是包含本数在内的。而学者认为的作为确定轻罪与重罪区分标准的《刑法》第 7 条、第 8 条、第 72 条却并没有将轻罪和重罪严格区分开来，反而将 3 年有期徒刑这一临界点置于两难境地。

但是，1998 年《最高人民法院、最高人民检察院、公安部、国家安全部、司法部、全国人大常委会法制工作委员会关于刑事诉讼法实施中若干问题的规定》第 4 条第 1 款却有将轻罪和重罪进行区别的严格标准。根据该规定，1996 年《刑事诉讼法》第 170 条第 2 项规定由人民法院直接受理的"被害人有证据证明的轻微刑事案件"是指下列被害人有证据证明的刑事案件：①故意伤害案（轻伤）；②重婚案；③遗弃案；④妨害通信自由案；⑤非法侵入他人住宅案；⑥生产、销售伪劣商品案件（严重危害社会秩序和国家利益的除外）；⑦侵犯知识产权案件（严重危害社会秩序和国家利益的除外）；⑧属于刑法分则第四章、第五章规定的，对被告人可以判处 3 年有期徒刑以下刑罚的其他轻微刑事案件。这一司法解释明确了我国轻罪和重罪的区分，那就是将 3 年以下有期徒刑的犯罪列为轻罪，将 3 年以上有期徒刑（不包含 3 年有期徒刑这一本数）的犯罪作为重罪。因此，未成年人轻罪犯罪记录消灭制度中的轻罪应当是指未成年人犯有的按照刑法规定应当判处 3 年以下有期徒刑的犯罪。

2. 犯罪记录的理解及其影响

2009 年最高人民法院印发的《人民法院第三个五年改革纲要（2009—2013）》在提到未成年人轻罪犯罪记录消灭制度时第一次明确了犯罪记录这一概念。它与我们通常所说的前科是非常类似的，由于前科制度在国内外刑法学界已经有了相对比较成熟的讨论，因此我们可以通过借鉴对前科这一概念的相关讨论，对犯罪记录这一概念形成更深刻的认识。国外刑法学界关于前科有两种不同的定义。一种为苏联的前科定义："被法院认定犯有罪行并被判处具体刑罚方法的人的一种特殊法律状态。"[1] 这种观点认为，前科由有罪

---

〔1〕　〔苏〕H. A. 别利亚耶夫、M. N. 科瓦廖夫主编：《苏维埃刑法总论》，马改秀、张广贤译，曹子丹校，群众出版社 1987 年版，第 391 页。

宣告和刑罚的执行两部分构成，缺一不可。另一种为西方国家的前科定义。在西方国家，较为普遍地坚持以单纯的有罪宣告作为构成前科的条件，而不苛求同时必须具备实际执行刑罚的条件。[1]我国现行的立法以及立法解释、司法解释并没有明确使用前科这一概念，因此对前科存在各种不同的争论。我国国内理论界和实务界存在将前科放在宽窄不一的语境下进行界定的各种学说。几种具有代表性的观点主要有：①前科是历史上因违犯法纪而受过各种处分的事实；②前科是因犯罪而受到刑罚处罚并足以构成累犯的事实；[2]③行为人的前科行为必须同时具备受到刑罚之宣告和刑罚之执行两个条件，前科制度存在的根据及由其所导致的对后罪从重处罚的着眼点在于立足于社会危害性的人身危险性，在于通过对后罪加重处罚的量来弥补前罪刑罚在量上的不足，并以此来惩罚和打击犯罪；[3]④"前科是指曾被宣告犯有罪行或被判处刑罚的事实。被宣告犯有罪行可以是人民法院进行的，也可以是人民检察院进行的，至于被宣告犯有何种罪行或者被判有何种刑罚及刑罚是否执行，均不影响前科的成立"。[4]

笔者认为，犯罪记录与前科相区别的一个重要特征就是犯罪记录是一个刑法学的概念，而前科这一概念可以放在宽窄不一的语境下去考虑。用上述四种观点来解释前科这一概念，都没有超出其文意射程范围，都有其合理性，因而才存在争论。但是，我们在理解犯罪记录这一刑法学概念的内涵时，应该以刑法的立场对其进行讨论，因而上述第一种观点将各类违法犯罪的事实均作为前科，显然是将范围扩得太大了，是不能适用于犯罪记录的。第二种观点将前科限定于累犯制度进行考虑，也就是说，前科是指构成累犯前行为的犯罪事实，即曾被判处有期徒刑以上刑罚或者是曾实施危害国家安全行为的犯罪事实。这种观点将前科制度局限于累犯制度进行考虑，但犯罪记录显然不仅限于这个制度。因为对于任何犯罪，在进行刑罚裁量时都要对有无犯罪记录进行考虑，有无犯罪记录是衡量行为人人身危险性的因素之一，不仅限于累犯制度中作为从重处罚的理由。第三种观点与第四种观点是比较相似的，都将前科制度的适用范围限定于整个刑法领域，不拘泥于刑法的某一具

---

〔1〕 参见于志刚：《刑罚消灭制度研究》，法律出版社 2002 年版，第 630 页。

〔2〕 参见喻伟主编：《刑法学专题研究》，武汉大学出版社 1992 年版，第 367 页。

〔3〕 参见于志刚：《刑罚消灭制度研究》，法律出版社 2002 年版，第 632 页。

〔4〕 马克昌：《刑罚通论》（根据 1997 年刑法修订），武汉大学出版社 1999 年版，第 709 页。

体制度。其区别主要在于后者认为曾被有罪宣告但由于缓刑等原因没有执行刑罚的事实也是前科。笔者认为，从第三种观点的理由来看，有没有执行刑罚对于行为人的人身危险性并没有影响，人民法院基于缓刑或者是其他不宜或不需要执行刑罚的情形而依法宣告对犯罪分子不执行刑罚，说明人民法院认为行为人的行为是存在社会危害性的，只是基于他的人身危险程度而认定并不需要对其执行刑罚。只要曾被人民法院作出有罪宣告，认为行为人在其行为的社会危害性基础上有人身危险性，就应当作为其下次犯罪时的刑罚裁量情节予以考虑，就属于犯罪记录的范畴。如果说执行刑罚的犯罪人因为其执行了刑罚，反而要在他下次犯罪的时候予以区别对待，而没有执行刑罚的犯罪人则不需要区别对待，那么刑罚改造和教育的意义何在？这样的刑罚也就只是存在于惩罚的意义中了。第四种观点提到，被宣告犯有罪行可以是人民法院实施的，也可以是人民检察院实施的。笔者认为，这种说法有悖于《刑事诉讼法》第12条关于"未经人民法院依法判决，对任何人都不得确定有罪"的规定。也就是说，只有法院作出有罪判决后才能确定行为人构成犯罪，才构成犯罪记录。

综上所述，笔者认为，站在刑法立场讨论犯罪记录，应该将其界定为：一切曾经被人民法院作出有罪宣告的犯罪事实，而不管被宣告为何种罪行，处以何种刑罚以及刑罚执行与否。前科应该是犯罪记录的上位概念，它不仅包含犯罪记录，而且还包含劳动教养等行政处罚的记录。

我国对犯罪记录的规定散见于刑事、民事、经济等部门法。如《刑法》第100条第1款规定："依法受过刑事处罚的人，在入伍、就业的时候，应当如实向有关单位报告自己曾受过刑事处罚，不得隐瞒。"在刑法领域以外，国家亦十分注重对行为人犯罪记录的管理。如1994年颁发的《中央社会治安综合治理委员会、公安部、司法部、劳动部、民政部、国家工商行政管理局关于进一步加强对刑满释放、解除劳教人员安置和帮教工作的意见》亦明确规定劳改、劳教单位"向刑满释放、解除劳教人员户口所在地公安机关、接收单位介绍情况，移交有关档案、材料"，便有将行为人犯罪记录等前科材料放入档案的含义。根据我国档案一般终身跟随行为人转移的现实状况，可以说，我国的犯罪记录等前科记录是终身制的。

犯罪记录制度规定的立法目的在于预防犯罪人再次犯罪和维护社会秩序，是国家基于行为人的犯罪行为对其进行否定评价的记录，只有在特定条件下才是国家对犯罪行为的否定评价的继续。这种制度的影响主要表现在：①在我国，犯罪记录在某些具体刑法制度中是法定的从重量刑情节。对于曾经犯危害国家安全罪或者是被判处有期徒刑以上刑罚在特定条件下再次犯特定罪而构成累犯的，应当从重处罚，且不得适用缓刑和假释。《刑法》第356条规定："因走私、贩卖、运输、制造、非法持有毒品罪被判过刑，又犯本节规定之罪的，从重处罚。"②犯罪记录是酌定的从重量刑情节。我国现行法律虽未规定对有犯罪记录者再犯的（构成累犯的情形除外）予以从重处罚的规定，但在司法实践中，犯罪记录无疑是量刑从重的酌定量刑情节之一。③民事、行政、经济领域享有某些特殊权利的资格受限。例如，曾因犯罪受过刑事处罚的不得担任法官、检察官、人民警察。④法律之外的社会影响。有犯罪记录的人重新进入社会时，他的犯罪记录会随着其档案到任何可能之处，警告与其接触过的人要对有犯罪记录的人予以区别看待。

3. 犯罪记录消灭制度的意义

从上面的犯罪记录制度的影响中可以看到，犯罪记录制度有一定的合理性，但是也存在缺陷，如果执行不当，很可能带来弊大于利的结果。首先，将犯罪行为之外的行为人与本次犯罪无关的因素作为对犯罪人加重处罚的依据本来就有违背刑法基本原则之嫌；其次，因为犯罪人曾经的错误而对其进行无休止的终身歧视待遇，这也是不利于对犯罪人的改造和再社会化的；最后，有犯罪记录的人在其执行完刑罚回归社会时，不仅面临法律上的歧视，而且会因为其犯罪记录而被当作"二等公民"，从而在无形中被人永远戴着有色眼镜看待。因而，在一定条件下的犯罪记录消灭将对行为人产生一系列积极影响，使有犯罪记录的人可以重新开始，包括：行为人法律地位发生改变，前科消灭后即被视为完全没有犯过罪的人；行为人因犯罪而丧失的政治权利、民事权利及其他合法权益也得到了恢复；在就学、就业、担任公职方面与其他公民享有同样的待遇。而附有一定条件进行犯罪记录消灭处理会让有犯罪记录的人看到希望而积极地进行改造，以作为一个"零记录"的人重新回到社会，这也是有利于犯罪人的社会化的。

在宽严相济的刑事政策指导下，这些特点导致我国对待未成年人犯罪的刑事政策呈现出以预防和教育为主的状况，司法机关针对未成年人犯罪的特殊性适用了刑事和解制度、暂缓起诉等很多特别的制度，以挽救犯罪未成年人，使他们以最小的代价回归社会，重新开始。

2009年最高人民法院印发的《人民法院第三个五年改革纲要（2009—

2013）》指出，应将未成年人犯罪中轻罪的犯罪记录予以消灭。这无疑是一个很好的解决办法。从字面含义来说，也就是对于犯罪未成年人的犯罪记录进行附条件的消灭，所附的条件就是仅限于轻罪。对于未成年人所犯的重罪，仍然要保留犯罪记录，有利于对其进行改造和再塑以及保卫社会。而未成年人犯轻罪并没有太大的社会危害性，根据其犯罪情节、执行刑罚的表现和悔罪表现等，对其进行"零记录"处理，有助于犯罪未成年人重新返回社会，消除刑罚和犯罪记录带来的心理压力，有利于其实现再社会化。

4. 未成年人轻罪犯罪记录消灭制度的法理分析

（1）既然未成年人犯罪也是犯罪，那么便存在怎样实现保卫社会和犯罪未成年人特殊保护之间的平衡问题。

刑法的两大基本机能，一个是保卫社会，一个是保障人权。保卫社会的机能，是指刑法维护社会秩序、惩罚和预防犯罪的机能。而保障人权的机能，目前在我国刑法学界已经取得共识，保障的人权，有广义的保障人权和狭义的保障人权之分。广义的保障人权，是保障一国范围内所有国民的人权；狭义的保障人权主要是保障被告人或者犯罪嫌疑人的人权，这也是我们通常意义上所使用的保障人权的内涵。所以说，我们在提到保障人权的机能时，是指刑法限制国家权力的动用，保障处于刑罚危险中的被告人或者犯罪嫌疑人的人权。在广义上使用保障人权，它与保卫社会的机能是一致的，惩罚了犯罪、维持了社会秩序也就实现了最大多数人的人权。但是，从狭义的保障人权来说，这两个机能往往是共存于刑法领域内的，但是又常常呈现出此消彼长的矛盾冲突关系。现代法治国家的刑法目标都是综合性的，不存在单一的保卫社会或者保障人权目标。我国也不例外。在一般情况下，我国的刑法是以保卫社会为重的。但是，在某些特殊情况下，保障人权的机能又会占据上风，例如本书所讨论的未成年人轻罪犯罪记录消灭制度。未成年人作为一个特殊的群体，在刑法上具有特殊的地位，他们的身心发展普遍不像成年人那样成熟，这也就影响了对于自己行为及其可能导致的后果的认识能力和判断能力。而且，他们在社会上往往是弱势群体，犯罪原因常常有值得宽宥的地方。此外，事物往往存在相反的两面，我们在看到犯罪未成年人不成熟性、缺乏理性认识性等缺点时，应当同时看到这正是犯罪未成年人具有可塑性的表现。我国刑法向来对这一特殊群体进行特殊保护，对未成年人犯罪大多不以惩罚为目的，而是以挽救和教育为宗旨。所以，在未成年犯有轻罪时，基于其可恕性和可塑性，加上轻罪的社会危害性一般较小，可以保障未成年人的人权为主，实现保卫社会和保障人权的平衡。

（2）未成年人轻罪犯罪记录消灭制度是站在行为主义的立场对我国刑法中普遍存在的行为人主义的立场进行修正。

刑法在犯罪论上有客观主义和主观主义的划分。客观主义认为犯罪的本质在于外部的犯人的行为及其结果，把犯罪的重点放在了能够从外部认识的行为上，又被称为行为主义；刑法中的主观主义认为犯罪的本质在于行为人的内部要素，即行为人反复实施犯罪行为的性格危险性或者将来实施犯罪的危险性格，把犯罪的重点放在了行为人内部的性格上，又被称为行为人主义。相应的，在刑罚论上有相对主义和相对主义之分，并且还有一类综合两者之长的并合主义。绝对主义认为刑罚的目的是恢复正义，刑罚权的根据在于实现作为道义必然性的报应；相对主义认为刑罚是实现某种目的的手段，刑罚权的根据在于刑罚的合目的性、有用性，相对主义以目的刑论为内容，认为刑罚以抑止将来的犯罪为目的，对于防止犯罪而言，必要的而且有效的刑罚就是正当的刑罚，目的刑论因其内容的不同又被分为一般预防论和特殊预防论；并合主义认为刑罚权的根据在于其正义性和合目的性，并合主义以相对的报应刑论为内容，认为正当的刑罚必须是既能满足正义的要求又能有效防止犯罪的刑罚，应该在报应刑的范围内实现一般预防和特殊预防目的。[1]

犯罪观和刑罚观的对立缘于国家观、世界观的对立。客观主义的犯罪论和绝对主义的刑罚观的产生以社会契约论和自然法理论为思想基础，是站在个人本位的立场上来说的，强调必须尽可能少地限制个人自由，尽可能多地限制国家权力。而主观主义的犯罪论和绝对主义的刑罚观的产生则是缘于犯罪学的发达和犯罪现象的增加对社会造成的严重威胁，是站在社会本位的立场上来讲的，强调个人是社会的个人，只有保护社会利益才能保护个人利益，故社会利益优于个人利益。[2]

我国刑法理论的通说明显受到了苏联刑法学说的影响。在犯罪论方面，虽然将主客观相统一作为基本原则，但事实上比较注重主观内容；在刑罚论

---

〔1〕 参见赵秉志主编：《外国刑法原理（大陆法系）》，中国人民大学出版社 2000 年版，第 14～16 页。

〔2〕 参见张明楷：《刑法学》（第 3 版），法律出版社 2007 年版。

方面，目的刑论占主导地位，报应刑没有受到重视。[1]我国《刑法》第100条规定的犯罪记录报告义务也是从行为人主义的立场出发，是对犯罪人实施有罪宣告和执行刑罚之后的否定性评价的延续。对于未成年人这一特殊主体，其危险性格并没有完全成型，将重点放在对其内在性格的特殊防卫上显然是不符合这一特殊人群的特点的。相反，笔者认为，应当以挽救和教育为目的，将关注的重点放在对未成年人外部犯罪行为的惩罚上，不对其人身危险性进行累加，消灭其轻罪犯罪记录，让其可以重新开始。对行为人的危险性格应当着重进行矫正而不是惩罚。因而，未成年人轻罪犯罪记录消灭制度在法理上是合乎我国现行刑法的目的的。

三、我国未成年人相关法律的立法发展与分析

我国关于未成年人犯罪的法律规范主要包括刑法和刑事诉讼法。前者主要规定未成年人的刑事责任和刑罚处罚，后者主要规定未成年人的诉讼审判程序。基于未成年人犯罪的特殊性与重要性，1999年我国专门出台了一部有关未成年人犯罪的法律规范，即《预防未成年人犯罪法》。这也是我国专门针对某一群体制定的一部预防犯罪法。该法实施二十多年来，在我国预防未成年人犯罪工作方面发挥了重要作用。

（一）《预防未成年人犯罪法》的主要内容与分析

制定《预防未成年人犯罪法》的渊源，可以追溯到1979年。1979年8月7日，中共中央转发了中央宣传部等八单位《关于提请全党重视解决青少年违法犯罪问题的报告》（中央58号文），这是党在历史上首次就青少年犯罪问题治理发出专门性文件，也是首次就犯罪治理问题向全党发出通知。1999年6月28日，第九届全国人民代表大会常务委员会第十次会议通过了《预防未成年人犯罪法》，标志着我国预防未成年人犯罪进入了全新阶段。该法第1条规定了立法目的，即"为了保障未成年人身心健康，培养未成年人良好品行，有效地预防未成年人犯罪"；第2条指出了预防犯罪总体方略，即"立足于教育和保护，从小抓起，对未成年人的不良行为及时进行预防和矫治"；第3条确立了预防基本模式，即"预防未成年人犯罪，在各级人民政府组织领导下，实行综合治理"；第4条明确了预防未成年人犯罪中各级政府和部门的职责。

---

[1] 参见张明楷：《刑法学》（第3版），法律出版社2007年版。

这部法律的主要内容包括对预防未成年人犯罪的教育，对未成年人不良行为的预防，对未成年人严重不良行为的矫治，未成年人对犯罪的自我防范，对未成年人重新犯罪的预防等方面。同时，还规定了家庭、学校、司法行政部门、群团组织、基层社区等主体在预防未成年人犯罪中的任务。其特点在于：

第一，注重以保护教育为主，对未成年人的不良行为进行提前预防。该法明确规定了未成年人的不良行为类型，如打架斗殴、索要财物、轻微盗窃、寻衅滋事等，规定了父母或监护人、学校有义务教育未成年人远离不良行为。这种事前预防的措施有利于预防未成年人犯罪的发生。

第二，确立综合治理的基本预防模式。该法明确提出了预防未成年人犯罪应实施综合治理，政府有关部门、司法机关、人民团体、有关社会团体、学校、家庭等要共同参与、各司其职，做好预防未成年人犯罪工作。犯罪预防的综合治理一直是我国预防犯罪的基本模式。这一模式在实践中已经取得了良好效果。预防未成年人犯罪也应发挥各部门综合治理的职责，多管齐下，共同构建预防未成年人犯罪的预防体系。

第三，注重事后预防，防止未成年人重新犯罪。该法对未成年人严重不良行为的矫治作了详细规定，明确了矫治实施主体和矫治内容，具有一定的可操作性。同时，还对未成年犯罪人追究刑事责任应遵循的原则、诉讼基本程序、回归社会作了相应规定，以充分保障未成年人的合法权利。

2012 年 10 月 26 日，第十一届全国人民代表大会常务委员会第二十九次会议对《预防未成年人犯罪法》作了修正。这次修正将旧法第 45 条第 2 款"对于已满十四周岁不满十六周岁未成年人犯罪的案件，一律不公开审理。已满十六周岁不满十八周岁未成年人犯罪的案件，一般也不公开审理"修改为"对于审判的时候被告人不满十八周岁的刑事案件，不公开审理"，从而扩大了不公开审理的范围，更有利于保护未成年犯罪人的诉讼权利。

（二）《预防未成年人犯罪法》的修订情况及分析

《预防未成年人犯罪法》自 1999 年实施以来已过二十余载。二十余年中，我国未成年人违法犯罪出现了许多新情况，发生了许多新变化。从统计数据来看，我国未成年人犯罪总体略有下降，但绝对数量依然居高不下，同其他国家一样，我国也面临着犯罪低龄化的趋势。并且，随着近十余年我国经济社会的快速发展，预防未成年人犯罪遇到了很多新问题、新挑战，《预防未成年人犯罪法》显示出了一定的滞后性。一直以来，社会各界都有修改《预防未成年人犯罪法》的呼声，2018年修改《预防未成年人犯罪法》被列入第十三届全国人民代表大会常务委员会立法规划。2019年10月，《预防未成年人犯罪法（修订草案）》提请十三届全国人大常委会第十一次会议审议。2019年10月31日至11月29日，《预防未成年人犯罪法（修订草案）》面向全社会公开征求意见，标志着该法的修订进入了快车道。

总体而言，与现行《预防未成年人犯罪法》相比，此次修订在内容上有以下几个方面的变化：

第一，增加各级各类预防主体职责，明确其主要任务。如规定各级政府应为预防未成年人犯罪工作提供政策支持和经费保障。群团组织和相关社会团体应为预防未成年人犯罪提供社会支持。鼓励和发展社会工作服务机构参与未成年人犯罪预防。鼓励、支持预防未成年人犯罪相关学科的建设，开展国际合作与交流。这些规定既明确了负责预防未成年人犯罪的专门机构，又规定了相关部门和社会组织应充分参与，形成联动，共同构建综合治理的预防体系。

第二，科学界定不良行为，细化矫治措施。司法实践表明，多数未成年人犯罪都存在由轻到重、日积月累的现象。大量未成年人在实施犯罪之前，长期存在不良行为或者违法行为，由于该类行为大多数都达不到治安处罚或者刑事处罚的程度，因此往往会被大而化之，仅由相关主体进行批评教育，这种管教措施容易流于形式，起不到约束矫治的作用，反而会因放任自流而使未成年人不良行为逐渐演变为严重的刑事犯罪。该修订草案将未成年人的越轨行为细分为不良行为、严重不良行为、犯罪行为三个层级，由轻及重，较为科学地界定了未成年人的相应行为。针对三类行为进行精准矫治，能够做到有的放矢，有效干预。如该修订草案规定公安机关对未成年人可以实施训诫、责令具结悔过，责令其接受社会机构观护帮教等措施，以避免未成年人走向犯罪道路。

第三，注重犯罪一般预防，针对校园欺凌作出专门规定。近些年来，校园欺凌现象日益增多，社会关注度急剧上升。针对这一问题，该修订草案规定学校应为第一责任人，要求各级各类学校建立欺凌防控制度，及时排查欺凌隐患，对于严重的欺凌事件，公安机关应当及时介入。

第四，对预防未成年人重新犯罪的具体措施作出明确规定。该修订草案指出，在对未成年犯罪人采取的各种措施中，法治教育应贯穿全过程。公安机关办理未成年人犯罪案件，应当根据未成年人的生理、心理特点和犯罪情况，有针对性地进行法治教育；人民检察院对于未成年犯罪嫌疑人决定不起诉的，应当对被不起诉的未成年人展开必要的教育；人民法院审理未成年人犯罪案件，应当遵循寓教于审的原则。由此可见，本次修订更加注重司法机关的法治教育功能，从各机关职责出发，分阶段、分角度、分层次地进行法治教育，基于司法机关自身的特性，这种法治教育更为生动，更能使未成年犯罪人感受到法律的威严，尊重法律、敬畏法律，达到预防犯罪的目的。

该修订草案对现有法律作了大幅度修改，针对理论上和实践中的突出问题作出了具体回应，是对未成年人犯罪立法的进一步完善。习近平总书记指出：全社会都要了解少年儿童、尊重少年儿童、关心少年儿童、服务少年儿童，为少年儿童提供良好社会环境。随着我国法律体系的不断完善，作为其中重要内容的未成年人刑事立法也必将迎来全新阶段，为保护未成年人健康成长、为我国社会发展发挥更大的作用。

第四节　《刑法修正案（十一）》新增罪名适用[1]

最高人民检察院于 2021 年发布的《未成年人检察工作白皮书（2020）》显示，以未成年人为侵害对象的犯罪高发，其中性侵未成年人的问题较为突出。以 2020 年为例，本年度检察机关起诉强奸未成年人犯罪 15 365 人，猥亵儿童犯罪 5880 人，强制猥亵、侮辱未成年人犯罪 1461 人，此类案件的相关法律问题已经引起了理论界和实务界的高度重视。2020 年 10 月 17 日，第十三届全国人民代表大会常务委员会第二十二次会议通过了新修订的《未成年人保护法》，标志着我国未成年人保护制度进入了全新发展阶段。刑事立法对此及时作出回应，《刑法修正案（十一）》有 3 个条文涉及未成年人性权利保护，且保护力度不断加大。其第 27 条第 1 款规定："在刑法第二百三十六条后增加一条，作为第二百三十六条之一：'对已满十四周岁不满十六周岁的未成年女性负有监护、收养、看护、教育、医疗等特殊职责的人员，与该未成

---

〔1〕 本部分内容已发表于《预防青少年犯罪研究》2021 年第 6 期，收录入本书时对相关内容进行了一定程度的修改，特此说明。

年女性发生关系的，处三年以下有期徒刑；情节恶劣的，处三年以上十年以下有期徒刑。'"随后，最高人民法院、最高人民检察院发布司法解释将该罪名确定为"负有照护职责人员性侵罪"（以下简称"本罪"）。

对于本罪规范的内涵与外延的廓清，需要明确以下几点：第一，明确本罪的保护法益；第二，准确界定"发生性关系"的内涵；第三，明确本罪的行为主体；第四，主观"明知"的认定；第五，厘定本罪与强奸罪的关系。明确本罪的保护法益，有助于厘定本罪的法网范围；明确本罪与强奸罪的关系，有助于框定本罪的法网外延；对"发生性关系""行为主体""主观明知"的内涵展开又需要借助本罪的保护法益。基于此，本书将主要围绕上述五个方面予以展开。

一、本罪的保护法益之争

（一）关于本罪保护法益的学说分歧

对于本罪所保护的法益，学界存在不同观点，大致可以划分为单一法益说和复合法益说两大阵营。单一法益说主要有性自主权说、身心健康说。主张性自主权说的学者认为，负有照护职责的主体很容易基于这种特定关系与低龄未成年女性发生性关系，[1] 而处于这种特定关系中的未成年女性容易被欺骗、利诱，进而作出不真实的性同意。因此，立法者推定处于特定关系中的未成年女性面对负有特殊照护职责的人员时所作的性同意无效，故本罪所保护的法益应当是低龄未成年女性的性自主权。[2] 主张身心健康说学者认为，《刑法修正案（十一）》有限制地上调了未成年女性的性同意年龄，即面对负有照护职责的人员，未成年女性的性同意年龄上调至 16 周岁，此时低龄未成年女性如同幼女一样不具有性自主权。因此，本罪保护的法益并非低龄未成年女性的性自主权而是其身心健康。[3] 复合法益说主要有性自主决定权和身心健康说、未成年女性的不完全性自决能力和性的社会风尚等。[4] 持复合

---

[1] 有学者将已满 14 周岁不满 16 周岁的未成年女性统称为低龄未成年女性，不满 14 周岁女性为幼女（参见付立庆："负有照护职责人员性侵罪的保护法益与犯罪类型"，载《清华法学》2021 年第 4 期。）为方便行文，本节所指的低龄未成年女性专指已满 14 周岁不满 16 周岁的未成年女性。

[2] 参见周光权："刑事立法进展与司法展望——《刑法修正案（十一）》总置评"，载《法学》2021 年第 1 期。

[3] 参见张义健："《刑法修正案（十一）》的主要规定及对刑事立法的发展"，载《中国法律评论》2021 年第 1 期。

[4] 参见赵秉志主编：《〈刑法修正案（十一）〉理解与适用》，中国人民大学出版社 2021 年版。

法益说观点的学者倾向于认为本罪不仅侵害了被害人的性自主权，而且对被害人的性的发育和健康养成也是一种附随侵害。

（二）"未成年女性的性健康发展"之提倡

本书认为，本罪保护的应当是单一法益，即未成年女性的性健康发展。论证如下：

第一，将本罪保护法益界定为复合法益不符合体系性。从整个刑法体系来看，立法者将本罪置于《刑法》分则第四章侵犯公民人身权利、民主权利罪之中，表明本罪所保护的法益是与人身密切相关的个人法益。纵观我国刑法所规定的性侵类犯罪甚至整个侵犯公民人身权利的犯罪，其所保护的法益均不包含社会法益，将本罪的法益界定为个人法益与社会法益的复合法益，在刑法体系上难以自洽。因此，本罪作为我国性犯罪体系的一部分，在界定其法益时，终究要从单一的"公民人身权利"中确定本罪的具体法益。

第二，"性自主权"较为笼统、模糊，不易于框定本罪的法网外延。所谓性自主权，既包括积极层面（同意发生性行为），也包括消极层面（拒绝发生性行为）。在此意义上，未满14周岁的幼女同样具有性自主权（消极层面），只是对其性自主权的积极层面进行限制。这对低龄未成年女性而言是适当限制还是过度干涉，是两种不同价值观的体现，即法律在面对特殊职责人员与未成年发生性关系时，是优先保障未成年女性的安全还是自由，立法背后其实是法益衡量的结果。通说认为，我国的性同意年龄为14周岁，立法者认为不满14周岁的幼女身心发育不成熟，不能正确理解性行为的后果及意义。因此，不论行为人采取何种手段，也不问幼女是否愿意，只要与幼女性交，就侵害了其性自主权，构成强奸罪。[1]虽然本罪的行为对象是低龄未成年女性，理应有权行使积极层面的性自主权，但是立法者认为，负有照护职责的人员可能会出于特殊信赖关系、反复灌输等原因使被照护的未成年女性产生一种错误认识，无法作出真正成熟且理性的选择，故为了避免处罚的漏洞，导致无法较好地保护未成年人权益，立法者基于特殊保护的立场，通常否定未满14周岁幼女的性同意效力，同时否定低龄未成年女性对特殊职责人员的性同意效力，以最大限度地实现对未成年人的保护，也符合比例原则的内在要求。但对于本罪保护的法益而言，不宜大而化之等同于强奸罪所保护的法益，若

---

〔1〕 参见陈兴良：《口授刑法学》（第2版·上），中国人民大学出版社2017年版，第142页。

将法益界定为性自主权，不仅会出现因主体不同而导致未成年女性的性自主权"时有时无"的尴尬情形，而且也的确可能存在不仅表面同意而且内心也同意，符合女性意志的性同意。在司法部门拟定本条的罪名时，曾有意见提出将罪名定为"准强奸罪"，但该意见未被采纳。由此可见，本罪与强奸罪还是存在本质差异的。

第三，与未成年女性身心健康密切相关的性的健康发展才是刑法真正需要保护的对象。"身心健康"在具体个罪认定中存在较大的模糊性，不符合罪刑法定原则明确性的要求，因为任何针对未成年人的犯罪都会在一定程度上侵害其身心健康，故有必要将本罪所保护的法益进一步具体化，即未成年女性的性健康发展。一方面，由于界定法益往往带有抽象性，但基于保护未成年人的刑事政策要求，对于本罪法益内涵的界定仍应力求具体，[1]性的健康发展以保障未成年女性健康成长、有效行使性自主权为目标，在这种意义上，相较于身心健康而言，性的健康发展显然更为具体；另一方面，已满14周岁不满16周岁的女性，其生理、心理等仍然处于发展阶段，作为负有照护职责的主体，其负有保证未成年女性的性健康发展过程不受侵扰的义务。在此意义上，本罪也属于义务犯。换言之，应当信赖负有照护职责的人员会保护被照护的未成年女性不受他人的性侵害，这种信赖是国家、社会和国民所期待的，若该类主体滥用特殊地位、不履行特定义务而与其发生性关系，使这种合理期待落了空，无论该未成年女性是否自愿，均严重侵害了该未成年女性的性健康发展，这种"监守自盗"也正是行为人构成本罪的责任本质所在。

此外，有学者认为，我国《刑法修正案（十一）》对本罪年龄上限的限制略显机械和不够周全，难以实现对已满16周岁不满18周岁的未成年人的充分保护，对于负有特殊职责的人员，被害人的性同意年龄可以提高至18周岁，从而更为周全地保护未成年人。[2]笔者认为，我们不能打着保护的名义过于限制未成年女性的性自主权，16周岁以上的未成年人与已满14周岁不满16周岁的未成年人相比，不管是生理还是心理都更为成熟、理性。与此同时，结合《民法典》第18条之规定，16周岁以上的未成年人，在以自己的劳动

---

〔1〕　参见赵冠男："论德国刑法对儿童性权益的保护——以《德国刑法典》第176、176a、176b条为视角"，载《预防青少年犯罪研究》2021年第3期。

〔2〕　参见张勇："负有照护职责人员性侵罪的司法适用"，载《青少年犯罪问题》2021年第4期。

收入为主要生活来源的情况下，可以视为完全民事行为能力人，而不可能将已满 14 周岁不满 16 周岁的未成年人视为完全民事行为能力人。[1]已满 16 周岁不满 18 周岁的未成年人，一般已经步入高中或者即将完成高中教育，甚至已经步入社会，在对性的认识上，已经能够完全理解背后的意义，对违背意愿发生性关系的伤害行为已有认知，能够作出真正成熟且理性的选择。因此，负有照护职责人员与已满 16 周岁的未成年女性自愿发生性关系，虽然是应受社会谴责的、违背社会伦理道德及公序良俗的行为，但这与刑法的非难显然不同，尊重年满 16 周岁未成年女性的性自主权也是一种保护。

二、准确界定"发生性关系"的内涵

成立本罪在行为内容上要求"发生性关系"，然而，我国刑法没有明文规定"发生性关系"的含义。究竟什么行为属于本罪所规定的"发生性关系"？对此，学界存在争论。本书认为，基于本罪在刑法分则中的体系地位，必须结合强奸罪、强制猥亵罪的规定进行界定。有学者认为，应当根据体系解释明确"发生性关系"的内涵，将本罪的"发生性关系"与强奸罪中的"发生性关系"作相同解释，即仅指自然性交，而不能将肛交、口交等非自然性交行为纳入"发生性关系"概念的范畴。[2]也有学者基于对未成年特殊保护的刑事政策，认为对"发生性关系"应作广义理解，既包括自然性交，也包括与自然性交相当的猥亵行为，以及一般的猥亵行为。[3]

本书认为，基于本罪的体系定位，应明确排除自然性交之外的猥亵行为。一方面，本罪的犯罪对象应与强奸罪保持一致，即都明定为女性，而强制猥亵罪的犯罪对象却包括男性，从强制猥亵妇女罪到强制猥亵罪的过渡，表明立法者已经注重对男性性权利的保护，在此情形下，立法者仍然将本罪的对象限定为女性，可以说明具有特定含义；另一方面，根据社会的一般观念，发生性关系仅是实施狭义的性交行为，即双方生殖器的结合。[4]具体理由

---

[1] 《民法典》第 18 条规定："成年人为完全民事行为能力人，可以独立实施民事法律行为。十六周岁以上的未成年人，以自己的劳动收入为主要生活来源的，视为完全民事行为能力人。"

[2] 参见时延安、陈冉、敖博：《刑法修正案（十一）评注与案例》，中国法制出版社 2021 年版，第 315 页。

[3] 参见劳东燕主编：《刑法修正案（十一）条文要义：修正提示、适用指南与案例解读》，中国法制出版社 2021 年版。

[4] 参见张明楷：《刑法学》（第 6 版·下册），法律出版社 2021 年版，第 1144 页。

如下：

首先，"猥亵"的外延十分广泛，将猥亵行为纳入"发生性关系"的范畴会突破其可能具有的文义范围。"猥亵"的汉语词义为淫乱、下流的语言或者动作，不正当的性交也应当是最淫乱、最下流的行为。针对他人实施的猥亵行为可以被分为以下三类：一是性进入行为，如将性器官插入被害人的肛门或者口腔内、将手指或者异物插入被害人的阴道、肛门或者口腔内。这一行为在许多国家已经被归为强奸罪或者强制性交罪，但在我国刑法理论与司法实践中，仍然属于猥亵行为。二是性接触行为，如直接接触被害人的性部位或者器官、使被害人的身体接触自己的性部位或者器官、接触被害人性部位以外的部位。三是其他行为，如引诱被害人观看色情图片、视频或者将精液射到被害人身上等。基于对未成年特殊保护的刑事政策，将第三类行为纳入"发生性关系"有助于对未成年人进行更为周全的保护，但此种解释过于牵强。例如，甲对乙（15周岁）负有照护职责，当甲经乙同意将精液射到其身上时，即认定甲的行为属于与乙"发生性关系"因而构成本罪，这显然已经超出了社会中一般人的预测可能性，具有类推之嫌，故对于这种一般的猥亵行为，不宜将其纳入"发生性关系"的范畴。

其次，将性进入行为和性接触行为解释为"发生性关系"，虽然在语言上不存在障碍，也能在前置部门法中找到依据，但目前仍不宜将此类行为解释为本罪中的"发生性关系"。正如有学者所指出的，虽然随着社会观念的发展，意大利、法国等很多国家和地区刑法都明文规定，强奸行为包括肛交、口交等，将口交和肛交等非自然性交行为解释为"发生性关系"并不存在语言上的障碍，没有超出其可能具有的含义射程，但是对"发生性关系"的理解还是应当跟我国刑法规定的其他性犯罪保持协调，不能出现顾此失彼的现象。[1]我国刑法通说及司法解释也认为，强奸罪的行为内容只能被是双方生殖器结合，而口交、肛交等非自然性交只能认定为是猥亵行为，所以本罪中的"发生性关系"应当与强奸罪保持一致，否则便会出现在本罪中肛交、口交可以被认定为"发生性关系"，而在强奸罪中却不能被认定的矛盾现象，从而破坏性侵犯罪体系的一致性。

此外，虽然在前置部门法规及相关解释明确将口交、肛交、手淫等行为

---

〔1〕 参见李立众："负有照护职责人员性侵罪的教义学研究"，载《政法论坛》2021年第4期。

认定为"发生性关系",如《公安部关于对同性之间以钱财为媒介的性行为定性处理问题的批复》《治安管理处罚条例》以及《全国人民代表大会常务委员会关于严禁卖淫嫖娼的决定》等，[1]但理论上不能一提到法秩序统一性就简单得出刑法必须从属于前置法的结论。行为虽然违反行政法规，但在刑法上具有正当性的情形有很多。具体而言，违法性的判断是实质的，违反其他部门法的行为具有违法性，但并不意味着必然也有刑事违法性，不具有刑事法益侵害性的违法行为只能是其他部门法的处罚对象。[2]例如，在紧急情况下醉酒驾驶机动车给亲人买药等，虽然在行政法上具有违法性，但在刑法中具体判断时，可以承认因紧急避险而阻却危险驾驶罪的违法性，既然其他部门法的违法性与刑事违法性存在质的差别，就不能僵化地将违反其他部门法作为刑事违法的判断根据，而应当肯定有别于前置部门法的违法性独立判断。具体到本罪，虽然其他部门法将口交、肛交、手淫等行为解释为"发生性关系"，但是否属于刑法意义上的"发生性关系"，仍然要结合刑法独特的规范目的进行实质违法性判断。就目前我国的刑法规定而言，对于"发生性关系"的界定只能是男性生殖器插入女性生殖器，这与法秩序统一原理并不矛盾。

因此，只有当负有照护职责的人员将生殖器插入被照护未成年女性的生殖器时，才构成本罪并且既遂，其他的性进入或者性接触行为不是本罪的行为内容，不构成本罪。

三、本罪行为主体的界定

本罪是纯正身份犯，不具有特殊职责的人员不可能单独构成本罪。我国《刑法》第236条之一通过明确"列举+兜底"的方式对犯罪主体作出规定，即对已满14周岁不满16周岁未成年女性负有照护职责的人员。这种职责主要应当从"责任"这层含义上加以理解，该责任主要是基于人身或身份关系而产生，即必须是存在于特定的当事人之间、与未成年人的人身安全有关的职责。不同国家和地区对于"负有照护职责人员"的范围规定存在一定差异。如《德国刑法典》将该类人员严格限制在教育、培训或者监护领域内；《日本

---

〔1〕 2001年《公安部关于对同性之间以钱财为媒介的性行为定性处理问题的批复》规定，口交、手淫、鸡奸等行为，都属于卖淫嫖娼行为。

〔2〕 参见周光权："论刑法所固有的违法性"，载《政法论坛》2021年第5期。

刑法典》所规定的"负有特定职责人员"仅指监护人，教育、医疗等人员不属于此罪的犯罪主体；《英国性犯罪法案》对此类主体规定得非常广泛，即只要行为人与未成年女性形成特殊的信任关系便是本罪主体，而不限于监护、教育、医疗等领域。我国对负有照护职责的五类人员进行了明确列举，即监护、收养、看护、教育、医疗，并以"等"字兜底，与《英国性侵罪法案》的规定相似，也不局限于某些领域之内，但这并不意味着可以对犯罪主体作漫无边际的解释，否则便会走向只要与未成年女性形成照护关系的行为人便可成为本罪主体的极端情形，因此对本罪所规定的"负有照护职责人员"应予以必要的限缩解释。具体而言：

其一，应当根据同类解释规则对"等"字进行解释。[1]法律规定常常在具体列举若干事项之后以"等"字作为兜底，以防止调整对象上的挂一漏万，以这种方式出现的法律规定被称为"列举+概括"的立法模式。[2]但对此种立法模式无法做到包罗万象，而是必须对其作严格的限定，这个限定就是同类解释规则。如《刑法》第114条、第115条规定的以危险方法危害公共安全罪中的"以其他危险方法"就仅限于与放火、决水、爆炸、投放危险物质相当的方法，而不是泛指任何具有危害公共安全性质的方法。换言之，就那些与放火、爆炸等危险方法不相当的行为而言，即使危害公共安全，也不宜定为本罪。[3]具体到本罪，在具体判断时也应根据同类解释规则，只有在行为人与被照护未成年女性之间的照护关系与立法列举具有相当性时，行为人才可成为本罪的犯罪主体，这种相当性是指能够基于照护而让未成年女性对行为人产生信赖，若不具有这种相当性，则不能成为本罪主体。例如，学校的安保人员虽然对低龄未成年女性也有照护义务，但这种照护关系就与监护、收养等不具有相当性，学校的安保人员与其发生性关系就不宜被认定为本罪。

其二，形式上具有上述所列照护关系的行为人也不必然构成本罪主体，应实质判断行为人是否因日常照护对未成年女性形成了一种支配力或者特殊信赖关系。自立法层面而言，立法者将本罪规定为身份犯，就是因为未成年女性很容易基于这类主体的照护而在心理上受到一种隐性支配力（理论上有

---

[1]　参见张勇："负有照护职责人员性侵罪的司法适用"，载《青少年犯罪问题》2021年第4期。

[2]　参见康相鹏、孙建保："性侵未成年人犯罪中'负有特殊职责的人员'之界定"，载《青少年犯罪问题》2014年第1期。

[3]　参见张明楷：《刑法学》（第6版·下册），法律出版社2021年版，第891页。

观点将这种隐性的支配力称为"隐性强制"〔1〕）或者对其产生特殊信赖关系，从而使得这些主体能够通过在表面上征得未成年女性的性同意来规避性侵犯罪。例如，留守女孩（14 周岁）的同村亲戚负责对其加以照护，但其亲戚对女孩不闻不问、漠不关心，双方没有形成"隐性强制"关系，也没有形成特殊信赖关系。虽然亲戚形式上属于女孩的照护人，但该亲戚对女孩不能实施心理上的支配，也不能成为本罪主体。

其三，照护关系持续的时间长短，不应成为认定对未成年女性是否产生隐性强制或者形成特殊信赖关系的羁绊。〔2〕有观点认为，本罪主体与被害人之间应当是一种稳定、长期的关系，临时或者一时的照护人不是本罪的犯罪主体。笔者认为，此观点有待商榷，认定行为人是否为本罪犯罪主体，不应形式地以时间长短因素加以判断。正如前例所述，照护关系存续时间长，也不一定能对未成年女性产生"隐性强制"。相反，刚刚建立收养关系的父女之间，养女也可能基于对养父衣食住行的依赖而受到其"隐性强制"。可见，不能基于照护关系持续的时间长短判定行为人是否为本罪适格主体，关键在于能否通过照护关系而让未成年女性对其产生信赖，从而起到心理上的事实支配效果。

四、主观"明知"的合理推定

本罪的罪过形式为故意，故意是认识因素与意志因素的统一，就本罪而言，认识内容包括发生性关系的对象是低龄未成年女性，以及与其发生性关系的社会意义。在本罪中，低龄未成年女性是特定对象，是构成要件要素而非客观处罚条件，〔3〕行为人对此必须有认识，或者明知或可能明知被害人是低龄未成年女性，或者不管被害人是否已满 16 周岁，在此基础上决意与其发生性关系的，就具备本罪的犯罪故意。换言之，只要行为人认识到被害人可能是低龄未成年女性，而放任与其发生性关系，被害人又确实是低龄未成年

---

〔1〕 参见周详、孟竹："隐性强制与伦理禁忌：'负有照护职责人员性侵罪'的理据"，载《南通大学学报（社会科学版）》2021 年第 2 期。

〔2〕 参见康相鹏、孙建保："性侵未成年人犯罪中'负有特殊职责的人员'之界定"，载《青少年犯罪问题》2014 年第 1 期。

〔3〕 参见张欣瑞、陈洪兵："负有照护职责人员性侵罪的立法评析与司法适用"，载《青少年犯罪问题》2021 年第 4 期。

女性，便成立本罪，因此间接故意也可以构成本罪，但过失不可能构成本罪。

对于行为人确实不知被害人是低龄未成年女性而与其发生性关系能否成为本罪的出罪事由，我国刑法关于奸淫幼女型强奸罪的相关司法解释具有参照意义。《最高人民法院关于行为人不明知是不满十四周岁的幼女双方自愿发生性关系是否构成强奸罪问题的批复》规定："行为人确实不知对方是不满十四周岁的幼女，双方自愿发生性关系，未造成严重后果，情节显著轻微的，不认为是犯罪。"[1]可见，在奸淫幼女型强奸罪的认定中，由于幼女身材高大、发育成熟等原因，导致行为人确实不明知对方为幼女的，可以排除行为人的犯罪故意。具体到本罪，一般而言，作为低龄未成年女性的照护责任人，双方自愿发生性关系的，可以合理推定其明知或者应当明知被照护女性的年龄，从而认定照护责任人具有故意而构成本罪。但不排除在个别情况下，负有照护职责人员能够证明自己确实不知其为低龄未成年女性，此时也应当排除其主观故意，不构成本罪。

五、本罪与强奸罪的关系理解

《刑法》第236条之一第2款的规定涉及如何理解本罪与强奸罪之间的关系，对此存在竞合说和互斥说，成立本罪是否要求未成年女性必须是自愿发生性关系，是两种学说争论的关键所在。[2]即按照互斥关系的逻辑，本罪与强奸罪不存在任何交集。这就意味着，本罪的成立在客观上要求发生性关系必须是出于低龄未成年女性自愿，否则本罪与强奸罪就会发生竞合。而按照竞合关系的逻辑，本罪可以是在低龄未成年女性非自愿情况下发生性关系，与强奸罪发生部分重合。笔者认为，本罪与强奸罪之间不存在竞合关系，但对二者的区分不能仅从"低龄未成年女性是否自愿"这一角度，应实质判断是否以强制方式违背未成年女性的性自由意志。

我国刑法理论和实践认为，强奸罪一般为复行为犯，即强制行为和性交行为，但其本质是违背女性的性自由意志。[3]在判断是否违背女性的性自由意志时，主要以"女性是否自愿"与"行为人是否使用强制手段"相结合的

---

〔1〕 参见2003年1月17日《最高人民法院关于行为人不明知是不满十四周岁的幼女双方自愿发生性关系是否构成强奸罪问题的批复》。

〔2〕 参见李立众："负有照护职责人员性侵罪的教义学研究"，载《政法论坛》2021年第4期。

〔3〕 参见陈兴良：《口授刑法学》（第2版·上），中国人民大学出版社2017年版，第132页。

方式进行判断。具体而言有四种情形:"主观自愿+非强制手段""主观自愿+强制手段""主观非自愿+非强制手段""主观非自愿+强制手段",只有在第四种情形(即行为人在女性非自愿的情形)下,使用强制手段与其发生性关系才属于违背女性的性自由意志的情形,符合强奸罪的本质,应以强奸罪论处。在增设本罪之前,负有照护职责人员与被照护未成年女性发生性关系符合前三种情形的,行为人不构成犯罪,此种处罚漏洞显然不利于保护低龄未成年女性。由此可见,增设本罪的目的本就不是解决第四种情形,即在违背低龄未成年女性的性自由意志的情形下,负有照护职责人员与其发生性关系直接以强奸罪处断即可,认定成立本罪后再以强奸罪论处多此一举,也不符合增设本罪的目的。有观点认为,《刑法修正案(十一)》立法草案说明指出:"对负有监护、收养、看护、教育、医疗等特殊职责人员,与已满十四周岁不满十六周岁未成年女性发生性关系的,不论未成年人是否同意,都应追究刑事责任。"[1]由此可以看出,对于负有照护职责人员而言,无论未成年人是否同意都构成本罪。因此,当违背未成年女性的性自由意志时,负有照护职责人员与其发生性关系的也可以构成本罪。[2]笔者认为,立法草案中的"不论未成年人是否同意,都应追究刑事责任"并不等于"均应以本罪追究刑事责任"。其旨在说明,即便负有照护职责人员与低龄未成年女性发生性关系时并未违背其性自由意志,也是刑法所不允许的、是无价值的。换言之,这里的"均应追究刑事责任"仅仅是指,负有照护职责人员在没有违背低龄未成年女性的性自由意志情形下与其发生性关系的,负有照护职责人员构成本罪,反之则构成强奸罪。因此,本罪与强奸罪在"是否违背低龄未成年女性的性自由意志"这一点上是对立的,那么本罪与强奸罪便不产生竞合。

对于第236条之一第2款的规定,应当理解为刑法上的注意规定。注意规定是在刑法已作基本规定的前提下,提示司法人员注意,以免司法人员忽略规定,即使没有设置注意规定,也存在相应的法律适用的根据,即注意规

---

〔1〕 参见周光权:"全国人民代表大会宪法和法律委员会关于《中华人民共和国刑法修正案(十一)(草案)》修改情况的汇报——2020年10月13日在第十三届全国人民代表大会常务委员会第二十二次会议上",载《中华人民共和国全国人民代表大会常务委员会公报》2021年第1期。

〔2〕 参见劳东燕主编:《刑法修正案(十一)条文要义:修正提示、适用指南与案例解读》,中国法制出版社2021年版。

定并不改变基本规定的内容。[1]就本罪而言，即便没有第 2 款的规定，当负有照护职责人员违背低龄未成年女性的性自由意志与其发生性关系时，也应当认定行为人构成强奸罪，即本款规定的特殊身份存在与否并不影响认定行为人构成强奸罪，但是如不作注意规定，容易因本罪有规定而直接予以适用，有违对低龄未成年女性进行特殊保护的立法初衷。有不同观点认为，第 2 款为"同时又构成本法第二百三十六条规定之罪的，依照处罚较重的规定定罪处罚"，而并非"依照强奸罪定罪处罚"。从两罪的法定刑来看，本罪"情节恶劣"时的法定刑与强奸罪的基本法定刑一致，因此在特殊情况下存在本罪重于强奸罪而适用本罪的可能。例如，负有照护职责人员多次在低龄未成年女性自愿的情形下发生性关系，但也有个别场合是在违背其性自由意志的情形下发生的，在此情形中可能适用本罪"情节恶劣"的法定刑，而又不属于强奸罪的加重处罚情形，此时二者的法定刑相同，从而会使"依照处罚较重的规定定罪处罚"形同虚设。[2]笔者认为，这也恰恰说明不能将二者界定为竞合关系。在上述情形中，行为人既符合本罪"情节恶劣"的情形，又符合强奸罪的基本情形，虽然此时二者的法定刑相同，但实际处断时，一种思路是将其认定为数罪予以并罚，另一种思路是直接按照强奸罪认定，但仍可以将多次自愿发生性关系的情形作为酌定量刑情节，在基本刑幅度内予以从重处罚，事实上依照处罚较重的规定定罪处罚。

因此，《刑法》第 236 条之一第 2 款的规定旨在提醒司法人员，负有照护职责人员违背被照护女性的性自由意志，强行与其发生性关系的，本来就属于强奸罪，应当以法定刑较重的强奸罪定罪处罚，而不能认定为本罪。[3]此理解也有助于严密刑事处罚法网，防止行为人依据本罪规定而事实从轻，从而不利于对低龄未成年女性的特殊保护。

---

[1]　参见张明楷：《刑法学》（第 6 版·下册），法律出版社 2021 年版，第 862 页。

[2]　参见付立庆："负有照护职责人员性侵罪的保护法益与犯罪类型"，载《清华法学》2021 年第 4 期。

[3]　参见时延安、陈冉、敖博：《刑法修正案（十一）评注与案例》，中国法制出版社 2021 年版，第 315 页。

第三章

未成年刑事司法制度的比较分析

第一节　欧洲典型国家未成年刑事司法制度

一、瑞典未成年刑事司法制度

（一）瑞典未成年刑事司法制度发展历程

1902 年，瑞典引进德国最新的特别预防刑事政策，并对未成年刑事司法制度进行了一系列改革，将未成年罪犯与成年罪犯区别开来，并以特别规定对未成年罪犯进行特殊处罚。瑞典将刑事责任年龄定为 15 周岁，年满 15 周岁未满 18 周岁的未成年人犯罪时，法院不宜对其宣判监禁刑，而应以教育和保护为出发点，判处矫正训练处分。矫正训练处分不确定收容期限，如果未成年人在被收容教育的一年内遵守相关规定，则允许其正常回归家庭和社会。为保护私生子权益和被虐待的儿童，瑞典出台了《救贫法》。《救贫法》规定，如果寄养家庭不能为寄养未成年人提供切实的保护，则由社会提供妥善的保护措施。瑞典社会在政府的指导和社会公众的参与下成立了社会服务委员会/儿童福利委员会，瑞典社会服务委员会/儿童福利委员会有权决定将权益被侵害的私生子以及被虐待的儿童委托给社会福利机构保护与教育。

1924 年，瑞典对其本国的刑事政策和儿童福利政策进行了新一轮的改革和完善。1924 年修改的《儿童福利法》进一步加强了对私生子、被虐待儿童和无人看管儿童的权益保护，将《救贫法》独立出来，作为保护上述儿童合法权益的专门法。1924 年《儿童福利法》详细规定了社会服务委员会/儿童福利委员会的组建原则、流程及人员构成，对无人看管的罪错儿童实施个别干涉的处理措施以及寄养儿童的保护措施。此外，1924 年《儿童福利法》还规定，感化院收容违法未成年人的年龄上限是 18 周岁，应当为年满 15 周岁未满 18 周岁的收容未成年人建立职业辅导制度，让收容未成年人学到一技之长，更好地回归社会。除违法犯罪行为特别严重的以外，一般应由地方当局决定是否将罪错未成年人送交感化院感化、教育。

1934 年瑞典进一步修改《儿童福利法》，将感化院收容少年的年龄上限提高到 21 周岁，并对年满 18 周岁未满 21 周岁的青少年制定了特别条款，从而扩大了《儿童福利法》所管辖的青少年群体范围。

20 世纪 40 年代到 50 年代，瑞典对未成年罪犯处置的刑事政策大体由起诉审判向社会服务委员会/儿童福利委员会处置转变，相应的配套措施是全面修改《法院程序法》，对年满 15 周岁未满 18 周岁的未成年罪犯，在一定条件下不予起诉，由相关机构委托社会服务委员会/儿童福利委员会进行处置。1952 年，瑞典终于确立了对不满 18 周岁的未成年罪犯由社会服务委员会/儿童福利委员会进行处置的原则。瑞典之前施行的未成年人"强迫性保护"制度被未成年人感化院的保护性收养保护制度取代，进一步限制对未成年人判处监禁刑，将未成年罪犯委托给儿童保护机构进行感化、保护和教育的范围进一步扩大。未成年人犯罪预防机制不断完善，未成年人福利不断增加。

1960 年新修订版的《儿童福利法》规定，在办理未成年人犯罪案件的各个阶段都必须注重保护儿童的权益；将感化院改名为少年福利学校，并进一步优化软硬件设施。比如，在对未满 15 周岁的未成年人进行调查时，其父母必须与该未成年人一同出席，其父母享有参与权，需要进行深度的家庭调查走访。

1962 年，瑞典全面修改《刑法》，对有关未成年人犯罪作出了相关修改。1964 年，进一步系统化针对未成年人犯罪的特别规定。1962 年《刑法》以未成年人的个人环境为依据，体现了以保护、教育未成年人为主导的刑事政策思想。对 15 周岁以下的罪错儿童以"特别保护"代替一般的儿童保护系统；对年满 15 周岁未满 18 周岁的未成年人以儿童保护系统取代刑事保护系统；为应受到监禁处罚的青年保留青年监狱（按规定，一般为 18 周岁到 20 周岁，特殊情况下可为 21 周岁至 23 周岁），待在青年监狱的时间是不确定的，只有在诚心悔过的情况下，才能让其回归社会。

1980 年，瑞典在废除《儿童福利法》《生活保护法》《禁酒保护法》等旨在保护未成年权益的相关法律的同时，糅合上述法律，出台了现行的《社会服务法》及其补充法《关于少年保护的特别规定》。《社会服务法》及《关于少年保护的特别规定》减少了关于处置违法未成年的强制性规定，增加了大量自愿性规定。

（二）瑞典未成年刑事司法制度的总体结构

1. 背景情况

《联合国儿童权利公约》是瑞典最为著名的人权公约，也是瑞典未成年社会工作的一个重要考虑因素，瑞典政府积极将该公约推行到各个中央及地方部门。2010年，瑞典政府通过了一项新的政府法案，其中一项内容就是确立加强儿童权利的新战略。瑞典儿童事务特派机构是负责处理儿童权利保护的国家专门机构，主要负责监督《联合国儿童权利公约》在瑞典的执行情况。

《社会服务法》规定，国家各部门要注重针对不同人权问题的培训，其中就包括保护儿童权利的培训。对未成年而言，为防止未来犯罪的发生，来自国家、社会和家庭的干预措施必须是及时、明确、有针对性的。让未成年罪犯远离管教系统，在社会服务机构接受其所需要的关爱和照顾是瑞典现行未成年罪犯管理体系的出发点和落脚点。

2010年新修订的《侵权责任法》进一步强调了未成年父母、监护人的法定责任。该法第3：5款规定，未成年人犯罪造成他人人身或财产损失的，其父母作为监护人或其他监护人应当对他人的人身或财产损失进行赔偿，并对赔偿金额作出了相关规定。新修订的《侵权责任法》第3：11款规定，在某一犯罪中，若被害人遭受人身或财产损失，检察官在提起公诉时，必须代表被害人的利益，就被害人遭受的人身或财产损失积极寻求相关救济途径。

2. 瑞典未成年刑事司法制度下的行政、司法机关

（1）社会服务委员会/儿童福利委员会。瑞典的社会福利系统（社会服务委员会/儿童福利委员会）和瑞典司法系统负责处理未成年人犯罪案件。瑞典没有单独设置少年法庭，而是由社会福利系统（社会服务委员会/儿童福利委员会）处理未满15周岁的未成年人犯罪案件，这是北欧型未成年司法制度的典型体现。瑞典在各基层行政区域设置社会服务委员会/儿童福利委员会，委员会由基层行政单位公共辅助委员1名、基层行政单位内的国家教会僧侣1名、基层行政单位内的公立学校教师或督学1名、关心青少年福利的具有社会公信力的社会人员2名、医生1名构成。除医生外，其他委员任期4年，且在委员会中必须有一名妇女，一名熟悉有关青少年法律法规的人员。社会服务委员会/儿童福利委员会虽然不是司法机关，但可以对违法的15周岁以下的

未成年人处以各类保护处分，在特殊情况下可以决定收容（拘禁）违法的15周岁以下未成年人。此外，其还对违法的15周岁以下未成年人享有审理权。

（2）警察机关。警察是瑞典未成年刑事司法制度合理运行的一个重要助力。为通过迅速行动而达到减少犯罪行为发生的目的，每一个警区都要设立一个未成年人犯罪调查中心，不论未成年犯罪嫌疑人在哪实施了犯罪行为，都应在未成年犯罪嫌疑人的居住地对其犯罪行为进行调查。在调查过程中，警方应和当地的社会服务委员会/儿童福利委员会一道同检方合作，并就对未成年犯罪嫌疑人采取何种强制措施达成一致。警方调查12周岁以上的未成年犯罪嫌疑人时，应主动告知社会服务委员会/儿童福利委员会，社会服务委员会/儿童福利委员会有权要求警方中断对15周岁以下的未成年犯罪嫌疑人的调查。若未成年犯罪嫌疑人的年龄未满15周岁，警方应将调查结果提交给社会服务委员会/儿童福利委员会；若未成年犯罪嫌疑人的年龄超过15周岁，警方应将调查结果提交给检察官。警方应在查明未成年嫌疑人身份后的48小时内主动联系未成年犯罪嫌疑人的父母，告知讯问未成年犯罪嫌疑人的时间，并通知其父母到场。此外，在讯问前，还应与社会服务委员会/儿童福利委员会的工作人员会面，听取社会服务委员会/儿童福利委员会工作人员的意见。

（3）检察机关。检方负责对未成年人犯罪案件的正式调查，检方有权决定是否逮捕未成年犯罪嫌疑人，有权决定是否向法院申请逮捕令。《少年犯罪法》第3条规定，若未成年犯罪嫌疑人可能被判处6个月以上监禁，检方有权决定是否对其开展初步调查，检方和警方应将该初步调查作为紧急事务处理，检方应在通知未成年犯罪嫌疑人之日起6个星期内作出是否提起公诉的决定，若在初步调查中引入调解程序，则上述期限可相应顺延。初步调查结束后，检方可作出不起诉决定、放弃起诉决定、快速处罚决定、提起公诉决定。《少年犯罪法》第11条规定，在对未成年犯罪嫌疑人作出不起诉或提起公诉决定前，检方应征求社会服务委员会/儿童福利委员会的意见，如果犯罪情节较轻或者检方明显会作出放弃起诉决定，可以不征求社会服务委员会/儿童福利委员会的意见。社会服务委员会/儿童福利委员会的意见包括之前对涉案未成年人已采取的措施，在未来是否需要对涉案未成年人采取特别措施，拟定对涉案未成年人适用的管教计划。《少年犯罪法》第12条及第18条规定，检方在征求社会服务委员会/儿童福利委员会意见时，应明确反馈意见的具体时限，并适时提供指引，若社会服务委员会/儿童福利委员会无法在具体时限内提供相关意见，检方可允许其补交相关意见，在必要时，可提交口头意见。除征求社会服务委员会/儿童福利委员会的意见外，检方或法院还可就涉案未成年人的具体行为及为防止其继续实施犯罪行为而可能采取的措施征求瑞典监狱和缓刑服务机构的意见。《少年犯罪法》第15条规定，若检方认为即使提起公诉，法院对未成年犯罪嫌疑人的判决也只是罚款，检方可自行作出快速处罚决定，以代替提起公诉决定。若未成年犯罪嫌疑人同意对其处以快速处罚，则该快速处罚决定为最终决定，具有最终法律效力。检方有权根据实际情况作出放弃起诉决定，但与案件相关的犯罪行为应纪录在刑事犯罪登记系统，若该违法未成年在将来继续犯罪，则该犯罪记录将作为增加量刑的依据。《司法程序法典》第20：7条规定，如果未成年人所实施的行为对社会或他人造成的影响轻微或检方已对未成年人作出罚金处罚这一最终决定，检方可决定放弃起诉。《少年犯罪法》第17条规定，若当事未成年人因年少顽劣或缺乏思考犯下轻微罪行，当事未成年人依据《社会服务法》《少年管教法》等法律获得了帮助或被采取了其他措施的，检方可以决定放弃起诉。在作出是否放弃起诉决定时，检方应重点考虑犯罪行为本身，犯罪行为发生时的具体行为，当事未成年人是否尽力减少因自己的犯罪行为而造成的损害，当事未成年人是否自愿参加受害人—罪犯调解程序，当事未成年人是否愿意赔偿受害人损失，当事未成年人是否认识到自己的错误并诚信悔罪等因素。若放弃起诉的决定明显会损害社会或他人合法权益，检方不得作出放弃起诉决定。《少年犯罪法》第18条、第19条、第22条规定，在作出放弃起诉决定的2个星期内，检方应当当面通知未成年犯罪嫌疑人，同时将该决定通知其父母或其他监护人，并要求其父母或其他监护人参与会面，社会服务机构的代表可申请参加上述会面。会面时，检方应告知未成年犯罪嫌疑人放弃起诉决定的含义、法律规定的其后续应遵守的相关规定以及其继续犯罪可能导致的法律后果。

（4）审判机关。《少年犯罪法》第29条规定，若刑事案件中的被告人有未满21周岁的，法院受理案件后应立即审理。《司法程序法典》第21：2条规定，若无特殊情况，在主听证程序环节，被告必须到场接受询问；法院传票可以附带有关不出庭的强制措施，比如罚款，强行带至法庭接受询问。为强调父母、其他监护人及社会对未成年的监护责任。《少年犯罪法》规定，庭审前应将庭审事项通知未成年犯罪嫌疑人的父母、其他监护人及社会服务委员会，若未成年人的犯罪行为可能被判处监禁刑，法庭应听取其父母、其他监护人以及社会服务委员会的意见。为减少社会关注可能对未成年犯罪嫌疑人造成的影响，《少年犯罪法》第 27 条规定，若被告人的年龄未满 21 周岁，且可能被判处监禁以上刑罚，法院应避免社会关注该案件；若该案件已被社会关注，法院可以决定不公开审理。《少年犯罪法》第 28 条规定，若法庭决定判处少年管教，应提前征求社会服务委员会的意见。《少年犯罪法》第 25 条规定，被告人年龄未满 21 周岁的案件应由专门审理未成年人案件的法官进行审理。为更好地当庭对未成年罪犯进行教育，起到震慑、解释判决具体含义的作用，对年龄未满 21 周岁的被告人应当庭宣判。

（5）执行机关。《少年管教（特别条款）法》第 3 条规定，社会服务委员会/儿童福利委员会向郡行政法院提出申请后，郡行政法院可以决定对 20 周岁以下的青少年进行社会治疗，如果该青少年因虐待、犯罪行为或其他行为危害到他人健康或社会发展，由社会服务委员会/儿童福利委员会决定对该违法少年如何进行治疗、在何处进行治疗。为保障治疗效果，瑞典在全国建立了众多少年之家。专门的少年之家配备齐全，有专业的医生、护士、心理专家、精神病医师。少年之家接收吸食毒品、实施犯罪行为的少年，被判接受少年管教的青少年可以在专门的场所服刑。专门的少年之家有不同的目标组，各目标组的治疗方法也各不相同，不同的目标组可以关注不同的少年问题，比如吸食毒品、心理问题、犯罪、性虐待、学校问题等。瑞典国家机构管教委员会于 1994 年成立，对违法青少年和毒品成瘾者进行强制管教。《社会服务法》第 6：3 款规定，瑞典国家机构管教委员会负责监督管理少年之家。

（三）对未成年罪犯适用的处罚种类

最常见的处罚措施是罚金，罚金分为定额罚金和分期缴纳罚金。《刑法典》第 27 条和第 30：7 条规定，对未成年罪犯可以考虑适用附条件量刑，并可与日罚金（罚金金额为罪犯日收入的特定比率）或社区服务并罚。《刑法典》第 30：9 条规定，对未成年罪犯可以考虑适用缓刑，缓刑可与日罚金和社区服务并罚，若该未成年罪犯因吸毒引起犯罪行为，在缓刑期间可加入治疗计划，帮助未成年罪犯戒毒。缓刑不可与少年管教并罚，但能与监禁并罚，监禁的最短时间为 14 天，最长时间不得超过 3 个月。监禁分为有期监禁和终身监禁，有期监禁的时间是 14 天至 18 年，服刑满 2/3 且符合其他条件的罪犯都可予以释放。新修订的2011年《监狱法》特别强调对人权的保障。其第2：3条规定，未成年罪犯不应与成年人罪犯被关押于同一监室，除非有证据表明这样做有利于保护未成年罪犯的权益。瑞典在某些监狱设有专门的未成年监室，在其他普通的监室为未成年罪犯设置了专门场所，能为未成年罪犯提供心理辅导。《刑法典》第29：7条规定，若犯罪嫌疑人作案时年龄不满21周岁，则不得判处终身监禁。《刑法典》第30：5条规定，对20周岁以下的犯罪嫌疑人判处监禁刑罚的，需符合特定条件，比如人身危险性强、累犯、再犯。《刑法典》第30：5条规定，若法庭决定判处未成年罪犯监禁，一般都会以少年管教所管教代替，管教期限为14天至4年。瑞典引入少年管教所制度后，就很少有年满15周岁至未满17周岁的未成年罪犯被判处监禁，直接代替了之前的各种监禁处罚。若未成年罪犯犯下谋杀、过失杀人、严重伤害、强奸等重罪，或是累犯、再犯，正常的社会服务帮助已不能取得效果，通常对其适用少年管教。

就瑞典未成年罪犯刑罚执行体系而言，瑞典国家少年管教委员会负责管教的具体执行，在对被判处少年管教的未成年罪犯执行前，应就具体使用何种程度的管教、采用何种治疗措施征求社会服务委员会/儿童福利委员会的意见。少年管教所虽然规模不大，但人员配备齐全，有专业的医生、护士、心理专家、精神病医师，致力于对未成年罪犯的治疗和教育。在法院判处少年管教前，法院应先通知社会服务委员会/儿童福利委员会，由社会服务委员会/儿童福利委员会的委员代表在征求未成年罪犯意见的基础上拟定含各项治疗、教育措施的少年管教协议，且少年管教协议应附在判决书之后。《刑法典》第32：3条规定，若未成年罪犯不遵守少年管教协议或发生其他情形，法院有权判处新的处罚，更改原有的管教协议内容。

若一般情况下应对未成年罪犯判处少年管教的处罚，但法院在综合考虑未成年罪犯犯罪行为的可处罚程度以及未成年罪犯之前的犯罪情况下，认为判处完成社区服务对犯罪行为而言已足够严厉，法院也可仅判处未成年罪犯完成社区服务，但作出该判决前应取得未成年罪犯的同意。法院在作出社区服务判决的同时，必须同时指定具体的社区服务地点。《刑法典》第32：2条规定，判处未成年罪犯从事不支付劳动报酬的社区服务工作的时间为20小时至150小时。社会服务委员会/儿童福利委员会在充分考虑未成年罪犯的个人具体情况的基础上，应尽快编制详细的社区服务规划，并为未成年罪犯指定一名监管人，以便未成年罪犯按照法院判决在规定时间内完成刑罚，对执行情况做好相应的监管工作。社区服务处罚可以代替大额罚金、短期管教监禁处罚，若未成年罪犯仅被判处未成年管教处罚，社区服务处罚还能代替未成年管教处罚，但社区服务处罚不能代替小额罚金处罚。社区服务处罚通过给未成年罪犯设定一系列规范，让其在社区接受指导，参加社区活动、服务社区，以便让未成年罪犯认识到，社会对犯罪行为的态度是十分明确的，犯罪行为不可接受。社会服务委员会/儿童福利委员会应派专人给未成年罪犯讲解社区服务的具体规定，给予未成年罪犯自我反思的时间。此外，还应与未成年罪犯开展讨论，应尽量要求未成年罪犯父母或其他监护人参与讨论环节。

　　未成年罪犯违反少年管教协议或社区服务规定时，社会服务委员会/儿童福利委员会应及时向法院和检察院报告。若未成年罪犯作出严重不当行为（包括多次不按时或不参加社区服务，在没有法定理由的前提下拒绝参加少年管教协议规定的活动）且违反少年管教协议的规定，社会服务委员会/儿童福利委员会向法院、检察院报告后，检察院应向法院提出变更处罚内容的申请，法院有权作出新的处罚。新的处罚仍可以是附带管教协议的少年管教，但内容可有所变更，还可增加罚金数额或增加社区服务小时数。检察院向法院提交申请时，还应及时通知未成年罪犯的父母、其他监护人以及社会服务委员会/儿童福利委员会。如果检方认为仅对违反少年管教协议或社区服务规定的未成年罪犯发出警告足以震慑未成年罪犯，不需要采取法律手段将原有处罚暂时搁置，检方可直接以会面的形式对未成年罪犯进行警告。《少年犯罪法》第30条b款规定，作出警告时，检方应向未成年罪犯解释这一决定的具体含义，以及其继续作出不当行为的法律后果。法院也有权作出类似警告。

（四）瑞典未成年刑事案件的受害人——罪犯调解制度

1. 背景情况

《调解法》自2002年开始实施，主要针对未成年刑事案件的司法调解。该法第2条规定，调解是指在公正的调解人协调下，犯罪嫌疑人和被害人就犯罪嫌疑人实施的行为进行沟通的过程。该法第3条规定，任何年龄阶段的犯罪嫌疑人都有权申请调解，但对于12周岁以下的未成年而言，一般不启动调解程序。调解的目的是让犯罪嫌疑人更清楚地了解因自己实施的行为所带来的不良后果，给被害人一个直接面对犯罪嫌疑人陈述自己所遭受伤害的机会。该法第5条规定，犯罪嫌疑人实施的行为应首先报告当地警方，在调解程序启动前，犯罪嫌疑人必须已经认罪。调解程序展开的前提条件是犯罪嫌疑人自愿接受该程序，被害人愿意同犯罪嫌疑人会面，不得强迫犯罪嫌疑人和被害人接受调解程序。检方在考虑是否对未成年犯罪嫌疑人作出放弃起诉决定时，就应将未成年犯罪嫌疑人是否愿意帮助启动调解程序作为一个重要因素。[1]

2. 调解程序

一般先由公安机关询问未成年犯罪嫌疑人是否愿意进入调解程序，若未成年犯罪嫌疑人同意，则该案件将会被移交到司法调解部门。调解人先和未成年犯罪嫌疑人会面，向其解释调解的具体流程，并询问未成年犯罪嫌疑人是否愿意参加调解会面，若未成年犯罪嫌疑人同意参加，调解人则继续征求被害人的意见。在正式的调解会面前，调解人一般需要和未成年犯罪嫌疑人与被害人单独会面一至两次，向他们解释调解流程及调解成功可能带来的法律后果。《调解法》第9条规定，在正式调解会面中，当事双方就犯罪嫌疑人实施的行为进行讨论，当事方均有权就犯罪嫌疑人实施的行为阐述己方情况，未成年犯罪嫌疑人拥有陈述实施行为场景、表达实施行为动机、向被害人赔礼道歉的机会，被害人有权面对面地直接责问罪犯，控诉其实施的行为对自己造成的影响。未成年犯罪嫌疑人、被害人的法定监护人、其他监护人和社会服务委员会/儿童福利委员会都可在调解现场旁听。未成年犯罪嫌疑人和被害人可在调解会面时达成调解协议，比如经济赔偿、赔礼道歉或以其他行为进行赔偿，但调解协议需要未成年犯罪嫌疑人和被害人的法定监护人或其他监护人同意。

调解人需履行保密义务，不得泄露双方当事人的任何隐私。调解程序可在司法程序的任一时间内启动，但调解人需和警方、检方构建紧密联系，确保调解程序不会影响警方的调查工作和检方的起诉审查工作。《调解法》第10条规定，达成调解协议后，若未成年犯罪嫌疑人不履行调解协议，调解人应及时将相关信息通知检方，由检方督促未成年犯罪嫌疑人履行调解协议或者作出提起公诉的决定。

---

〔1〕 [瑞典] 戈德贝克·洛卡米拉："瑞典少年司法制度概述（下）"，张紫千译，载《青少年犯罪问题》2012年第2期。

二、德国未成年刑事司法制度

（一）德国未成年刑事司法制度发展历程

1908 年，德国费拉克福特刑事法院首次设立了专门审理未成年刑事案件的法庭，之后法兰克福也效仿设立。1912 年，德国第一所少年监狱建立。1922 年，《少年福利法》出台。1923 年，德国正式颁布第一部《少年法院法》，建立了少年法庭制度，形成了区别于普通刑事案件审理程序的少年司法制度。《少年法院法》于 1943 年、1953 年、1974 年进行过大篇幅修改。1943 年《少年法院法》对原来的法规进行了补充和修改，增加了准惩罚性的处罚措施，比如将短期拘留延长到 4 个星期，实现了少年刑法的现代化，是 1953 年《少年法院法》的基础。1953 年《少年法院法》增加了缓刑措施，重新解释了延期宣判规则和传统假释原则；将作出行为时年满 14 周岁不满 18 周岁的人界定为少年，将作出行为时年满 18 周岁不满 21 周岁的人界定为青年，并规定少年或青年犯有依照一般刑罚应予以处罚的行为的，按照该法的规定，该法未作规定的，适用一般刑法，进一步推动了少年刑法的发展。为进一步强调社会对青少年发展负有的责任，德国于 1961 年颁布了《禁止传播危害青少年作品法》和《关于在公共场所保护青少年法》。《禁止传播危害青少年作品法》规定，传播有伤社会风化、暴力、犯罪、煽动种族仇恨、美化战争的书刊、报纸、录音带、绘画等，应被刑事法院判处 1 年有期徒刑或并处罚金刑。为防止儿童和青少年受到社会环境的不良影响，《关于在公共场所保护青少年法》明确规定了儿童、青少年在公共场所能从事的活动及活动的范围，包括不得向 18 周岁的儿童和青少年出售各种酒水，禁止 14 周岁以下的儿童和青少年在公共场所吸烟，禁止 16 周岁以下的儿童和青少年参加在公共场所举办的舞会等规定，举办人或经营人违反上述规定的，将被判处剥夺 1 年自由刑或并处罚金。1974 年《少年法院法》规定了与未成年人犯罪相适应的法律后果，同时规定以未成年作出犯罪行为时的年龄为准，而不以未成年接受审判时的年龄为准。

2000 年修订的现行《少年法院法》是德国少年司法制度的基础，是现代少年刑事法律的代表，它集实体少年刑法规则、法院组织规则和刑事诉讼规则于一体，以 5 编 125 条的体例分别规定了适用范围、少年犯罪、处分与惩戒措施、少年法院与少年刑事诉讼程序、刑罚执行、前科消灭制度等内容。

将未成年的教育理念贯穿《少年法院法》，目的是使未成年顺利回归社会，不再犯罪。

（二）推动德国未成年刑事司法制度运行的司法机构及司法工作人员

1. 德国未成年司法机构

德国简易法院、地方法院刑事判决部可设立少年法院。少年法院管辖少年犯罪及违法案件，包括犯罪违法时已满 14 周岁不满 18 周岁的少年，犯罪违法时已满 18 周岁不满 21 周岁的青年。少年法院由少年刑事法官、少年参审法庭（少年刑事合议庭、少年刑事会议）、少年审判部（少年刑事法庭）构成。少年刑事法官可独任审判员审理案件，但仅限于作出采取管教措施或准惩罚性的案件。除审理案件外，少年刑事法官还可兼任监护法官，协助并监督法定监护人对被判处少年管教的少年进行管教；在职权范围内采取相关措施，预防青少年犯罪。少年刑事法官不能独任审理的案件以及由少年刑事法庭移送的案件由少年参审法庭审理。少年参审法庭被设于区法院，由 1 名少年刑事法官、2 名少年刑事陪审官构成，其中一人必须为女性，少年刑事法官担任审判长。少年审判部设于地方法院，由 3 名法官和 2 名少年陪审员构成，管辖涉及严重罪行的犯罪案件（强奸、杀人、抢劫等），并履行上诉法院职能。审判时由 1 名法官担任审判长，2 名陪审员必须是一男一女。

德国警察部门由联邦各州内政部领导管辖。在一些较大的警局设有一个专门调查未成年案件、询问未成年犯罪嫌疑人的分局或分部，该部门有义务保障犯罪案件中被侵害未成年的权益，在少年法庭审理过程中，若负责调查讯问未成年人犯罪案件的警察是该案的证人，则有义务出庭作证。

德国少年福利局是保护少年福利的执法机构，有权参与少年刑事案件的审理。在诉讼程序中，该局应指派工作人员担任少年法官诉讼助理，调查少年犯罪嫌疑人的家庭、学校、社会背景，并向法庭提出自己的处理意见。

德国检察机关由司法部领导管辖。规模较小的检察部门一般没有专门处理少年犯罪案件的公诉人，只有规模较大的检察部门才会设立专门处理少年犯罪案件的科室。当未成年人犯罪行为被发现后，一般应先向警方报案，也可向检方和法院报告。警察受理后应及时通知少年福利局指派工作人员担任少年法官助理，协助调查未成年犯罪嫌疑人的犯罪情况和背景情况，相关调查结果应提交检方。如有需要，少年法官助理可申请有关专家对未成年犯罪嫌疑人进行身心方面的检查。《少年法院法》第 37 条规定，专门处理未成年案件的检察官应具备一定的教育感化能力并有教育、感化违法犯罪未成年的经验。检方收到报告和调查结果后，有权作出提起公诉、撤销案件等决定。撤销案件的情况包括已对未成年犯罪嫌疑人采取其他管教措施；少年法庭已同意未成年犯罪嫌疑人先接受其他机关指令，以弥补自己对他人和社会造成的不利影响，如参加社会公益劳动，缴纳一定的罚款给慈善机构。

2. 德国司法工作人员

德国法官自聘任起需先任职 2 年至 5 年，有能力胜任的才能被聘任为终身法官。一旦被聘任为终身法官，则被视为有能力处理各类法律案件，并会在各法律部门调动岗位。因此，少年法官的岗位有一定的变动性，可能从其他法庭调到少年法庭任职，也可能被调到其他法庭任职。《少年法院法》第 34 条规定，少年法官的职责与初级法院法官的职责相同；少年法官应做好家庭法官和监护法官工作，切实履行监管保护义务，若少年法官被本辖区数个初级法院聘任，可不履行家庭法官和监护法官职责；家庭法官和监护法官的职责包括采取适当措施协助未成年父母、监护人及保护人，采取适当措施防止未成年受到伤害。

《少年法院法》第 35 条规定，少年法庭参审员由少年福利委员会推荐，并经《法院组织法》第 40 条规定的委员会选拔，任期 4 年。少年福利委员会推荐的候选人应比最终选拔人员多一倍，且男女人数应相等。被推荐的候选人应有一定的教育能力和教育未成年人的经验。推荐名单的公示期为 1 个星期。选拔委员会主席由少年法官担任。

德国少年法官助理由社会工作者担任，其职责是在诉讼过程中提出教育感化及社会方面的相关意见，监督未成年罪犯执行判决指令及惩戒条款，以此帮助未成年罪犯早日回归社会。

德国未成年检察官在未成年案件诉讼程序中享有一定的自由裁量权，从教育、感化违法未成年和诉讼效益的角度出发，在某些条件达成时，可以终止少年司法程序。若未成年犯罪嫌疑人符合《刑事诉讼法》第 153 条 a 款规定的情况，即经法院和被指控人同意，检察官可以对轻罪暂时不予提起公诉，同时向被指控人发出指令，如对之前行为所造成的损失进行赔偿、向公益机构或国库缴款、与被害人达成和解并赔偿被害人损失等。检察官有权变更指令，被指控人完成指令后，检察官有权作出不提起公诉的决定；若符合《刑事诉讼法》第 153 条 c 款规定的情况，检察官有权直接作出不提起公诉的决定。已经执行教育处分，检察官认为已无必要再判处刑罚的，可不经少年法官同意就作出不起诉决定。若未成年犯罪嫌疑人对犯罪行为供认不讳，检察官认为没有必要起诉，可以向少年法官提出给予训诫、指令或义务的建议，少年法官接受建议且未成年罪犯接受训诫、指令或义务的，可作出不起诉决定。

（三）德国未成年刑事案件诉讼程序

1. 调查阶段

未成年刑事案件的调查工作由警方负责。任何人或任何机构发现未成年人犯罪行为后，均可到警局报案，也可向检察机关或法院控告。在一般情况下，警方受理未成年刑事案件后，即着手进行调查，并须及时告知当地青少年福利局少年法庭援助部。警方需全面、审慎调查案件，调查内容包括未成年犯罪嫌疑人的家庭情况、社会情况、学校情况、个性特征、成长过程、具体案情、生理及心理状况。此外，还应尽可能听取未成年犯罪嫌疑人父母、法定代理人、学校、职业培训负责人的意见。《刑法》第 43 条第 1 款规定，若担心职业培训负责人陈述对其不利的意见或可能使其失去工作，未成年犯罪嫌疑人可向警方申请不听取其职业培训负责人的意见，警方可以同意。若未成年犯罪嫌疑人由教养院教养，警方应当听取教养院的意见。若未成年犯罪嫌疑人的生理、心理发育状况涉及刑事责任承担问题，警方应委托有专门知识的人检查其生理及心理发育状况。案件调查结束后，警方应出具调查报告并移送检方。

2. 起诉阶段

未成年刑事案件的起诉工作由检方负责。检察官审查案件卷宗及警方出具的调查报告后，有权作出撤销案件、提起公诉、不予起诉等决定，但作出撤销案件决定前一般需要经过少年法庭法官的同意。《刑法》第 44 条规定，对可能判处未成年犯罪嫌疑人少年刑罚的案件，检察官或少年刑事法庭庭长应在提起公诉前讯问未成年犯罪嫌疑人。对于决定提起公诉的案件，检察官应在起诉书上写明审查结果，但起诉书上应尽量避免出现不利于开展少年管教的内容。若未成年罪犯认罪，检察官可向少年刑事法官提出给予未成年罪犯强制性义务的建议，如发出警告、完成一定量的社会公益，听交通规则课。少年刑事法官接受建议的，检察官就可作出不予起诉决定。对于已经确定管教措施，无需少年法官审理以及未成年人犯罪轻微，已进行训诫，无需再作出少年刑罚的，检察官可不经少年法官同意，直接作出不予起诉决定。检察官有权向少年法庭提出适用简易程序的建议。适用简易程序审理的未成年人刑事案件，检察官可不出庭公诉。检察官还可建议少年法官对未成年被告从宽处理，少年法官有权采纳也有权拒绝该建议。

3. 审理阶段

收到检方移送的起诉后，少年法庭应立即进行审查。若不同意检方对未成年提起公诉，少年法庭有权将案件退回检方，也可对未成年被告人采取非正式处理未成年罪犯的措施，如向认罪未成年发出警告或采取惩戒措施。对审查发现不负刑事责任的未成年案件，少年法庭应终止案件，并将案件退回检方。在开庭审理前，少年法庭可根据实际情况拘留未成年被告人或将其送至医疗机构或合适的社会团体，以保证未成年被告人的安全并让其按时出庭接受审判。除特殊情况外，少年法庭不得公开审理未成年刑事案件。未成年被告人及其法定监护人可以聘请律师担任辩护人，或向青少年福利局提出法律帮助。在法庭审理中，公诉人可与辩护人进行辩论，如有必要警察可作为证人出庭作证。

（四）控制刑罚适用理念

德国少年法庭可作出四种判决。第一种是非惩罚性措施（非刑罚处罚）判决，包括指令、监管管教和教养，以改变未成年罪犯的生活环境及社会作风。第二种是准惩罚性措施判决，包括警告、惩戒和拘留。第三种是暂不判刑判决，经庭审审理后，少年法庭如果不能立即决定未成年被告人的罪行已达到非判不可的程度，可先定罪，但不判刑，同时规定 1 年至 2 年的考验期，移交缓刑人员监护并加以管教。考验期内，若未成年罪犯遵守相关规定，少年法庭可撤销原判；若未成年罪犯仍不悔改，少年法庭应判处刑罚。第四种是刑罚处罚判决，这是对未成年罪犯最严厉的处罚，是未成年罪犯的前科记录，该刑罚由少年监狱执行。未成年罪犯的刑期可以是定期，也可以是不定期，但最长不得超过 10 年。德国少年刑法虽未规定罚金刑，但在司法实践中经常以缴纳一定数额的欠款作为惩戒措施。

《少年法院法》规定了各种处分措施的适用原则。未成年实施犯罪行为的，应首先适用教育处分；适用教育处分无法达到罪责刑相一致的，应处惩戒或少年刑罚；将未成年罪犯移送至精神病医院或戒毒机构后，少年法官认为无需再处惩戒或少年刑罚的，则不再科处。14 周岁以下不负刑事责任的未成年实施犯罪行为的，应给予其健康成长帮助。该未成年人的法定监护人有权依据《社会法》第 27 条的规定，得到政府的帮助。帮助的具体形式包括在其父母家或其父母家以外的场所进行教育，在学校外安排培训，进行心理辅导等。

具体来看，对未成年罪犯的处罚有以下几种措施：

（1）管教措施。《青少年刑法》第 9 条规定，管教措施包括指令、监护管教和教养院管教，属于非惩罚性处置措施。指令由指示和禁令构成，目的在于帮助未成年罪犯改变生活作风和生活环境，从而对未成年罪犯进行教育。《少年法院法》第 10 条第 1 款规定，指令是指调整和规范未成年罪犯生活的各项要求和禁令，并以此促进和确保对未成年罪犯的教育，但不得对未成年罪犯的生活方式提出不符合实际的要求。少年法官可以要求未成年罪犯遵守有关居住地的指令，在某一家庭或教养院居住，参加培训或社会劳动，完成一定的工作量，接受特定照料帮助人的照料和监督，参加社会训练，尽力与被害人达成和解，不得与特定人交往或进入特定场所，参加交通课程培训。《少年法院法》第 10 条第 2 款规定，经未成年罪犯法定监护人或法定代理人的同意，少年法官可以要求未成年罪犯接受专家的教育治疗或戒除毒瘾的治疗。未成年罪犯已满 16 周岁的，还需经其本人同意。《少年法院法》第 11 条规定，少年法官有权规定指令的期限，但最长不得超过 2 年，确有必要的可延长至 3 年。为更好地教育未成年罪犯，少年法官有权根据未成年罪犯履行指令的实际情况，变更、解除指令。在要求未成年罪犯履行指令前，少年法官已告知其违反指令法律后果，未成年罪犯因自己过错未能履行指令的，可判处未成年罪犯禁闭，禁闭在同一判决中不得超过 4 周。在判处未成年罪犯禁闭后，其能履行指令的，可不对其执行禁闭。

（2）训诫手段。训诫手段包括警告和规定强制性义务，属于惩戒性处置措施。警告是对未成年罪犯的正式训斥，目的是让未成年罪犯充分认识到其行为的违法性，指责其行为的非法性，警告其不要再犯。少年法官可依据《少年法院法》第 15 条的规定，对未成年罪犯规定以下强制性义务：尽力弥补其犯罪行为造成的损害，亲自向被害人赔礼道歉，完成一定量的工作，向公益机构捐款。

（3）未成年禁闭。未成年禁闭属于惩戒性处置措施，包括业余时间禁闭、短期禁闭和长期禁闭，该处置的目的是限制未成年罪犯业余活动时间，防止未成年罪犯与不良社会人员交往和到不良场所。因未成年本身及其行为特点各异，因此处理方法也应具有多样性特点，以便对症下药。业余时间禁闭是指处以未成年罪犯 1 周内业余时间的禁闭，次数不得超过 2 次。在不妨碍未成年罪犯教育及其工作的情况下，可以短期禁闭代替业余禁闭，2 日短期禁闭折抵 1 次业余时间禁闭。长期禁闭按整天或整周计算，最短 1 周，最长 4 周。

（4）未成年刑罚。未成年刑罚属于惩罚性处置措施，分为定期刑和不定期刑，均应在少年监狱执行。定期刑的期限为 6 个月以上 5 年以下，未成年罪犯犯重罪，依一般刑法规定应被判处 10 年以上刑期的，也不能超过 10 年。不定期的期限不得超过 4 年，少年法官可根据未成年罪犯应被判处的定期刑刑期进行自由裁量，降低最高刑期或提高最低刑期，但最高刑期和最低刑期不得少于 2 年。

（5）缓刑。缓刑属于惩罚性处置措施。《少年法院法》第 21 条规定，对被判处 1 年以下未成年刑罚的未成年罪犯，若少年法官认为判决已对该未成年罪犯起到警告作用，对其适用缓刑可实现法律规定的品行，无需执行刑罚的，少年法官可对其宣告缓刑。宣告缓刑时应考虑未成年罪犯的品格、经历、犯罪情况、犯罪后的态度、生活作风以及刑罚效果。未成年罪犯的犯罪行为及人格有特殊情况的，少年法官也可对判处 1 年以上 2 年以下定期刑期的未成年罪犯宣告缓刑。审前拘留或其他剥夺自由的期间，应折算成刑期。《少年法院法》第 22 条规定，少年法官有权规定缓刑时间，但不得高于 3 年低于 2 年。缓刑时间自宣告之日起计算。缓刑时间可缩短至 1 年或延长至 4 年。若规定了缓刑考验，少年法庭审判长应将已宣告的指令和强制性义务置于缓刑考验计划内，并向未成年罪犯释明缓刑的含义、考验期限、指令和强制性义务的内容以及在缓刑考验期内被撤销缓刑考验的可能性。宣告缓刑考验期后，少年法庭应指定缓刑考验期的监督人，并将监督人的姓名写入缓刑考验期的计划内。未成年罪犯在作出执行指令和强制性义务保证后，其父母或其他监护人应在缓刑考验计划上签名。缓刑考验期间，少年法官应聘任缓刑帮助人，缓刑帮助人的任务是帮助和照顾未成年罪犯。征得少年法官同意后，缓刑帮助人可以就未成年罪犯的指令、强制性义务、承诺履行情况进行监督。此外，缓刑帮助人应在缓刑考验期间实时向少年法庭报告未成年罪犯的生活情况。若未成年罪犯多次或严重违反指令，不履行强制性义务和承诺，应及时向少年法庭报告。未成年罪犯在缓刑期间实施犯罪行为的，严重或多次违反指令、不履行强制性义务的，有重新犯罪倾向等情形的，少年法庭可撤销缓刑。《少年法院法》第26条规定，缓刑考验期届满后，未成年刑罚即告免除。

未成年罪犯服刑完毕或免除刑罚执行2年后，少年法官必须重新审查已服刑未成年人的社会行为及品行（通过调查走访家庭、学校、社区等），若少年法官确信，已服刑未成年人的社会行为无可挑剔，其品行正派，就应依职权或经已服刑未成年、其监护人、法定代理人的申请，以决议的形式宣告消除已服刑未成年人的前科记录。被科处2年以下未成年刑罚，因刑罚或者余刑在缓刑考验期限届满后消失的，少年法官应宣布前科记录被视为已经消除（但是普通刑法规定的某些裁判不适用前科消除制度的除外）。

三、俄罗斯未成年刑事司法制度

（一）俄罗斯未成年刑事司法制度发展历程

1845年，沙俄颁布《刑罚与感化法典》，该法典明确规定，不得对7周岁以上10周岁以下的儿童判处刑罚，应将这些儿童交给其父母或近亲属进行特别照顾；只有当10周岁以上17周岁以下的未成年经认定具有刑事责任能力时，才能对其适用刑罚，但应根据具体年龄和犯罪行为减轻处罚，并不得适用鞭刑等重刑。

19世纪末，随着未成年犯罪率在全世界的飙升，欧美等国呼吁为未成年设立少年法院。1910年，沙俄在圣彼得堡设立了第一家少年法院。

1918年1月14日，俄罗斯苏维埃联邦社会主义共和国通过了一项关于设立未成年事务处理委员会的法令，规定由未成年事务处理委员会管辖能预见自己行为社会危害性的不满17周岁未成年的刑事案件，并撤销所有的少年法院和少年监狱。在处理未成年刑事案件前，未成年事务处理委员会有权将未成年释放或移送至社会救济人民委员会的收容所。

1919年的《苏维埃刑事立法指导原则》规定，不得对不满14周岁的未成年进行审判并处以刑罚，只能对其适用强制性教育措施。

1920年通过的《关于能预见到自己行为社会危害性的未成年刑事案件法令》将未成年的年龄提高到18周岁，并规定不满18周岁未成年的案件都由未成年事务处理委员会审理，若未成年事务处理委员会认为对已满14周岁不满18周岁适用矫治教育性措施已不能发挥作用，有权将该案件送至法院审理。

1935 年通过的《关于消除儿童流离失所和无人监管现象的决议》撤销了未成年事务处理委员会。

1958 年苏联颁布《苏联和各加盟共和国刑事立法纲要》，恢复了未成年事务处理委员会，并于 1967 年颁布《未成年事务处理委员会条例》。

1996 年，俄罗斯颁布《俄罗斯联邦刑法典》。该法典历经数十次修订，最后一次修订时间是 2019 年 8 月 2 日。该法典分总则和分则，总则第 2 编第 4 章第 20 条规定了未成年人的刑事责任年龄，未满 14 周岁的为完全不负刑事责任年龄段，已满 14 周岁不满 16 周岁的为相对负刑事责任年龄段，已满 18 周岁的为完全负刑事责任年龄段。总则第 5 编以"未成年刑事责任"单成一编，并在第 14 章规定了未成年刑事责任及刑罚特点。第 14 章明确了未成年罪犯的年龄是已满 14 周岁不满 18 周岁的少年，法院既可以判处未成年罪犯刑罚也可判处强制性教育措施；对适用未成年罪犯的处罚种类进行了详细划分；要求综合犯罪的加重及从轻情节，根据未成年人犯罪时的实际年龄从宽化判处；明确了强制性教育措施的使用；对强制性教育措施的内容进行了丰富；规定了免除未成年罪犯刑罚的情形；确立了未成年罪犯假释服刑制度；规定了追究未成年刑事责任的时效期间比相同的成年刑事案件缩短一半；规定了未成年罪犯的前科消灭期限；规定了已满 18 周岁不满 20 周岁的青年犯罪后，法院在综合考虑犯罪行为及罪犯的性格特点后，可根据本章规定，判处强制性教育措施，因而扩大了审理未成年刑事案件的范围。

为配合《刑法典》施行，俄罗斯于同年通过《刑事执行法典》。该法典历经数十次修订，最后一次修订时间是 2019 年 12 月 27 日，对未成年罪犯刑罚的执行机构、执行方式、执行制度及监督措施作出了详细规定。

2001 年，俄罗斯颁布《刑事诉讼法典》，该法典历经数十次修订，最后一次修订时间是 2019 年 12 月 27 日。法典第 16 编第 50 章专门规定了未成年刑事案件的诉讼程序，确立了未成年刑事案件与成年刑事案件的分诉原则，未成年刑事追诉终止制度，细化了由审前社会调查、合适成年人参与、拘捕、传唤、讯问、起诉终止程序、庭审程序构成的未成年刑事案件特别诉讼程序。

（二）俄罗斯未成年刑事案件诉讼程序

俄罗斯未成年刑事案件虽整体上适用一般刑事案件的诉讼程序，但仍有自身特点。

1. 审前社会调查程序

《刑事诉讼法典》第 421 条规定，在对未成年刑事案件进行初步调查和审理时，应调查未成年犯罪嫌疑人的犯罪行为、犯罪形式、犯罪动机，身份情况，犯罪行为造成的影响，还需调查清楚未成年犯罪嫌疑人的出生时间（具体到年月日），生活、成长条件，智力发展水平，个性特征，是否有年长的人影响其作出犯罪行为；在有证据证明未成年犯罪嫌疑人精神发育滞后与精神障碍无关时，需调查清楚其是否完全了解其行为的实际性质和社会危害性。调查员或侦查员有权决定对未成年犯罪嫌疑人进行体检，但体检结论需同案件材料一同移交到法院。法官审查社会调查结论后，有权决定对犯有一般罪行的未成年适用强制性教育措施，但严重侵犯他人生命、健康，扰乱社会秩序，危害国家安全的除外。

2. 未成年分案诉讼程序

《刑事诉讼法典》第 154 条规定，调查员或侦查员有权将未成年人与成年人一起实施犯罪的案件分开起诉，若不能分开起诉，则应对未成年犯罪嫌疑人适用第 50 章规定的诉讼程序。

3. 合适成年人参与程序

（1）拘留阶段。《刑事诉讼法典》第 423 条第 3 款规定，对未成年犯罪嫌疑人或被告人作出拘留、逮捕或延长拘留期限决定后，应立即通知其法定代表人。

（2）传唤阶段。《刑事诉讼法典》第 424 条规定，未在押的未成年犯罪嫌疑人或被告人应通过其法定代理人传唤到调查机关、检察机关或法院；若是由专业的未成年机构看管未成年犯罪嫌疑人或被告人，则应由该机构的行政部门传唤到调查机关、检察机关或法院。

（3）讯问阶段。《刑事诉讼法典》第 425 条规定，对未成年犯罪嫌疑人或被告人的讯问每次不得超过 2 小时，每天不得超过 4 小时；辩护人有权参与讯问过程，对未成年犯罪嫌疑人或被告人提问，查看讯问笔录，并对讯问笔录的正确性和完整性提出意见；教师或心理专家需参与对未满 16 周岁且有精神障碍或心理发育滞后的未成年犯罪嫌疑人或被告人的讯问；经调查员、侦查员同意，教师或心理专家可向未成年犯罪嫌疑人或被告人提问，讯问结束时有权查看讯问笔录并对笔录的正确性和完整性提出书面意见，调查员、侦查员应在讯问前将上述权利告知教师或心理专家并在笔录上注明。

（4）预审阶段。《刑事诉讼法典》第426条规定，自未成年犯罪嫌疑人或被告人第一次被讯问，经调查员或侦查员同意，未成年犯罪嫌疑人或被告人法定代表人可参与该刑事案件；法定代表人有权知晓未成年被怀疑或被指控的理由；未成年被指控时有权在场；有权参与对未成年犯罪嫌疑人或被告人的讯问，经调查员同意，可参与他和辩护人在场的其他调查行动；查看其所参与的调查行动的笔录，并就笔录的正确性和完整性提出书面意见；有权提交申请书，提出回避请求，就侦查员、调查员和检察官的行为（不作为）和决定提出申诉；有权提出证据；在初步调查结束时，有权查看案件的所有材料，并可摘抄所有信息；初步调查结束后，调查员或侦查员有权决定不向未成年被告人披露可能对其产生不利影响的案件材料，但其法定代表人必须知晓；若有证据显示法定代表人的行为将会损害未成年犯罪嫌疑人或被告人的利益，调查员、侦查员有权作出不允许其参与该刑事案件的决定，但应允许该未成年犯罪嫌疑人或被告人的其他法定代表人参与该刑事案件。

（5）庭审阶段。《刑事诉讼法典》第428条规定，参与庭审的未成年被告人的法定代表人有权提交申请书、申请回避；有权作证；有权提供证据；有权参加双方辩论；有权对法院的行为（不作为）和决定提出申诉，参加上诉法院、监督复审法院的庭审；若有证据显示法定代表人的行为可能损害未成年被告人利益，法院有权作出不允许该法定代表人参加庭审的决议，但可允许该未成年被告人的其他法定代表人参加庭审；法定代表人未参加庭审，法院也认为该法定代表人无需参加庭审的，不影响庭审的进行。

4. 起诉终止程序

《刑事诉讼法典》第427条规定，在对轻微或中等严重刑事案件进行初步调查时，确定可对未成年犯罪嫌疑人或被告人进行矫正而无需科处刑罚的，调查员经调查机关负责人同意，讯问员经检察官同意，有权终止刑事诉讼。在开庭前，调查机关负责人或检察官需向法院移交对未成年被告人适用强制性教育措施的申请书和全部案卷材料；法院收到起诉书后，若认为该案件是轻微或中等严重的刑事案件，确定可对未成年被告人进行矫正而无需科处刑罚的，有权对未成年被告人适用强制性教育措施；法院决定对未成年被告人适用强制性教育措施的，有权委托专门的未成年机构监督未成年被告人完成强制性教育措施；若未成年被告人不能完成强制性教育措施，经专门的未成年机构申请，法院应撤销刑事诉讼终止的决定并将该案材料移送给调查机关负责人或讯问机关负责人；若未成年犯罪嫌疑人或被告人或其法定代表人反对终止刑事诉讼，则不得以该案是轻微或中等严重刑事案件，可对未成年犯罪嫌疑人或被告人进行矫正而无需科处刑罚为由终止刑事诉讼。

（三）对未成年罪犯适用的处罚

1. 非刑罚处置措施

《刑法典》第90条规定，若可通过适用强制性教育措施对犯有轻度或中度罪行的未成年人进行矫正，则可以免除该未成年人的刑事责任；第92条规定，法院有权免除因实施轻度或中度犯罪而被判处刑罚的未成年的刑事责任，但应对该未成年适用强制性教育措施。强制性教育措施属于对未成年罪犯的最大从宽处理，不是犯罪前科，能根据未成年罪犯的个人情况适用不同种类的教育措施，从而更好地矫正未成年人。

（1）强制性教育措施的种类。①警告。警告的内容是向未成年解释其行为所造成的损害以及再次实施《刑法典》规定的犯罪的后果。②交给父母、法定代理人或国家专门机构监管。交付监管是委托父母、法定代理人或对未成年人负有教育并对其行为负有监督职责的国家专门机关进行教育并监督其行为。将未成年人委托给其父母、法定代理人教育监管前，法院负有查明未成年人父母或其法定代理人是否有能力对未成年人进行教育及监管的义务，若查明属实，未成年人父母及法定代理人还需作出书面保证。③承担弥补所造成损失的义务。要求未成年人承担弥补所造成损失的义务前，应调查未成年人的个人财产情况及职业技能情况。④限制未成年人的娱乐时间并对其行为作出特殊要求。可以禁止未成年人前往特定场所，禁止从事特定休闲活动，目的是改变未成年人的生活和社会环境，防止其与不良社会人交往，从而达到教育感化的目的。⑤将未成年人安置到专门的封闭式教育机构。对实施中等严重犯罪而被判刑的未成年人，若法院认为将其安置到专门的封闭式教育机构即可达到矫正目的，则可免除刑罚。这是最严厉的强制性教育措施，但最长期限不得超过3年，且未成年人成年后即应让其回归社会。

（2）强制性教育措施的适用条件。适用对象是未成年人，实施的是轻罪或中等严重的犯罪，可以通过强制性教育措施进行矫正。

（3）强制性教育措施的期限。应根据未成年人的个人情况和案情决定强制性教育措施的期限，实施轻罪的，期限一般为6个月以上2年以下；实施中等严重犯罪被判有罪但免处刑罚的，期限一般为6个月以上，但不得超过

3 年。

（4）提出对未成年人适用强制性教育措施的主体。在未成年人实施的轻度或中度刑事案件调查过程中确定，对未成年适用强制性教育措施也能达到矫正目的的，调查员经调查机关负责人同意，讯问员经检察官同意，有权终止刑事诉讼。在开庭前，调查机关负责人或检察官需向法院移交对未成年被告人适用强制性教育措施的申请书和全部案卷材料。

（5）决定对未成年人适用强制性教育措施的主体。法院收到起诉书后，若认为该案件是轻微或中等严重的刑事案件，确定可对未成年被告人进行矫正而无需科处刑罚，则有权对未成年被告人适用强制性教育措施。

（6）强制性教育措施的撤销。若未成年被告人不能完成强制性教育措施，经专门的未成年机构申请，法院应撤销刑事诉讼终止的决定并将该案材料移送给调查机关负责人或讯问机关负责人。

2. 刑罚处置措施

（1）罚金。未成年罪犯有独立工资或财产可以执行的，可对其处以罚金刑。在未成年罪犯父母或法定代理人同意的前提下，法院可作出向其父母或法定代理人追缴罚金的决定。罚金的数额为 1000 卢布至 5000 卢布或未成年罪犯 2 周至 6 个月的工资或其他收入。

（2）剥夺参加特定活动的权利。若未成年罪犯实施的犯罪与其所从事的活动有关联，适用该刑罚可以预防未成年人再次犯罪。

（3）强制性工作。法院判处未成年罪犯进行强制性工作时，应要求未成年罪犯在其学习或基础性工作外的时间从事其力所能及的工作，期限为 40 小时至 160 小时。未满 15 周岁的未成年罪犯每天从事强制性工作的时间不得超过 2 小时，年满 15 周岁不满 16 周岁的未成年罪犯每天从事强制性工作的时间不得超过 3 小时。

（4）劳动改造。劳动改造对有经常性工作的未成年罪犯适用，最长期限为 1 年，对年满 14 周岁不满 16 周岁的未成年罪犯不得适用该刑罚。被判劳动改造的未成年人在其工作地点服刑，未经批准不得与工作单位解除劳动关系，劳动改造的时间不得计入工龄。法院根据未成年罪犯的社会地位、案情（犯罪动机、犯罪造成的损害、有无需赡养的近亲属、工资是否为唯一生活来源）确定从工资扣缴的比例，扣缴比例一般为 5% 至 10%，扣缴款项应缴入国库。

（5）限制自由。限制自由是对未成年罪犯适用的基本刑罚，期限是 2 个月至 2 年。

（6）有期徒刑。对未成年罪犯判处的最严厉刑罚是有期徒刑，但俄罗斯就对未成年罪犯科处有期徒刑规定了一系列严苛条件，并对判处未成年罪犯有期徒刑的最高期限作了明文规定。即对未满 16 周岁的初次犯轻度或中度罪行的未成年罪犯或其他初次犯轻度或中度罪行的未成年罪犯，不得科处有期徒刑；对未满 16 周岁的未成年罪犯判处有期徒刑的，刑期不得超过 6 年；对犯有特别严重罪行及其他罪行的未成年罪犯判处有期徒刑的，刑期不得超过 10 年，并在教养院服刑。

（四）前科消灭制度

《刑法典》第 86 条对前科、前科消灭、前科撤销作出了详细规定。因犯罪被判处刑罚的人自判决生效之日起至前科消灭或撤销时，被视为有前科。再次犯罪而受到刑罚时，会考虑前科情况，从而遭受其他法律规定的法律后果。

被免除刑罚的人，不视为有前科。前科消灭的情形有：①被判处缓刑的人，考验期届满；②被判的刑罚是比有期徒刑轻的刑罚——服刑满 1 年或执行刑罚满 1 年；③因犯轻度或中度罪被判有期徒刑——服刑满 3 年；④因犯重罪被判有期徒刑——服刑满 8 年；⑤因犯特重罪被判有期徒刑——服刑满 10 年。

罪犯在服刑期满后表现良好的，法院可根据其本人的申请在前科消灭的期限届满前撤销前科。前科消灭、撤销后，所有与前科相关的法律后果也就没有存在的基础了。《刑法典》第 95 条规定，未成年前科消灭的情形有：①被判的刑罚是比有期徒刑轻的刑罚——服刑满 6 个月或执行刑罚满 6 个月；②因轻度罪或中度罪被判处有期徒刑的——服刑满 1 年；③因犯重罪、特重罪被判有期徒刑——服刑满 3 年。法院不仅可以根据未成年罪犯本人的申请，还可以根据其父母、法定代理人以及未成年人保护机构的申请在前科消灭期限届满前撤销其前科。未满 18 周岁前因犯罪而有的前科及根据第 95 条规定消灭的前科，在认定累犯时不予考虑。

第二节　美日未成年刑事司法制度

一、美国少年刑事司法制度

世界少年刑事司法制度起源于美国，经历了漫长的发展历程，伴随着世界经济的发展与社会的进步而日趋成熟、完善。在这一漫长的发展过程中，美国少年司法制度捷足先得，始终走在世界的前列，对世界各国少年刑事司法制度产生了不同程度的影响。美国少年刑事司法制度的发展历程大致可被分为三个阶段：第一阶段为萌芽期（殖民时期至 1899 年）。这一时期的少年刑事司法制度尚未出现，主要依靠民间个人、组织对少量儿童进行保护，官方并没有专门机构介入。第二阶段为发展期（1899 年至 1962 年）。1899 年 7 月 1 日，世界第一部《少年法庭法》被美国伊利诺伊州议会通过，这也标志着世界少年刑事司法制度的诞生，美国少年刑事司法制度也迎来了发展的黄金期。第三阶段为调整期（1967 年至今）。20 世纪 60 年代，长期占据主流地位的福利型少年刑事政策无法有效调整日益增长的少年犯罪问题，以“高尔特案”为标志，美国当代少年刑事司法制度呈现出了与成人刑事司法趋同、趋严的形势。[1]时至今日，美国少年刑事司法模式仍在古典理论学派的严罚主义与实证理论学派的福利主义之间摇摆不定，不断调整。

（一）萌芽期

1. 经济社会条件发生改变

殖民地时期的美国受英国的直接影响，传统刑事司法与英国一脉相承，并未在刑事司法领域对少年进行特殊保护，这与当时的宗教观念、生产力发展水平等因素有密切联系。西方世界关于少年刑事司法的规定最早可追溯至古罗马，罗马法中有“儿童不能预谋犯罪”的古典学说，其主张 7 岁以下的儿童不可能有犯罪意图，7 岁以上 14 岁以下的儿童被推定为不能有罪，即使犯罪也不承担责任，认为不可能存在天生的坏孩子，也没有不可挽救的儿童，并由此推导出了儿童宜教不宜罚的结论。但罗马法中对少年应该加以保护的朴素观念随着罗马帝国的灭亡而消散，直至 18 世纪，西方各国并没有产生现代意义上的少年概念，少年刑事司法制度自然无从谈起。少年权益长期未得到重视主要有三点原因。

其一，受宗教观念的影响。基督教奉行原罪观念，认为人生而有罪，赎罪是人生的目的，少年与成年人应该一视同仁，都要为自己赎罪，无需对少年加以特殊的照顾。宗教改革以后的清教更加强调对个人欲望的克制，美国

---

〔1〕 王萍：“美国少年司法理念的变迁及对少年司法制度的影响”，上海外国语大学 2019 年硕士学位论文。

作为英国清教徒的避难所，更是深受此种观念的影响，清教徒认为对欲望的克制要从童年时期就开始培养，而劳动在人们眼中是很好的培养方法，通过劳动不仅可以为家庭创造收入，还可以使儿童克服懒惰这一恶习。莎拉·崔默（Sarah Trimmer）在1787年曾言：“对于任何教区来说，看到许多年龄已经大到足以去做任何一种工作的贫寒儿童却衣衫褴褛、浑身污垢地在大街上嬉戏玩耍，这是一种耻辱。”[1]由此可见，当时的宗教观念不将少年与成年人加以区分，并且鼓励少年参加成年劳动。

其二，从社会地位来说，少年由于身体、智力尚未成熟，从事生产的能力较弱，必须依附于成年人生存，不具备独立存在的价值，社会地位较低，缺乏话语权，属于长期被忽视的社会边缘弱势群体。当时的美国法律规定，作为父母可以采取一切必要的方式对孩子加以严格的管教，惩罚力度也非常之大。

其三，少年具有一定的经济价值。一方面，由于当时社会生产能力低下，大多数家庭的基本生活都很难得到保障，婴儿夭折率极高，一个儿童能正常长大成人已经实属不易，没有更多的家庭资源可以用于对少年的特殊照拂，少年劳动在农业家庭和手工业家庭中广泛存在，是家庭劳动力的重要组成部分，为维持基本家庭生活，少年必须承担力所能及的劳动责任。另一方面，随着工业化时代的到来，工厂劳动日益简化，少年可以胜任更多的工作岗位，部分需要深入机器内部狭小空间的工作，甚至只能由身材矮小的少年完成，且少年易于控制，需付的薪水远远低于成年人，自然备受工厂主的青睐。迫切的家庭基本生活需求被迫向贪婪的资本市场妥协，大量家庭将少年送入工厂。据统计：1816年，英国的棉纺织业中大约有20%的工人年龄在13岁以下，少年每天至少要工作12小时以上，繁忙时节甚至一天要连续工作18小时。长时间的过度劳动不但使少年无法接受正常教育，而且危险、阴暗、肮脏的工作环境不断摧残着他们的身心健康。而在美国，当孩子的父母不对孩子进行管教的时候，这些孩子将会被送到寄养家庭，这些孩子要以学徒的身份为这些家庭提供廉价劳动力，这种制度正是美国家庭寄养制度的前身。著名历史学家汤普逊曾经说过：“对儿童如此规模和如此程度的剥削是我们历史

---

[1] S. Trimmer, *The Oeco nomy of Charity*（1stedn），London，1787.

上最可耻的事情之一。"[1]此时美国社会对少年的剥削、虐待已经到达顶峰，在此种历史大环境下，少年权益保护自然也无从谈起。

光明的火种往往在黑暗中悄然孕育，17世纪至18世纪，随着启蒙运动的兴起，愚昧的宗教观念受到了启蒙思想家们的理性批判。英国哲学家洛克批评了圣奥古斯丁派所提出的人生下来皆带有原罪的理论。洛克认为，人的心灵开始时就像一块"白板"，而向它提供精神内容的是经验，"白板说"让"原罪说"的儿童观遭到了致命打击。18世纪中后期，法国思想家卢梭在他的著作中提出，儿童生而具有自然赋予的冲动，这个不是天生的罪恶，是未经污染的纯洁心灵。儿童是有其特有的看法、想法和感情的，儿童是真正意义上的人，儿童具有独立的存在价值，儿童有权利做真正的儿童。他的观点使人们第一次意识到了儿童以及童年的特殊性，该观点在当时比较激进，但受其影响，对工业时代剥削、压迫式的少年劳动的批判以及对农业、手工业时代少年轻松健康劳动方式的怀念贯穿了整个浪漫主义时期的文学领域，其倡导的浪漫主义童年观、儿童观漂洋过海来到美国，并逐渐深入人心。此外，随着19世纪美国废奴运动的兴起，部分有识之士将人道主义的目光由奴隶制度转向了少年，人们发现少年工人几乎与奴隶遭受同样的压迫，少年关系到国家未来，少年劳动可以暂时增加产量，但这是极其短视的行为，过度劳动会阻碍少年的身体发育、智力成长，会永久地降低他们成年以后的产出能力。因此，不管是从人道主义的角度抑或是国家长远发展的角度来说，少年都应脱离劳动受到保护，对少年权益进行特殊保护的思想条件日趋成熟。在生产力发展层面，工业革命发展至19世纪中后期，生产机器日趋庞大、生产流程日趋复杂，工厂更加需要有体力、有知识的成年工人，少年身体条件、受教育水平无法满足工厂的需要，其经济价值日趋下降。另外，工业革命带来的社会生产力的发展使得普通民众的生活水平有所改善，少年创造的收入不再是家庭生活的重要支撑，这使得少年脱离成人劳动，对少年权益进行特殊保护的经济基础条件已经具备。

2. 保护少年社会运动兴起

受上述诸多因素影响，少年不同于成年人，应该受到特殊保护的观念深入人心。从19世纪初期开始，一场救济少年的社会运动在西方诸国展开，许

---

〔1〕 ［英］E.P.汤普森：《英国工人阶级的形成》，钱乘旦等译，译林出版社2001年版。

多民间社会活动家放下争议，联合起来发动了一系列改善少年待遇的社会运动。这一时期美国保护少年权益运动的主要形式有：建立庇护所、大规模寄养安置、成立非政府组织。

（1）建立庇护所。19世纪初期，大量新移民来到美国，新移民的涌入使城市人满为患，城市中出现了大量无家可归和贫困儿童，成千上万的贫困儿童流落街头，他们往往以犯罪的方式自谋生路，被警察抓捕后会与成年人一样受到刑事审判，并被投入监狱，犯有轻罪的少年在监狱中往往会受到成年罪犯的二次污染从而愈陷愈深。自由刑和矫正制度逐步替代了野蛮的以肉刑和死刑为最终控制手段的刑事司法，但是在自由刑和矫正制度兴起过程中也存在许多令早期社会改良者强烈不满和反对的方面，少年犯与成人罪犯混押混管就是其中之一。[1]尽管部分陪审团人员看到这种现象，会通过行使否决权的方式避免将少年送入监狱或者处死，但在缺乏有效的少年犯罪矫正机制的情况下，无底线的宽恕反而导致了少年犯罪更加猖獗，解决少年犯罪问题一时陷入了两难的困境。上述现象引起了纽约防止贫困协会的注意，该协会认为，为了挽救这些孩子，必须将他们与堕落的监狱、不合适的家庭和其他不健康的环境隔离开来，将他们安置在更加人道和健康的环境中。1823年，该协会提出了模仿监狱建立一个专门的少年庇护所的建议。防止贫困协会主要由富商和专业人士组成，他们的游说和鼓动活动十分有效，纽约州议会很快同意为少年建立一个专门庇护所。1825年，纽约建立了第一个专门收容违法犯罪、无家可归、失依失养、生活在犯罪危险环境的未成年人的庇护所，拉开了少年司法保护的序幕。[2]美国纽约州少年庇护所开始运作后，其目的是为无家可归的贫困的儿童提供食物、住所和教育，接纳从成人监狱中转移过来的少年犯，把少年犯送到这种避难所，只是试图保护他们免受成年犯人的消极影响，为他们创造一个较少惩罚性、更多恢复性的环境。这一做法很快传播到了美国东部其他一些人口较多的城市。时至1860年，全美国已经设置了60个类

---

〔1〕 参见姚建龙："少年司法的起源：美国少年矫正机构运动的兴起"，载《环球法律评论》2007年第1期。

〔2〕 管士寒、陈春琳："美国少年司法制度的未成年人保护"，载《云南大学学报（法学版）》2010年第3期。

似的庇护所。[1]从庇护所的运作方式来看，其更类似于监狱、救济院的结合体，庇护所的管理十分严格甚至是严酷，手铐、脚链、鞭打等用以管教成年罪犯的手段在庇护所也被广泛使用。[2]庇护所在某些方面又像是宗教救济院，被收容的少年经常被送去给农场主或其他人做学徒，为庇护所创造收入，成了庇护所的合法童工。由于管理方式非常落后，庇护所仅仅是将少年犯与成年犯进行物理隔离，并未实现对少年犯的心理矫正。但在庇护所制度的启发下，由政府主导的少年教养学校逐步建立起来，美国少年犯矫正体系仍实现了发展。

（2）大规模寄养。19 世纪中期，在少年犯矫正机构建立的同时，大规模的流浪儿童寄养运动也开始盛行，其中最著名的便是"孤儿列车运动"（Orphan Train Movement）。该想法源自一名牧师——布雷斯。他提议把孤儿和贫困儿童送到西方农场家庭，而不是把他们送进庇护所。布雷斯写道："对这个被遗弃的孩子来说，最好的避难所是农民的家。"他认为，由于农民需要他们能找到的每一双手，而且在迅速发展的西部地区，食物和空间都很充足，把孩子送到那里而不是把他们锁在东海岸是有意义的。为了帮助流浪儿童，实现"净化城市"的目的，布雷斯在 1853 年成立了儿童援助协会，在纽约最富有家庭捐款的帮助下，布雷斯和其他组织者开始召集孩子，把他们送到西部，自美国东部出发的孤儿列车承载着上万名无家可归的大城市孤儿以及失控儿童前往中西部地区，由西部乡村家庭领养管教。他们在沿途各站任人挑选，未来命运如何全凭运气决定。在 1854 年至 1929 年间，有多达 20 万名儿童被安置在火车上，并被新家庭收养。不可否认的是，确实有许多孩子通过乘坐孤儿列车迎来到了新的生活，但是由于该项目执行得非常随意，几乎不花时间去审查寄养家庭的各种条件，导致很多孩子无法适应新环境，甚至在寄养家庭中受到虐待。英国著名作家克里斯蒂娜的长篇小说《孤儿列车》就是对这些儿童悲惨命运的真实描述，这种近似于"流放"的安置方式是否真的像慈善家们所期待的那样为少年谋取了福利？这点恐怕有待商榷。

（3）反儿童虐待。19 世纪中叶后期，儿童被虐待问题引发了社会关注。

---

[1] John C. Watkins, *The Juvenile Justice Century*: *A Sociolegal Commentary on American Juvenile Courts*, Carolina Academic Press, 1998, p. 5.

[2] 姚建龙："少年司法的起源：美国少年矫正机构运动的兴起"，载《环球法律评论》2007 年第 1 期。

当时身为已经设立了保护动物相关法案的美国，却完全没有预防儿童遭受虐待的法案和组织存在，很多父母经常选择用暴力的方式去对待自己的孩子，从来没考虑过这种方式是否合适，也从不担心自己是否会遭到法律制裁。9 岁的玛丽就是众多被虐待的儿童之一，她常年遭到养母的殴打和忽视，一位名叫惠勒的传教士了解到玛丽的生活状况后非常震惊和心痛，开始为玛丽的事奔走在各个机构。她起初求助于警方与慈善机构，但警方以不在自己职责范围内为由拒绝调查，慈善机构又缺乏干预家庭内部事务的权力，此时人们才意识到，美国完全没有保护儿童的法律、组织存在。惠勒最后找到了美国防止虐待动物协会的创办人亨利·伯格（Henry Bergh），在他的帮助下，以人身保护令的方式将玛丽带离了这对养父母的家，并将其养母和养父起诉到了法院。最终，玛丽的养母被判刑 1 年，罪名是袭击和殴打罪。在救援玛丽后，亨利·伯格决定创建一个致力于保护儿童的非政府慈善组织，纽约防止虐待儿童协会（NYSPCC）由此诞生。该组织是全球第一个完全致力于儿童保护的机构，该协会促使美国数百家致力于保护儿童的非政府组织陆续成立，并逐步开启了美国通过立法遏制"虐童"行为的制度大门。

1899 年之前的美国民间少年权益保护运动是否真的像他们的推动者所宣称或者期待的那样起到了为少年谋福利的作用是值得深思的。不管其实际效果和动机如何，19 世纪的美国少年权益保护运动都是人类早期对尝试构建少年保护机制、解决少年犯罪问题的有益探索，少年保护的特殊性逐步进入了人们的视野，运动由民间逐渐延伸至官方，为美国少年法院系统的诞生做了必要准备，为由政府主导构建的成熟少年刑事司法制度奠定了社会基础。

（二）发展期

1. "少年法院运动"的兴起

19 世纪后期，西方国家在工业革命后，城市化的进程加快，大量人口涌入城市，在美国芝加哥市日趋严重的少年犯罪引起了人们的极大关注，成了一个重要的社会问题。与此同时，少年犯教养机构的合法性与有效性也受到了质疑。在 1870 年的"丹尼尔案"中，伊利诺伊州高级法院揭露了少年教养学校的现实，并认定它未经正当法律程序即剥夺没有构成任何刑事犯罪少年自由的做法是违宪的，受该案的影响，芝加哥于 1872 年关闭了教养学校，在随后的几十年中，芝加哥没有任何独立的少年司法机构。[1]大量少年犯被直接关入监狱，这一做法又增加了"交叉感染"的风险，以律师约翰·阿尔特杰德为代表的改革者们很快便认识到问题的根源不在于矫正体系的落后，而在于一元化的刑事司法制度不能针对少年犯罪的特殊性进行有效治理，必须建立独立的少年刑事司法体系。由改革者们组成的民间慈善组织"青少年的拯救者"以提出法案、游说的方式对政府产生影响，不断敦促州立法机关颁布青少年法，并授权为此目的设立的法庭适用该法律，在其不断的努力下，官方也开始出台各种法令，尝试对现有的刑事司法制度进行改革。

1861年，芝加哥市长被授权任命一个特别委员会以便听取和审理6岁至17岁青少年的轻微犯罪案件。1869年，马萨诸塞州的一项法令批准任命一位州政府官员在必要时向法院提供咨询和指导意见，并指定法庭可以用来暂时寄养其所审理的青少年犯的家庭并报告这些家庭的情况。1870年，波士顿通过一项法令，规定青少年案必须单独审理，还须任命一名州政府官员对案件进行调查，出席审判，以保护青少年的权益。几年后，马萨诸塞州通过一项补充法案，规定法院必须组织专门法庭审理这类案件，给这类案件安排单独的日程，并建立一个单独的案卷制度。1899年7月1日，世界第一部《少年法庭法》被美国伊利诺伊州议会通过，这部法律共21条，规定了少年法庭的管辖范围、少年法庭的设置、少年法庭的审理程序与监护问题，以及对违法少年的处理、保护措施、教养和监护机构等。同年7月1日，芝加哥市考克郡建立了世界上第一个少年法庭，正式宣告了少年司法制度在人类社会的诞生。在随后的几十年间，美国少年司法制度建设进入快速发展阶段，截至1920年，美国几乎所有的州都通过了类似的立法。截至1945年，美国所有州都建立了完善的青少年法院体系。联邦政府也积极制定相关法律，如1951年《联邦青年矫治法》、1961年《青少年犯罪法》、1964年《青少年犯教养法》等，美国少年司法制度不断发展完善。这场将少年司法从刑事司法中分离、大规模进行少年法立法，在全美范围内推广少年法院的运动，就是世界司法历史上著名的"少年法院运动"。

2. 美国少年刑事司法体系的特征

（1）价值导向的福利性。福利、救济是美国少年法院的主要价值导向，

---

[1] 姚建龙："美国少年法院运动的起源与展开"，载《法学评论》2008年第1期。

虽然各州法院的情况不尽相同，但均遵循了伊利诺伊州《少年法庭法》的主导思想，即"青少年应受到保护，保护青少年是法院的责任，不应把违法青少年作为罪犯来对待，而要把他们视为是需要帮助和改造的人"。少年法院工作方式、程序也不同于普通法院，工作人员需具备关于青少年的专业知识，同时要求具有诊断技能，在工作中需运用不同的社会服务的替代办法来取代传统的刑事惩罚，法院工作人员对于少年犯罪案件具有相当大的自行处决权力，可在一个比较大的范围内对违法青少年进行处置，少年法院被看作是一个治疗体系而非司法体系。

（2）组织形式的独立性。美国少年司法制度发展初期，采用的是在普通法院外另设独立少年法院的体制。《少年法院法》第 3 条规定，人口超过 50 万的县应从巡回法院中选择和指派一名或者多名法官负责审理该法所规定的所有案件，并应将一个特别的法庭室指定为少年法庭室，审理这些案件。为了方便起见，这个审判室可以被称为"少年法院"。[1]少年法庭室虽在设置上依旧对巡回法院有依附性，但其实质上已经区别于成年人法庭，具备了独立特征。少年法院经过不断的发展，其少年审判机构设置形式呈现出多样化的样态，主要分为以下四种类型：①在级别较低的普通初审法院设少年法庭，专门审理少年违法案件；②将少年案件放在州最高法院审理；③设立独立的州少年法院来审理少年案件；④将少年犯罪案件与家庭案件合并，由家庭法院审理，均保持较高的独立性。

（3）管辖范围的广泛性。就刑事责任年龄而言，美国各州少年法院对少年犯的年龄的最高界限规定不统一，但大多数州规定为 18 周岁，有些州（如佐治州、伊利诺伊州、马萨诸塞州等）规定为 17 周岁，还有个别州（如北卡罗来纳州、纽约州、康涅狄格州）规定为 16 周岁，但对于少年法院管辖权的最低年龄界限却只有个别州的法律作了界定，一般是 7 周岁。

就犯罪类型而言，美国少年法院的管辖范围主要还是刑事违法案件，现在全美 50 个州，哥伦比亚特区及联邦政府都主要依靠少年法院来对少年适用刑法，少年法院中适用的刑法与惩罚成年犯的刑法基本一致，如少年触犯的

---

〔1〕 "An Actto Regulate the Treatment and Control of Dependent, Neglected and Delinquent Children", Ill. Laws, 1899, in John C. Watkins（eds.）, *Selected Caseson Juvenile Justicein the Twentieth Century*, The Edwin Mellen Press, 1999, Section 3.

盗窃罪和成年人触犯的盗窃罪的法律构成要件是相同的。但有些例外情况，如有些法令排除了刑法中一些犯罪的少年法院管辖权，如一级谋杀或强奸等重罪，少年杀人犯或强奸犯必须被移交到普通刑事法院审理。

美国少年法院的管辖权方面是有四个特点：①少年法院有权拒绝管辖某些案件，而使某些特殊的少年在成年人刑事法院受审，这种情形往往发生在少年年龄较大、罪行较重且有前科的情况下；②美国一个州并不适用另一个州的刑法，但少年法院通常有权审理少年触犯本州或其他州甚至联邦政府刑法的案件；③从国家亲权的角度出发，享有对那些诸如逃学、不服管教、离家出走等所谓"少年身份罪错"独有的管辖权；④少年法院有时也审理成年人对少年的犯罪，如虐待儿童或唆使少年犯罪等。在大城市，少年法院还负责管理拘留所，通常用来临时收容少年犯、被遗弃和生活不能自理的少年。

（4）司法程序的严密性：

第一，侦查。美国各大城市的警察机构一般都设有专门的少年部来处理少年违法案件，小规模的警察局会指派一名警官来专门处理此类案件，少年警察要通过专门的考试，要表现出从事此项工作的意愿，要掌握一定的少年心理活动知识。除了少年警察外，任何警察在执勤期间发现少年犯罪案件都有权第一时间采取措施，之后再将案件移交给少年警察。警察在处理少年案件时通常具有较大的自主性，其面对轻微的少年犯罪行为一般都采取不干预、暂时帮助或将其交给专门社会机构等方式处理，只有针对严重的少年犯罪行为才必须进行调查、逮捕甚至拘禁，此类案件占比为30%左右，少年的逮捕程序与成年人基本相同。少年也有可能因为"少年身份罪错"而被警察逮捕，在成年人中此类行为则不属于犯罪，这与美国国家亲权的传统观念密不可分。

第二，拘留。美国大多数警察都将拘留违法少年作为最后的处理方式。在一般情况下，受到逮捕的违法少年都交由其父母或监护人看护，但警察有权对少年犯的社会危害性、人身危险性、可控制性进行评估后决定是否对其进行拘留，若警察认为少年犯可能会从事新的违法犯罪活动、对其自身或社区安全构成威胁或者可能在候审期间逃跑或不能保证其会回到法院受审，符合以上三类情况的违法少年会被拘留。对少年犯采取拘留措施后，执行人员应当立即用少年能够理解的语言把少年的诉讼权利通知该少年并立即把少年被拘留的事由告知少年父母、监护人或监管人。警察机关应在少年被拘留的

24 小时内向法院提交"申请书",少年只能被拘留在少年教养所或其他适宜场所,拘留期间,应将少年犯与成年犯分开关押。

第三,讯问。为了在讯问时有效保护少年犯的合法权益,警察在进行盘查时应有该少年之父母或对该少年负有监护职责的人或辩护律师在场,这些在场人员必须可以代表少年利益,该规定被称为"成人利害关系人规则"。

第四,受理。法院在正式接受案件前,首先要对被提交的案件进行审查,而后作出关于法院是否应管理这个案件的决定,这个程序就是案件受理审查程序,是否受理案件的决定一般是由法院收案人员(往往是缓刑监督官和助理公诉律师)共同作出的。当少年案件通过各种渠道被提交到少年法院时,法庭将指定一名法庭工作人员对案件进行调查,包括调查违法者的家庭背景、走访学校领导,了解违法少年心理学或精神病学测定情况、体检情况等,在会见少年犯之后,缓刑督察官有权作出不受理该案、转移处分或交由法院来处理三种决定。对于被采取拘留措施的少年犯,还要进行拘留必要性审查,通常会举办由缓刑监督官、被告人父母、辩护律师、公诉律师、法官多方共同参与讨论的"拘留意见听取会",以决定是否继续拘留少年犯。

第五,审理。少年案件在进入法庭审理阶段前,往往先进行初审,在此阶段,法院将告知少年被告人接受审判的权利和答辩的权利,并使该少年了解对他的指控以及其作出答辩的后果,如果该少年作出有罪答辩,案件将不再进入下一个程序——宣告程序,若初审时少年犯对指控予以否认,且该少年又未被移送至成人法院,那么案件就会进入审判程序,此类案件的审理是不公开的。少年法院会举行一个司法意见听取会对违法少年的案件事实作出决定。虽名为听取会,但其本质上就是对案件实质问题进行的审理,相关程序与诉讼规则基本与成人一致。经过审判,如发现被告人无罪,可在司法意见听取会上将案件撤销,如发现被告人有罪,法院将正式作出发现犯罪的裁定。

第六,处置。在处置程序中,除法官外,心理专家、社会工作者和缓刑监督官也都会参与处置性审理阶段,会综合多方意见形成如何处置少年犯的报告,法官会根据各方面的意见作出最后处理决定。少年法官享有广泛的自由裁量权,有权撤销案件,使用警告、罚款、缓刑、要求赔偿损失、送至治疗所或管教所等十多种刑罚或非刑罚处理方法。传统上,少年法院对被判处送少年管教所的少年犯都采用不定期刑,一种是不设定任何刑期,相关机构认为少年犯已经完成矫正就可以决定释放。另一种是只设定最高刑期，在最高刑期之内，如该少年犯被矫正局认为已改过自新则可以释放，最高刑期届满也要释放。

由上文可知，自 18 世纪末以来，美国"少年法院运动"在国家亲权与福利性少年司法理念的指导下，建立起了体系宏大、立法完善、机构独立、人员专业、程序严密的系统性少年刑事司法体系，迈出了美国刑事司法制度从一元化到二元化的重要一步，对各国少年司法制度的产生与发展均产生了重大影响。庞德曾经将其称为"英国大宪章以来司法史上最伟大的发明"，时至今日，制度化的少年司法体系受到了极高的评价，已经成为衡量一个国家司法制度发展水平的重要标准之一。

（三）调整期

1. 刑事政策转向的历史背景

20 世纪六七十年代，美国国内外局势再次陷入动荡不安之中，对外深陷冷战、越战泥潭，大量国家经费被投入战争，可用于改善民生的福利预算大幅度减少，外部压力激化国内矛盾，以年轻人为主力军的妇女解放、反越战、反种族歧视等社会运动风起云涌，人民对政府的信任感降到最低。在这样的历史背景下，少年犯罪问题呈现恶化态势，少年犯罪案件发案数量、恶性程度、在整体犯罪案件中所占比重均在增加，传统福利少年司法理念指导下的少年犯矫正机制的实际效果受到质疑，古典犯罪学派报应主义理论呈现出复活趋势，并逐渐对美国少年司法的发展产生了重大影响。[1]与此同时，在"标签理论"与"高尔特案"的影响下所发起的"4D 运动"（非正当程序、非犯罪化、分流、非机构化）推动美国少年司法向保障犯罪少年权利和改善其境遇的方向发展，但也模糊了少年被告人与成年刑事被告人之间的概念，促使了少年司法与刑事司法程序上的趋同。

促使美国少年司法刑事政策发生转向的标志性案件是"高尔特案"。1965 年，在美国的亚利桑那州，15 岁的杰拉尔德被指控拨打色情电话，杰拉尔德在父母不知情的情况下被捕，羁押所通知他的父母将在第二天进行审理。审理过程中，法官拒绝向杰拉尔德的父母出示控诉书，也没有制作任何笔录，

---

〔1〕　姚建龙："美国少年司法严罚刑事政策的形成、实践与未来"，载《法律科学（西北政法大学学报）》2008 年第 3 期。

直接进行了审问，整个过程控诉人始终没有露面，仅仅是执行逮捕的警官与其联络过一次。审问结束后，法官判决杰拉尔德进入州工读学校，直至他年满 21 岁。杰拉尔德及其父母都不服这个判决，但亚利桑那州的法律禁止就少年案件提起上诉，无奈之下，杰拉尔德的父亲高尔特以州少年法院的审理程序违宪为由，向美国联邦最高法院提起诉讼，申请颁发人身保护令。联邦最高法院经过审理，认定亚利桑那州少年法院违宪，撤销了少年法院对杰拉尔德的判决。大法官福塔斯在判决中写道："杰拉尔德案与普通刑事案件的实质区别仅在于成年人可以得到的保障在该案中一概被抛弃。在该案中，如果杰拉尔德已经年满 18 岁而不再适用少年诉讼程序，他为涉案的违法行为受到的惩罚至多不过是 5 美元至 10 美元的罚款，或是不到 2 个月的监禁。而现在，他却被置于长达 6 年的监禁之下。"[1]从该案可以看出，少年法院不当适用非正式的审理程序，非但没有实现保护少年的目的，反而增加了少年因"少年罪错"被严厉处罚的风险，违背了国家亲权理念下少年司法为与成人刑事司法相区别而特意减少正式审理程序的初衷。联邦最高法院对该案的决定一方面有利于保护被告人的合法权益，但另一方面不可避免地破坏了少年司法体系的独立性。此案被视为美国少年司法转型的里程碑式判例，自此以后，许多州修改了少年法，将"少年罪错"转变成为和成人犯罪行为相当的"少年犯罪"，促使少年司法和刑事司法一样采取严罚手段，具体表现为限缩少年法院的管辖范围、提高拘留监禁的使用比例、延长刑期等。

2. 严厉刑罚政策的具体体现

在严罚理念的影响下，美国许多州通过修改少年法，降低了少年法院管辖的最高年龄，建立了更加容易的弃权机制，从而让更多的适龄少年在传统的刑事法院受到审判，接受刑事处罚，此举限缩了美国少年法院管辖对象的范围，少年法院的管辖权受到了限制。增加了拘留、监禁措施的适用，从 1985 年到 2000 年，少年犯罪案件中审判前拘留的比例增长了 41%，少年法院判决监禁的案件也大幅度提高，家庭外安置判决增长了超过 200%，各州监狱所接纳的 18 岁以下少年的人数大幅增长。改不定期刑为定期刑，允许对某些严重少年犯罪强制性规定最低刑期，延长其服刑时间，并且长期坚持对少年犯适用死刑。降低少年犯罪案件的保密程度，经申请允许对严重的少年犯罪、

---

〔1〕 参见马岚熙："高尔特案：被忽视的平等权利"，载《检察风云》2021 年第 15 期。

暴力犯罪等案件进行公开审理，延长少年犯罪记录保存时间，在少年犯有特殊罪行的情况下，法院必须通知其学校，少年犯罪记录的保密性大打折扣。在这样的法律和社会环境下，美国联邦最高法院先后作出了废除对未成年犯适用死刑和终身监禁不得假释两项重大的司法裁决，表明了向传统的国家亲权思想和福利性少年司法理念回归的明确倾向。[1]

20 世纪 60 年代以后，美国少年刑事政策的转变与其独特的国情有密切联系。时至今日，美国内部关于推行福利型抑或是严罚型少年刑事政策的争论仍然存在。就美国现有的情况来看，其根据严罚型刑事政策做出的调整依旧是在少年法院系统的框架内进行的，少年司法实践依旧受传统少年司法理念的宏观统领。或许正如联邦最高法院答复的那样："少年司法的确存在很多问题，如少年法院不能保护少年、少年得不到热心的关照和康复性的处遇等，但这些问题主要是因为一些少年法院缺乏必要的设备和技术，缺乏充分实现'国家亲权'能力所造成的。"[2]换言之，美国少年司法的根源问题不在于理念错误而在于理念未得到彻底执行。

（四）结论

自 18 世纪以来，美国少年司法制度经历萌芽期、发展期、调整期三个阶段，从无到有、从民间到官方、从地方到全国，逐步建立起了体系宏大、立法完善、机构独立、人员专业、程序严密的系统少年刑事司法体系，长期走在世界各国的前列，对各国少年司法制度的产生与发展均产生了重大影响，是人类司法史上的一大创举，灵活地借鉴其发展过程中的有益经验与失败教训将会对我国少年司法改革大有裨益。

二、日本少年司法制度

相较于美国的独立发展，日本则是在移植他国法律制度的基础上发展出了本土特色鲜明的少年司法制度。日本少年司法制度的发展历程大致可被分为三个阶段：萌芽阶段（1922 年之前），这一时期日本没有独立的《少年法》，仅在普通法中对少年犯罪作出了特别规定；发展阶段（1922 年至 1948年），这一时期旧《少年法》得到施行，日本初步建立了独立的少年司法制

---

〔1〕　高英东："美国少年法院的变革与青少年犯罪控制"，载《河北法学》2014 年第 12 期。

〔2〕　刘强编著：《美国社区矫正的理论与实务》，中国人民公安大学出版社 2003 年版。

度；重构与现代化阶段（1948 年以后），第二次世界大战后受到美国的全面影响，日本制定了新《少年法》，并在此基础上，逐步发展出了具有本土特色的现代化少年司法制度。

（一）萌芽阶段

19 世纪中叶，以黑船事件为标志，日本被迫向西方国家打开国门，日本人很快认识到自己与西方国家的巨大差距，并决心进行一系列的全面改革，以实现彻底西化、脱亚入欧的目标。自明治维新以后，法律成为国家统治的重要工具，日本开始全面学习、移植西方国家的法律系统。日本于 1880 年颁布了近代历史上第一部资产阶级类型的刑法典，这部刑法典由赴日本进行法典编纂指导工作的法国法学家保阿索那特主持起草，1882 年 1 月 1 日开始实施，在日本称之为旧刑法。当时日本并没有独立的少年司法制度，有关少年犯罪的问题，以零散条文的方式被规定在旧刑法之中，主要包括以下几方面：[1]

（1）刑事责任年龄。根据旧刑法的规定，年满 16 周岁的人为完全刑事责任能力人，不满 12 周岁的人为绝对无责任能力人。已满 12 周岁不满 16 周岁的人为相对无责任能力人，如果他们具有辨别是非的能力，则具有责任能力。不满 20 周岁的人犯罪的，在量刑上予以减轻。

（2）分别关押制度。对于不满 16 周岁的少年犯，可以根据犯罪行为的情形将其收容于惩治场。与普通监狱不同，在惩治场中，要对少年开展读书、写字、算术、图画等科目教育，这种做法被称为"惩治主义"。

（3）微罪不起诉制度。明治维新以后，日本社会开始全面改革，旧经济模式被打破，大量流民进入城市，政府无法对其进行有效控制，由贫困引发的犯罪激增。当时各地监狱的犯人过多，用来处遇犯人的费用超过了军费，微罪不起诉制度得以产生，检察官开始运用起诉便宜主义"暂缓起诉"，这一制度减少了少年犯罪刑罚的适用。

（4）感化院运动。该运动的发起人是留冈先生，1895 年他远赴美国从事感化工作，回国后担任日本感化院监护学校教授。受美国国家亲权以及福利性少年司法理念的影响，1899 年留冈先生创建了日本第一所私立感化院——东京巢鸭家庭学校，家庭学校充满了"美国特色"。它采用家庭式收容模式，

---

〔1〕 参见尹琳：《日本少年法研究》，中国人民公安大学出版社 2005 年版，第 9 页。

即在同一寮舍内由作为指导员的夫妇与被收容的儿童共同生活，在家庭的氛围下进行指导，[1]日本少年感化院由此开始发展。

1922 年之前，日本国内关于少年司法的法律规定较为零散，不成体系，相应制度也不完备，虽然司法实践中出现了对少年犯罪减轻处罚的趋势，在一定程度上体现了保护主义的思想，但惩罚在整个刑法领域依旧占支配地位。同时受世界范围内兴起的保护少年权益潮流的影响，该时期日本少年犯罪刑事政策也开始作出调整，在日本法学家不断的探索改良下，逐步发展出了微罪不起诉制度与感化院运动，赋予了日本少年司法制度一定的本土化色彩。

（二）发展阶段

1899 年美国伊利诺伊州颁布《少年法院法》，标志着近代少年司法制度的诞生，成为各国争相学习的对象。受此影响，1900 年，日本制定了《感化法》，以国家亲权思想为基础，以预防少年犯罪为目的的公立感化院逐渐诞生，标志着少年保护从慈善性、福利性的民间感化院事业向国家层面少年刑事政策发展。[2]1907 年，日本以 1870 年《德国刑法典》为样板制定的《日本刑法典》颁布，新刑法修改了刑事责任年龄，规定不满 14 周岁的人为绝对无刑事责任能力人；而已满 14 周岁的则为责任能力人，废除了"相对刑事责任"的概念。经过法学界的不断努力，日本司法部于 1912 年决定开始起草《少年法》，于在 1922 年得以公布并于 1923 年 1 月 1 日开始实行，这也标志着日本少年司法制度的诞生。相较于 1948 年制定的《少年法》，1922 年《少年法》又称为旧《少年法》，旧《少年法》具有以下几点创新之处：[3]

1. 设立少年审判所

设立专门审理少年犯罪案件的少年审判所，与美国少年法院不同，少年审判所是隶属于政府的行政机关，受司法大臣的监督，少年审判所所作出的决定更类似于行政处罚，这减轻了少年犯的犯罪色彩且保持了较强的独立性。少年审判所由审判官、少年保护司和书记官组成，其中少年保护司类似于美国的缓刑监督官，在审判官审理案件之前，少年保护司要针对少年犯的家庭背景、成长经历、教育环境进行调查，为审判官审理案件提供依据。

---

〔1〕　刘灿华："德国、日本少年司法制度的变迁及其启示"，载《时代法学》2011 年第 6 期。

〔2〕　[日] 重松一义：《少年法的思想与发展》，信山社 2002 年版，第 85 页，转引自尹琳：《日本少年法研究》，中国人民公安大学出版社 2005 年版，第 12 页。

〔3〕　刘灿华："德国、日本少年司法制度的变迁及其启示"，载《时代法学》2011 年第 6 期。

2. 建立二元化司法模式

旧《少年法》针对少年犯罪设计了不同的司法程序与惩罚方式，当案件被移交至少年裁判所以后，审判官会根据少年犯犯罪情节的轻重选择适用何种司法程序，对于被告人不满 16 周岁且犯罪情节较轻的案件优先适用少年司法程序，旧《少年法》要求少年审判所不能判处少年犯刑罚，而只能判处保护处分，并规定了 9 种保护处分措施：施以训诫；由校长施以训诫；具结悔过；附条件移交给保护人；委托给寺院、教会、保护团体或者适当者；交付于少年保护司的观察；移送感化院；移送给矫正院；移送或委托医院。对于被告人已经年满 16 周岁且犯罪情节严重（可能判处法定刑为死刑、无期徒刑或者 3 年以上徒刑或者监禁的犯罪）的案件，可由检察官先行决定是否向普通刑事法院进行追诉（先议权），若其认定没有必要追诉，则可将案件交付少年审判所进行审判。

3. 调整范围扩大

旧《少年法》扩大了对少年行为的调整范围，将不构成犯罪的"虞犯少年"纳入其中。所谓"虞犯少年"，是指有犯罪之虞之少年，即现在没有实施违法犯罪行为，但从其性格与环境及行为发展趋势来看，将来可能违法犯罪的少年。当时，日本法学界认为，成年人必须具有犯罪行为，法院始能对之追诉处罚，而少年事件处理法的基本精神在于"预防重于惩罚"，是以对有犯罪之虞之少年，即行开始处理，加以辅导，以防止其进入更严重的犯罪之途。日本旧《少年法》规定有下列情况之一的属于虞犯少年：①有不服从监护人正当监督的习性；②无正当理由脱离家庭；③同有犯罪倾向的或不道德的人交往或者出入不良场所；④有损害自己或他人德性的行为。对于少年不良行为的提前干预，说明当时日本少年司法改革明显受到西方国家亲权理念的影响，"虞犯少年"概念与美国"少年罪错"概念内涵也基本一致。

从旧《少年法》的内容可以明显看出日本少年司法体系移植、改良西方国家少年司法体系的痕迹，以福利、救济为价值导向的西方少年司法理念对日本的影响日渐深入，对于少年犯的保护主义倾向日趋明显。在旧《少年法》颁布以后，日本政府分别于 1923 年实施《矫正院法》，1933 年制定《少年救护法》等一系列保护少年的法律文件，初步构建起了本土化的少年司法体系。截至 1942 年，有 70.7%的少年违法案件由审判所处理，实现了保护、教育少年的目的。在该时期，日本少年刑事司法体系得到了一定程度的发展。

（三）少年司法体系的重构与现代化

日本在第二次世界大战战败后被盟国占领，在美国当局的主持下，日本自上而下地实行了全面的民主化改革，占领军总司令部迫使日本进行了一系列法律制度改革，日本少年司法体系被彻底重构。从 1947 年到 1949 年短短的 3 年时间内，日本先后制定了《儿童福利法》《少年法院法》《少年审判规则》和新《少年法》等四部法律，随后又补充制定了《儿童抚养津贴法》《母子保健法》《少年保护事件补偿法》等相关法律，并仿效美国设置了"家庭裁判所"审理少年犯罪案件，进而快速重建战后少年司法体系。日本战后少年司法体系具有审理机构专业化、司法程序严密化等特点。

1. 机构设置专业化

由美国主导的战后民主改革取消了天皇主宰法律的地位，将最高法院设置为同国会、内阁鼎立的独立机构，一切司法权均归最高法院和下级法院，提高了司法机构的独立性。在少年司法领域，战前日本审理少年犯罪的机构为少年审判所，是行政机构而非司法机构，战后日本则仿效美国的做法设立了家庭裁判并下设少年庭作为少年犯罪案件审判机构，少年犯罪案件的审判权归于司法系统。家庭裁判所是日本的基层法院之一，负责对家庭纠纷事件的审判和调解以及对少年保护案件的审判，是日本少年司法工作的中心机关，设有家事审判部和少年审判部。[1]少年审判部对两类少年犯罪案件具有管辖权：一是 14 岁以上未满 20 岁被认为犯有罪行的少年；二是从其性格和环境来看，被认为将来很可能从事犯罪或有触犯刑罚法令行为的少年。新《少年法》将认定少年的年龄上限由 18 岁调整为 20 岁，扩大了少年的认定范围。除此以外，成年人实施的危害少年案件也可由家庭裁判所管辖。家庭裁判所主要由审判官与审前调查员组成，审判官是专业的法官，审前调查员类似于战前的少年保护司，但是对其研修专业作出了限制，必须具有社会学、心理学或教育学专业背景。[2]

在家庭裁判所之外，日本政府还设置了少年鉴别所，其主要职能是对违法少年进行专门鉴别和执行观察监护措施。它收容由家庭裁判所解送的违法

---

〔1〕　郭翔、鲁士恭主编：《犯罪学辞典》，上海人民出版社 1989 年版。

〔2〕　参见刘灿华："德国、日本少年司法制度的变迁及其启示"，载《时代法学》2011 年第 6 期，第 101~111 页。

少年，同时根据家庭裁判所、少年院领导、地方更生保护委员会，以及监护观察所的领导要求，运用医学、心理学、教育学、社会学以及其他专门知识对少年的生理、心理素质进行鉴定，为调查、审判、实行保护措施以及执行监护处分提供依据。[1]在家庭裁判所、少年鉴别所之外，日本还设立了少年院、教护院、养护所、儿童商谈所等机构，这些机构理念统一、分工明确，共同构建起了日本少年犯罪矫正体系。

2. 司法程序严密化

新《少年法》为少年犯罪案件设计了完备的司法程序，在整个少年司法体系中，以家庭裁判所为中心，管辖所有的少年违法犯罪案件。除了需要判重刑的少年犯罪案件由家庭裁判所送交检察厅、由检察厅向地方裁判所起诉外，其余均由家庭裁判所处理。[2]

在侦查阶段，警察是少年侦查犯罪案件的主要力量，与美国不同，日本早期并未在警察机构中直接设置专门处理少年案件的部门，但随着少年司法体系的不断发展，少年犯罪工作的专业程度要求不断提高，警察机关内部也产生了对经过专业训练的少年警官的需求。直至20世纪80年代初，日本部分都、道、府、县警察本部及警察署已设立由少年警官负责的处科，配备主任和女辅导员等少年警察专职人员。相较于一般犯罪，少年警察在对犯罪嫌疑人是未满20岁的少年案件进行侦查时，程序上要适用新《少年法》的特别规定，少年警官在完成少年犯罪案件侦查后，要将案件移送给检察官，但若是少年犯罪案件情节较轻，可能只会判处罚金以下的刑罚，则可以直接移送家庭裁判所。

在审查起诉阶段，检察官在接收少年犯罪案件后，一般不得对其采取羁押措施，除非少年犯人身危险性、社会危害性较高，超出了少年鉴别所的收容能力或者不采取羁押措施会严重影响后续工作的开展才会对其采用羁押措施，在进行羁押时要保证少年嫌疑人与成年嫌疑人的有效隔离。除了羁押以外，检察官可以选择观察保护措施，将少年嫌疑人留置在家中或交由审前调查员、少年鉴别所进行观察保护，这是一种相对温和的限制自由措施。检

---

[1] 郭翔、鲁士恭主编：《犯罪学辞典》，上海人民出版社1989年版。

[2] 参见胡云腾："论全面依法治国背景下少年法庭的改革与发展——基于域外少年司法制度比较研究"，载《中国青年社会科学》2016年第1期。

察官在查明案件事实后，如果认为少年犯罪嫌疑不充分，犯罪事实明显不存在，则可以作出不构成犯罪的认定，若不能排除少年犯罪嫌疑或者可以排除犯罪嫌疑但是发现该少年存在潜在的犯罪倾向，都必须将案件移送家庭裁判所，相较于旧《少年法》，新《少年法》剥夺了检察官的"先议权"。家庭裁判所只能对少年犯判处保护处分，如果少年裁判所在审查案件过程中发现少年犯应当接受刑事处罚，则可以裁定将案件移送给与该管辖裁判所相对应的检察厅的检察官，这就是少年犯罪案件"逆送"制度，对未满16岁的少年案件，不得逆送。对于逆送案件，除日本《少年法》第45条第5款规定的三种情形外（①对反移送案件中的一部分，由于没有足以提起公诉的犯罪嫌疑，认为不适宜追诉的；②由于发现了影响到犯罪情节的新情况，认为不适宜追诉的；③根据移送后的情况，认为不适宜追诉的），检察官必须向普通刑事法庭起诉，依旧没有决定是否起诉的权力。

在审判阶段，家庭裁判所对少年犯罪案件进行审查后，如果决定对该少年进行审判，在审判开始前会命令少年调查官对少年进行社会调查，会委托少年鉴别所对少年进行身心鉴定，调查完成后审判官会根据不同的案件情况，分别作出移送当地政府相关责任人按儿童福利法处理、不进行审判、逆送检察官进行刑事起诉、进行审判等几种裁定。少年犯案件的审判过程与普通案件基本一致，但是不对外公开，审判结束后，对于认为不宜给予保护处分的少年案件，作出不给予保护处分的裁定，对于认为应当给予保护处分的少年案件，则作出给予保护处分的裁定。保护处分裁定分为以下三种：①交付保护观察所进行保护观察；②送交教养院或其他教养设施；③送交少年院。对家庭裁判所作出的裁定不服，可以在2周内向高一级的裁判所上诉。

在执行阶段，若案件"逆送"检察官以后，检察官向普通裁判所提起公诉，则会按照一般的刑事诉讼程序进行审理，刑法在刑罚裁量与执行阶段也体现了保护少年的刑事政策理念。如未成年犯是死刑与无期徒刑的法定减刑事由；对于被判处惩役或监禁的少年，要在特别设置的监狱或者在监狱内设置与成年犯人隔离开的场所执行其刑期；假释条件相较于成年人更为宽松；前科消灭制度，少年犯刑期执行完毕或免予执行，则被视为未受过刑法处分，报纸及其他印刷品，不得刊登被提起公诉少年的姓名、年龄、职业、住所、容貌等资料，也不得刊登可能推断出该人是被交付家庭裁判所审判的少年的消息或照片。[1]

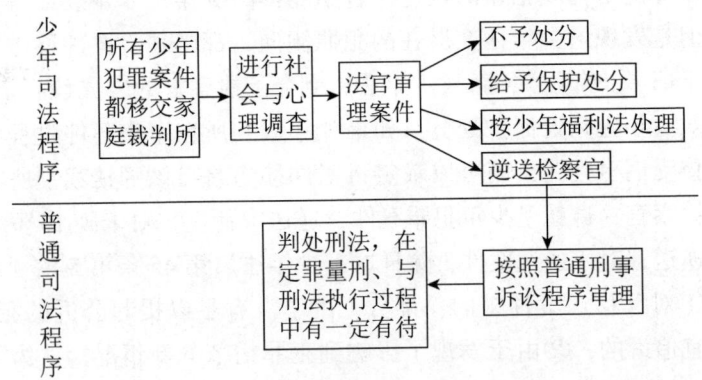

图3-1　日本少年犯罪案件处理程序流程图[2]

　　随着日本社会的不断发展，日本新《少年法》分别于 2000 年与 2008 年再次修改，修改的主要内容包括：①法院可判处少年无期徒刑，并且增加了对少年犯适用刑罚的可能性；②修改少年审判程序（特别是事实认定程序），以使犯罪案件的事件认定更加准确；③增加部分旨在加强被害人权益保护的条文；④扩大指定律师辅助人制度的适用范围。

　　（四）结论

　　日本少年司法制度的发展历程无疑是漫长而曲折的，日本自明治维新开启法律制度近代化以来就一直非常重视少年司法体系的建设，从军国主义时代的旧《少年法》《感化法》，到第二次世界大战后制定的《儿童福利法》、新《少年法》《少年审判规则》《少年院法》，再到为适应社会新发展逐渐补充出台的《儿童抚养津贴法》《母子保健法》《少年保护事件补偿法》《对嫖雏妓、儿童色情行为的惩罚及保护儿童法》《防止虐待儿童法》等一系列法律，时至今日，日本少年立法经过多年的发展，已经走在了世界的前列，已经基本建成了数量丰富、内容全面的少年保护法律体系，完备的少年保护法律规范正是少年司法体系运行的基础。与西方国家一样，日本的少年司法刑事政策理念也经历了从严惩到保护的历史演变，虽然在 20 世纪末世界范围内

---

　　〔1〕　曹卫红：“美国、日本、德国少年司法制度的比较”，中国政法大学 2005 年硕士学位论文。

　　〔2〕　李立丰：“日本少年司法制度‘循环发展模式’的中国反思”，载《青少年犯罪问题》2016 年第 5 期，第 30~41 页。

出现了少年司法严罚化倾向，日本也受到了一定程度的影响，但并没有从根本上动摇少年法所体现出来的"保护主义""促进少年健康成长"等基本理念，在该基本理念的指导下，日本少年司法体系以保护少年、促进少年健康成长为明确目标，针对少年人身心特点，设计符合其身心特点的审判程序、调查制度、保护处分措施，设立家庭裁判所、少年鉴别所、少年院、教护院、养护所、儿童商谈所等专门机构，逐步建立起了完善的少年刑事司法体系。由此可见，明确的指导思想可以确保少年司法体系建设工作始终朝向正确的方向，从而实现良好的司法实践效果。日本少年司法体系的另外一大特点便是注重改良与本土化，日本少年司法制度建立在大量移植西方相关制度的基础上，但日本立法者绝不是简单地生搬硬套，往往会针对本国具体情况进行调整，如美国的少年法院隶属于司法系统，当日本移植这一系统设置少年审判所时，为适应本国的国情，将其改造成了行政机关。再如，日本在未成年人犯罪社会调查的基础上专门设立了少年鉴别所，专门对少年的生理、心理素质进行鉴定，可以说是对美国缓刑监督官制度的进一步优化改良。这种建立在鉴别、认同、调适、整合的基础上，引进、吸收、采纳、摄取域外法律制度，使之成为本国法律体系有机组成部分的法律移植是日本少年司法制度后来居上的关键因素之一。

　　自明治维新以来，日本少年司法制度经历萌芽、发展、重构三个阶段，从无到有，从移植到改良再到本土化，逐步建立起了立法完善、机构齐全、特色鲜明的少年刑事司法制度。日本的犯罪预防体系是颇具特色的，其主要是通过调动全社会的力量，官方机构职能清晰，层层控制，形成了强大的推动力；非官方机构虽小但却是紧密的群体，可以有效控制其他成员的行为，两者都是操作性很强的工作模式，并密切配合，社会成员在这种强有力的约束之下，犯罪率自然降低。另外，它能够有效地约束在社区内服刑的人员，避免再次犯罪，收到了预防青少年犯罪的良好效果。[1]对此，我国可以适当地借鉴与吸收日本少年司法制度发展过程中的有益经验，从而完善我国的少年司法制度。

---

〔1〕　郭天武、黄琪："日本未成年人犯罪与预防——以日本福井县未成年人犯罪为调查对象"，载《中国刑事法杂志》2008年第3期，第97~104页。

第三节　借鉴视角下的未成年刑事司法制度比较

域外世界各国或地区在根据本国国情，考虑有关保护儿童权利的国际公约和国际惯例以及相互交流学习的基础上，大致发展出了以下三种未成年刑事司法模式：第一种是以瑞典为代表的北欧式儿童福利主导一元模式，第二种是以美国为代表的刑事司法核心一元模式，第三种是以日本为代表的儿童福利、刑事司法核心并存二元模式。虽然每个国家或地区的未成年刑事司法制度都各有特色，但也有其共性。因此，研究域外未成年刑事司法制度的共性和个性，取长补短，对建立具有中国特色社会主义的未成年刑事司法制度具有重要的借鉴意义。

一、域外未成年刑事司法制度的共性

（一）未成年刑事立法的系统性

未成年刑事司法制度完善的国家或地区一般都会制订未成年刑事法典，专门规定与未成年人相关的刑事实体法、程序法和处置法，将未成年人刑事司法与成年人刑事司法相区别，从而在刑事立法上实现未成年人法律规范的结构性、系统性和体系性。瑞典的《少年犯罪法》包括未成年刑法规则、刑事诉讼规则，《社会服务法》规定了对罪错未成年人的处置措施。德国的《少年法院法》集实体少年刑法规则、法院组织规则、刑事诉讼规则和处置规则于一体。俄罗斯虽未制订未成年刑事法典，但在《刑法典》中以单章的形式专门规定未成年人的刑事责任和刑罚特点，在《刑事诉讼法典》中以单章的形式专门规定未成年罪犯刑事诉讼程序，以此区别于成年刑事责任、刑罚特点以及成年罪犯刑事诉讼程序，属于半独立的法典式立法。美国的《少年法院法》涵盖未成年刑事实体法、程序法、法院组织法、矫正规则等广泛内容。日本的《少年法院法》规定了未成年人保护处分规则、未成年刑事实体法、刑事诉讼程序法。

（二）未成年人审判组织健全

未成年审判组织主要是指少年法院或少年法庭或与之类似的机构，是现代司法系统的重要组成部分，是未成年刑事司法制度的核心。在不同的国家或地区，未成年审判组织的名称、管辖范围、职能有所不同，最普遍的名称

是少年法院或少年法庭，也有称少年或家庭关系法院、家事法院或家庭裁判所的，在瑞典等北欧国家由儿童福利委员会审理15周岁以下未成年案件，苏联的未成年人事务委员会也享有一定的审理职能。从组织性质上看，未成年审判组织既有行政机关，也有司法审判机关；从管辖范围上看，既有只管辖未成年刑事案件的未成年审判组织，也有管辖未成年刑事、民事、行政等各类案件的未成年审判组织。尽管审理方式和处遇措施多样，但都根据未成年人的生理、心理特征及犯罪特点，采取或适用与普通审理组织不一样的审理原则、程序和方法，如审前社会调查制度、分案审理原则、不公开审理原则，并在审理时对未成年人进行启发、疏导、感化和教育。

（三）对未成年人的处遇措施非刑罚化

世界各国或地区对未成年人罪犯适用的处遇措施虽都规定了一定的刑罚方法，但在整个处遇措施体系中，主要以保护优先原则为主导，严格限制对未成年人适用刑罚措施，并主要表现在以下三个方面：首先，刑罚措施是惩治未成年人犯罪的最终手段，只有在迫不得已的情形下才使用。其次，若必须对未成年罪犯适用刑罚，则应选择适用相对较轻的刑罚。最后，严格规定未成年人刑罚场所，防止一般刑罚执行场所对未成年人再社会化进程造成不良影响。

（四）审前社会调查制度

在整个未成年刑事司法体系中，未成年审前社会调查制度有着重要的枢纽作用。该制度可以给未成年法官提供未成年背景资料和未成年再犯可能性的科学分析，协助法官作出妥善处置，是法官审理和裁判的重要参考。首先，域外国家或地区的未成年人刑事案件审前社会调查制度对调查主体作了严格规定，即只有受过训练的、专业的、有经验的社会调查员或调查官才有资格进行社会调查；其次，更注重调查的全面性，即社会调查不仅需要揭示未成年人的社会性，还要关注未成年人的生理和心理。

（五）分案处理原则

为避免未成年人受到"交叉感染"，公安司法机关在刑事诉讼程序中应对未成年人案件与成年人案件实行诉讼分离、分案处理，对未成年人与成年人分别关押、分别执行。

（六）不公开审理制度

世界各国或地区为保护未成年人的隐私，照顾未成年人的心理需求，都规定了不公开审理制度，即仅允许未成年父母、法定代理人、学校教师、未成年人保护机构代表人等其他相关人员参加庭审，其他人一律不得旁听，不得允许记者采访、报道，报纸及其他刊物也不得刊登未成年被告人的照片、姓名、住址、年龄等私人信息。

（七）前科消灭制度

前科制度是指与行为人的犯罪经历及其犯罪记录有关的一系列政策或法规。前科的存在意味着社会对其作出了否定评价，虽然该否定评价是基于过去的罪行作出的，但不利影响却是一直持续的。前科的存在对未成年回归社会和健康成长具有重大的消极影响，与未成年人司法保护宗旨相矛盾。为帮助未成年罪犯树立重新做人的勇气和信心，教育、感化失足未成年人，减少未成年人重新犯罪的可能性，最大限度地减轻刑罚对未成年罪犯的"标签效应"，使其平等地享受各种权利和机会，保障其合法权益的正常实现，德国、日本、俄罗斯、美国等都规定了前科消灭制度。

（八）合适成年人参与制度

因未成年人生理、心理发育尚未成熟，社会阅历浅，面对司法人员时，可能会产生恐惧、孤单情绪。合适成年人参与未成年人刑事案件，有利于稳定未成年人情绪，帮助未成年人与司法人员进行沟通，节省案件办理时间，提高诉讼效率；有利于监督司法人员的讯问、询问行为，防止讯问、询问过程中可能出现的刑讯逼供、诱供等现象。为保护未成年人在司法程序中的权利，域外国家或地区普遍对合适成年人的主体资格进行了宽泛规定，比如未成年人父母、法定代理人、从事未成年人保护机构的工作人员、学校教师、社区工作人员等均可担任；对合适成年人所能参与的诉讼程序、权利也都进行了宽泛规定。

（九）对未成年适用缓刑、假释的宽松性

缓刑和假释作为非机构性处遇措施，契合未成年司法宗旨，有利于借助社会各界力量，对未成年人进行监督教育，既可以避免"交叉感染"，又可以降低未成年人失业、失学的可能性，从而促使未成年人早日融入日常家庭生活并回归社会。瑞典、德国、俄罗斯、日本、美国等国或地区均制定了明确、具体、操作性强的未成年人缓刑假释适用标准，并放宽了对未成年罪犯适用缓刑假释的条件；还建立了未成年人缓刑假释观护、考察机构，由专门人员对判处缓刑、假释的未成年人进行监督、考察。

二、域外未成年人刑事司法制度的个性

（一）刑事责任年龄

纵观世界各国或地区对未成年刑事责任的划分，主要分为以下三种方式：

（1）两分法。即把刑事责任年龄分为有无刑事责任两个阶段，其中又分为绝对两分法和相对两分法。绝对两分法是把责任年龄划分为绝对无刑事责任和相对负刑事责任两个阶段。相对两分法是把责任年龄划分为相对无刑事责任和完全负刑事责任两个阶段。

（2）三分法。即把刑事责任年龄分为绝对无刑事责任、相对无刑事责任和完全负刑事责任三个阶段。相对无刑事责任包含两层含义：一是在此年龄段的行为人仅对法律明文规定的罪行负刑事责任；二是在此年龄段的行为人对任何罪行都要负刑事责任，但应当减轻处罚。

（3）四分法。即把刑事责任年龄分为四个阶段。第一阶段为绝对无刑事责任年龄段，在此年龄段实施犯罪行为的行为人不负刑事责任。第二阶段是相对负刑事责任年龄段，域外有些国家或地区通过立法授权检察官或法官在考虑行为人刑事责任能力有无的基础上，作出其是否负刑事责任的决定；另有一些国家或地区通过立法明文规定在此年龄段的行为人只对某些严重的罪行负刑事责任，对其他罪行不负刑事责任。第三阶段是减轻刑事责任阶段，在此年龄段的行为人构成犯罪的，应当负刑事责任，但可以或应当减轻刑事责任。第四阶段是完全负刑事责任阶段，在此年龄段的行为人构成犯罪的，应当负刑事责任，且不得因其年龄因素而减轻刑事责任。世界各国或地区多采用二分法或三分法，较少采用四分法划分刑事责任年龄段。

此外，世界各国和地区在综合考虑未成年人保护和本国或地区社会治安形势的基础上，制定了适合本国的刑事责任年龄起点，不存在整齐划一的通例或相同的年龄标准。比如，瑞典的刑事责任年龄起点是 15 周岁，德国、日本、俄罗斯是 14 周岁，瑞士、泰国、新加坡是 7 周岁。从世界各国和地区的刑事责任年龄起点发展趋势来看，年龄起点将更接近，但不会同一。

（二）处理未成年人案件的机构设置模式不同

1. 行政机关广泛处理模式

以瑞典为代表的北欧式福利型国家，主要由福利性质的行政机构广泛处理未成年人案件，法院只起辅助作用。在瑞典，年满 15 周岁的未成年人犯罪

时，原则上由检察院起诉并由法院进行判决，但在实践中，未满 18 周岁的未成年人都由社会服务委员会、儿童福利委员会处理。社会服务委员会、儿童福利委员会不仅有权处理未成年人刑事案件，还负责处理涉及未成年人的各种问题，包括吸毒、酗酒、精神障碍、家庭虐待等生理、心理、社会问题。

2. 司法行政机关协同处理模式

以德国、法国为代表的大陆法系国家强调行政权力介入未成年人社会治理，但基于人权保障原则，对未成年人的人身自由进行限制及剥夺时，只能由司法机关裁定。在德国，未满 14 周岁未成年人的犯罪案件及未成年虞犯案件被视为教育和监护问题。德国的青少年福利局全权处理未成年虞犯，监护法院在与青少年福利局互相配合的基础上负责对实施犯罪行为的未满 14 周岁未成年人进行教育感化。年满 14 周岁未成年的犯罪案件则统一由少年法院处理。

3. 司法机关广泛处理模式

实施该模式的理念是，为保障未成年人案件处理的程序正当性，只有司法机关有权处理未成年人各类案件，包括刑事、家事、行政管理类案件。典型国家包括美国、日本等。美国各州虽有独立的司法体系，但处理未成年人案件的模式具有相似性。第一是设置专门的少年法院管辖未成年人实施犯罪行为的刑事案件，涉及家庭虐待、抚养等类型的家事案件，涉及交通违规、吸毒、酗酒等类型的行政管理类案件。第二是少年法院独立于刑事法院，组织架构、人员配置、配套机制等独立运转。日本在学习借鉴德国、美国未成年人案件处理模式，并在立足于本国国情的前提下，设立家庭裁判所专门处理未成年人违法案件、家庭纠纷和侵犯未成年人权益案件。

三、域外未成年刑事司法制度对完善我国未成年刑事司法制度的启示

北欧式福利型未成年刑事司法制度的构建扎根于北欧地区有力的经济及物质基础之上。北欧地区经济发达、城镇化率极高、人口总量少，形成了独具特色的高福利社会。因此，覆盖式的福利理念也能深入未成年刑事司法制度的每一个角落。

美国疆域辽阔、经济全球第一、人口构成复杂、文化差异大、种族间的矛盾冲突较多。为有效应对未成年人犯罪及保护未成年被害人，美国将未成年刑事司法制度与成年刑事司法制度相分离，设置专业化、专门化的未成年

机构及从事相关专职工作的人员，从而形成了刑事主导型一体化式的未成年刑事司法制度。

近几十年来，日本人口不断减少，未成年人口的缩减成了日本重要的社会发展问题。得益于疆域狭小、经济发展水平高、地区发展差异较小、文化高度统一，日本在构建本国的未成年刑事司法制度时，以未成年人保护优先为原则，将未成年福利与未成年司法相分离，形成了具有日本特点的二元未成年刑事司法制度。

通过上述分析可知，未成年刑事司法制度的形成深受地域经济、文化、政治、疆域、人口等因素影响。作为法律分支之一的未成年刑事司法制度，应立足于地域的各种因素进行构建完善，从而达到法律的实用性要求。具体到我国，我国疆域辽阔、民族众多、人口数量居世界第一，客观情况表现为各地区、城乡之间经济、文化等不均衡发展。近几十年来，我国经济飞速发展，虽城镇化率不断提高，但农村人口占比仍较大，且很多城市中仍存在各种城中村。若以"拿来主义"的方式生搬硬套域外的未成年刑事司法制度，极易出现水土不服的情况。

党的十八大以来，党中央对未成年人保护工作多次作出重要指示批示和决策部署，对完善未成年保护相关法律制度、改进未成年人保护工作提出了明确要求。未成年司法保护工作是我国全面依法治国的重要内容，未成年刑事司法制度则是未成年司法保护工作的重中之重。构建并完善未成年刑事司法制度也是助力实现国家治理能力现代化及提升法治化水平的应有之义。因此，需立足我国发展新阶段，以习近平法治思想为指引，在借鉴域外成熟且具有操作性的未成年刑事司法制度的基础上，构建并完善具有中国特色的未成年刑事司法制度。

第四章

我国未成年刑事裁判机制的完善路径

第一节　将核心价值观融入新时代未成年刑事审判工作

近年来，社会主义核心价值观融入人民法院工作已被国家层面的规范文件予以肯定，未成年人审判工作因具有教育、矫治、帮扶、修复等复合功能，探索核心价值观融入未成年人审判将对未成年人司法保护起到事半功倍的效果。

一、未成年人刑事审判工作面临新发展挑战

我国少年法庭的成立缘于20世纪70年代末、80年代初青少年犯罪的高发态势。1979年8月17日《中共中央转发中央宣传部等八个单位〈关于提请全党重视解决青少年违法犯罪问题的报告〉的通知》提到"青少年违法犯罪的情况仍相当严重，成为影响社会安定的一个突出问题"，要把青少年犯罪和青少年保护作为大事，提到党和国家的重要议事日程上来。自此，出发点在"防控犯罪"、落脚点在"保护"的青少年犯罪理论以及立法相继诞生。

少年法庭的命运从一开始即与保护社会和保护少年两大理念紧密相连，很多问题也肇始于前述理念之争。虽然北京规则确立了"保护青少年"和"维护社会安宁秩序"的双保护原则，但大到刑事政策的出台、少年司法机构的变革，小到热点事件、舆论风波的发酵，均为前述理念之争的外在表现。作为回应，相关学者依托我国未成年人法律的规定，认为少年司法应以保护为主帮助罪错少年"回归健康成长之路"，保护少年和保护社会应当是一种"地位上的平行、地位上的先后"，保护少年为第一位、保护社会为第二位。

自1984年上海市长宁区人民法院未成年人刑事案件合议庭成立以来，未

成年人审判事业稳步向前发展，探索并完善了包含社会调查、社会观护在内的一系列特色机制。但是，受到案多人少矛盾和内设机构改革的影响，未成年人专门审判机构的发展遇到了一些现实的困难和问题，对此，《最高人民法院关于加强新时代未成年人审判工作的意见》，少年法庭工作办公室成立也向公众明确传递了充分发挥少年法庭职能、推动新时代少年审判工作实现新发展的信号。

二、社会主义核心价值观融入未成年人审判机理探寻

2016 年 12 月，中共中央办公厅、国务院办公厅印发《关于进一步把社会主义核心价值观融入法治建设的指导意见》，指出"社会主义核心价值观是社会主义法治建设的灵魂"。截至 2021 年，最高人民法院亦先后印发了《关于深入推进社会主义核心价值观融入裁判文书释法说理的指导意见》等规范文件，探索核心价值观在促进公正司法以及国家治理、社会治理中的相关性。

未成年人正处于价值观形成和道德养成的关键时期，其参与的诉讼往往属于阅历尚浅人生中的重大事件或重要转折点，对其世界观、人生观、价值观的冲击之大虽无量化证明，却有一个个生动的审判实践佐证。社会主义核心价值观作为当前我国社会价值观的"最大公约数"，为未成年人审判职能的发挥提供了最佳解题思路：一方面，24 字的核心价值观体现了开放、包容、多层次的价值目标、价值取向、价值准则；另一方面，道德价值是核心价值观的高度凝练和集中表达。

三、社会主义核心价值观融入未成年人审判路径解析

社会主义核心价值观融入未成年人案件审理、裁判全过程既有制度支撑，也有共同目标指引，在具体路径上，应遵循实现"未成年人利益最大化"保护的原则，以填补和强化未成年人审判工作的特殊职能。

首先，融入法官培养，提升教化保护未成年人的能力。《最高人民法院关于加强新时代未成年人审判工作的意见》指出，未成年人审判队伍要选用善于做未成年人思想教育工作的法官。思想教育工作贯穿于整个未成年人审判过程甚至延伸至判后的帮教阶段。故此，社会主义核心价值观融入法官培养机制，增加未成年人审判法官的背景学科知识，更新审判理念，对未成年人审判工作的专业化发展显得尤为重要。

习近平总书记强调，意识形态工作是党的一项极端重要的工作。社会主

义核心价值观作为国家意识形态层面的价值体系、社会组织互动中形成的价值体系和公民在日常生活和实践中孕育的价值体系的最大公约数，在融入法官培养时首先应践行国家意识形态层面的价值。"富强、民主、文明、和谐"在价值观中居于最高层次，对其他层次价值观具有统领作用，在培养未成年人审判法官时要以该价值目标作为最终遵循。其中，"和谐"价值无论是作为中国传统文化中和谐思想的延伸，还是作为解决持续快速发展的中国社会所积蓄的矛盾的战略方法，均具有重大意义。未成年人审判法官作为社会矛盾的解决者、社会风险的化解者，应重点将"和谐"价值融入其培养机制。

其次，融入司法裁判，增强未成年人保护的社会认同。未成年人案件更易引发公众对法院是否会纵容未成年犯罪人，以及能否对侵害未成年人的犯罪分子予以严惩的担忧，为此，涉及未成年人案件既需体现"宽容、包容而不纵容"或"依法严惩"的裁判结果，也要注重论证说理，达到"裁判一件，教育一片"的功效。基于未成年人审判的特殊性，"儿童利益最大化"原则更能通过横跨国家、社会、个人三个层面的主流价值予以阐明和彰显，与此同时，未成年人审判特色机制"法官寄语"运用核心价值观，能够展现更为积极、主动的人文关怀。

结合涉未成年人案件审判实践，未成年人犯罪的自身成因中法律意识淡薄、因偶发矛盾意气用事所占比例较大。社会主义核心价值观中的"法治"要求一个现代公民要相信法律、敬畏法律，让法治成为人们的信仰，让守法成为一种习惯。"友善"倡导善待亲友、他人、社会、自然等，不苛求于人，不强加于人，要有助于人。故此，在审理未成年人刑事案件中应重点融入"法治""友善"价值，做到惩治和教育并举。

再次，融入法治宣传，培育未成年人的法治精神。作为法治宣传的长期履职者，未成年人审判法官的普法内容和对象虽全面但缺乏精细度和专业化，因此，将社会主义核心价值观融入法治宣传和实践活动，需要法院和高校、社会组织的合作，充分运用社会资源孵化法治、德治相融合的教育和实践项目。

未成年人审判法官在开展法治宣传时，需明确爱国从来都是第一位的价值观。《宪法》在序言中明确指出："在长期的革命、建设、改革过程中，已经结成由中国共产党领导的，有各民主党派和各人民团体参加的，包括全体社会主义劳动者、社会主义事业的建设者、拥护社会主义的爱国者、拥护祖国统一和致力于中华民族伟大复兴的爱国者的广泛的爱国统一战线……"将"爱国"作为统摄法治宣传的先导价值观，要求未成年人以振兴中华为己任、促进民族团结、维护祖国统一、自觉报效国家，方能确保法治宣传不脱离正确方向。

最后，融入理论研究，促进少年司法的蓬勃发展。社会主义核心价值观与中华优秀传统文化一脉相承，二者共同为未成年人审判的理论研究和制度发展提供庞大的文化和社会根基，为少年司法的特殊性、未成年人审判机制的独立性以及司法延伸工作的正当性提供更多的理由和依据，为少年司法提供更具有中国特色的理论指引，因此应当积极开展相关理论研究，进而滋养亟待走出困境的未成年人审判实践。

第二节　我国性侵未成年人犯罪裁判机制完善建议
——以B市S区人民法院"三二四五"裁判法为样本

十八大以来，在党中央关于加强未成年人保护工作的一系列指示精神的指引下，我国未成年人权益保护规范体系在立法层面不断完善，但反观近年来的刑事司法实践，性侵未成年人犯罪却呈高发态势，从严打击性侵未成年人犯罪的立法倾向未通过裁判活动有效传导至犯罪治理层面。依法严惩侵害未成年人各类违法犯罪是人民法院的重要职责，如何围绕性侵未成年人犯罪中的热点痛点问题，有针对性地出台司法解释、完善裁判标准、统一裁判尺度是当下人民法院亟须解决的重要问题。本节将以B市S区人民法院"三二四五"裁判法探索为样本，以解决性侵未成年人犯罪的裁判适用标准为出发点，试图提出完善性侵未成年人犯罪裁判标准的基本路径，尝试在"三度"新理念的指导下，基于刑事一体化视角，聚焦性侵未成年人犯罪认定的难点和痛点问题，就裁判标准的明确和统一问题展开完善研究。

一、性侵未成年人犯罪裁判标准适用困境分析

（一）我国性侵未成年人立法及犯罪现状

党的十八大以来，以习近平同志为核心的党中央高度重视、关心未成年人健康成长。习近平总书记曾特别指出："全社会都要关心少年儿童成长，支持少年儿童工作。对损害少年儿童权益、破坏少年儿童身心健康的言行，要

坚决防止和依法打击。"〔1〕习近平总书记关于加强未成年人保护工作的一系列指示、批示精神，为我国未成年人司法保护工作提供了根本遵循。2020 年至今，我国未成年人权益保护规范体系不断完善，特别是《未成年人保护法》《预防未成年人犯罪法》《家庭教育法》三法的修订与出台，标志着我国已初步形成了以宪法为基础，以三法为核心，以《刑法》为保障，以《民法典》相关规定及其他相关法律、法规为配套补充的未成年人司法保护基本法律框架，我国未成年人司法保护工作在立法层面的主要任务已基本完成。

但反观近年来的刑事司法实践，性侵未成年人犯罪案件仍呈现出案发量占比高、增速快的趋势。最高人民检察院 2021 年公布的侵害未成年人犯罪相关数据显示。〔2〕2021 年全国检察机关批准逮捕侵害未成年人犯罪 45 827 人。其中，强奸罪、猥亵儿童罪在所有罪名中处于前两位，占提起公诉总人数的56%。其中起诉强奸未成年人犯罪 17 917 人、猥亵儿童犯罪 7767 人、强制猥亵、侮辱未成年人犯罪 2167 人，同比分别上升 16.6%、32.1%和 48.3%。

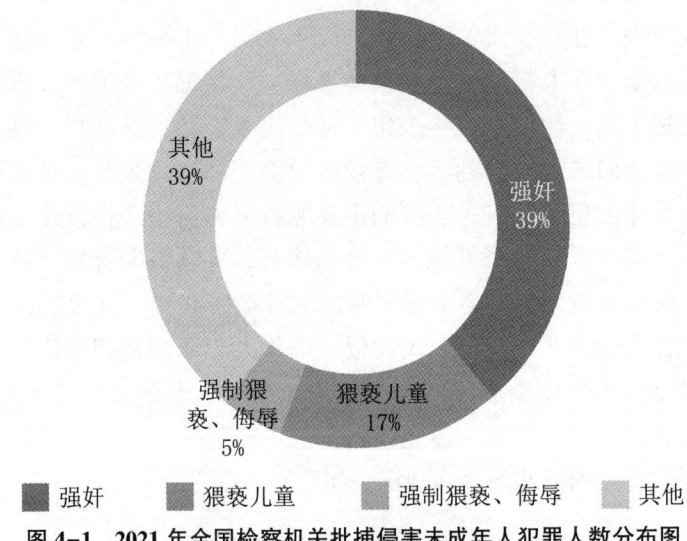

图 4-1 2021 年全国检察机关批捕侵害未成年人犯罪人数分布图

---

〔1〕 "习近平在同全国各族少年儿童代表共庆'六一'国际儿童节时强调 让孩子们成长得更好"，载 http://cpc. people. com. cn/n/2013/0530/c64094-21680190，最后访问时间：2013 年 5 月 30日。

〔2〕 参见 2022 年 6 月 1 日最高人民检察院发布《未成年人检察工作白皮书（2021）》。

通过以上数据可见，性侵未成年人犯罪特别是强奸、猥亵类犯罪仍在侵害未成年人犯罪中占据相当比例且保持较快增长，从严预防、打击此类犯罪的立法倾向并未通过司法裁判活动有效传导至犯罪治理层面。

（二）性侵未成年人犯罪裁判标准不足剖析

B市S区人民法院在审理性侵未成年人案件的过程中通过案件疑难点分析、类案比较、研讨指导案例等方式不断总结裁判规律后发现当前性侵未成年人犯罪裁判标准在司法理念贯彻、行刑衔接、疑难问题认定三个层面存在不足。

第一，在司法理念贯彻层面，部分裁判者对预防、打击性侵未成年人犯罪司法新理念理解不准确、司法理念未能对司法裁判形成统一、有效指导。有学者早已指出，在性侵未成年人犯罪领域，我国部分司法人员的司法理念滞后于公众观念的变迁，对立法精神和司法政策导向不敏感。[1]近年来，最高人民法院通过阐明办案原则，到公布典型案例，再到大法官的公开表态发言，都清晰明了地传递出了依法从严惩处性侵害儿童犯罪的司法理念导向，但在裁判活动中，部分裁判人员未灵活调整司法裁判标准，仍将犯罪嫌疑人、被告人作为裁判的关注焦点，仍以推动刑事诉讼进程为工作导向，[2]导致一些案件处理忽视了对未成年人的保护，损害了司法公信力。

第二，在行刑衔接层面，性侵未成年人犯罪前置法与刑法在目的、规范、程序等方面衔接不畅。新的未成年人保护立法催生新的立法目的，新的立法目的与刑法立法目的在裁判活动中并不协调，甚至自相矛盾，各部门法无法做到在各自领域内各尽其责，在重叠领域同向发力。在保护程序衔接方面，我国未成年人保护的相关程序和工作机制尚处于初级阶段，很多部门、单位、组织在理念、人员配备等方面距离预防性侵未成年人犯罪的需求差距甚远，存在职责边界不清和管理空白、漏洞等问题。司法裁判职能延伸不足，无法预防潜在犯罪风险。

第三，在疑难问题认定层面，裁判标准尚未针对性侵未成年人犯罪的最新特征作出有效调整，在重点罪名认定、特殊情形考量等方面缺乏详尽

---

〔1〕　赵俊甫："刑法修正背景下性侵儿童犯罪的司法规制：理念、技艺与制度适用"，载《政治与法律》2021年第6期，第26~38页。

〔2〕　王力达："办理性侵害未成年人案件的理念转变与启示"，载《南都学坛：南阳师范学院人文社会科学学报》2021年第6期，第63~69页。

的司法解释规定为裁判提供指引。当下，我国性侵未成年人犯罪呈现出犯罪低龄化、男童受害比例上升、网络性侵犯罪多发等新特征，《刑法修正案（十一）》针对性侵未成年人犯罪的修改，回应了社会关切，但也在主体范围划定、加重情节认定、量刑标准统一等方面带来了新的裁判标准适用困惑。

（三）在刑事一体化视野下，兼顾整体性与协调性

在分析裁判标准完善问题时，笔者认为，应当坚持刑事一体化的研究视角，这种研究视角要求我们不能孤立地研究刑法问题，而应将刑法与前置法、刑法学与犯罪学、心理学等一些内容放在一起进行总体研究。[1]从刑事一体化的视角出发完善性侵未成年人犯罪裁判标准应当兼顾整体性与协调性。整体性是指裁判标准的构建应基于未成年人权益刑法保护统一司法理念的指导，司法理念既引导司法裁判活动，同时又应当在刑法的框架之内，起机制性作用。协调性则包括左右、前后两个维度，左右维度指刑事裁判活动应充分考虑刑法与相关部门法立法目的一致性与保护程序的流畅衔接；前后维度指刑事裁判标准所依据的规范内容要根据犯罪的发展变化适时调整，以上研究思路可被概括为"一体二维"。

B市S区人民法院作为B市首批设置少年法庭并率先实现未成年人案件三审合一的法院，具有丰富的性侵未成年人犯罪审判经验，面对性侵未成年人犯罪产生的新情况、新问题，S区人民法院坚持准确理解最新司法理念、持续延伸司法裁判功能、精准把握定罪量刑尺度，在"一体二维"研究思路的指导下，逐步探索出了具有可操作性的性侵未成年人犯罪"三二四五"裁判法，即"三度"司法理念、"二维"衔接标准、"四个"重点罪名、"五种"特殊情形，下文将以此裁判法的探索适用为样本，系统讨论解决性侵未成年人犯罪裁判标准完善的可行路径。

二、性侵未成年人犯罪裁判理念应坚持"三度"标准

近年来，最高人民法院通过出台司法解释、公布典型案例、大法官公开表态发言等方式提出了依法严惩各类侵害未成年人的犯罪案件；进一步加大

---

[1] 陈兴良："刑事一体化：刑事政策与研究方法视角的思考"，载《中国检察官》2018年第1期，第6~10页。

了对未成年被害人的特殊，优先保护力度；做好未成年人心理疏导、社会帮扶等审判延伸工作等一系列未成年人司法保护新理念。[1]上述司法理念规定较为全面，内容较为复杂，在裁判适用中出现了顾此失彼、自相矛盾的情况。B市S区人民法院为了将未成年人司法保护新理念准确贯彻落实到性侵未成年人犯罪审判工作当中去，通过不断归纳总结发现，可结合"三度"（打击有力度、审理有尺度、措施有温度）准确理解性侵未成年人新理念。

（一）打击有力度

"打击有力度"的基本含义是指对成年人性侵未成年人犯罪要始终坚持做到优先快审，从重量刑，依法适用重刑全链条从重打击。但在裁判活动中对"打击有力度"的理解不可简单地停留在基本层面，在基本含义之外"打击有力度"还应做两点理解：其一是当被告人是未成年人时，裁判者应当基于个案中不同未成年人的利益保护进行衡量，审慎适用"打击有力度"理念。其二是刑事裁判作为一种事后救济，进入刑事程序往往意味损害结果已经发生，仅在打击端彰显力度无法有效地降低性侵未成年人犯罪的案发数量，更有亡羊补牢的意味。对"打击有力度"的理解不应龃龉于刑事打击后端，刑事裁判活动应适度延伸职能范围，针对性侵犯罪预备阶段以及潜在的性侵犯罪人群构建之有效的打击制度，这样既可以在更大程度上减少性侵损害结果的发生，同时也是法院参与社会治理的重要途径。

（二）审理有尺度

"审理有尺度"是指在打击有力度的基础之上，要坚持罪刑法定原则，准确定罪量刑。"一个法官绝不可以改变法律织物的编织材料，但是他可以，也应该把皱褶熨平。"[2]在司法实践中，性侵未成年人犯罪具体情形复杂多变，立法难以穷尽各种复杂情形，机械援引适用法条往往会得出违反基本常识的荒谬结论。"审理有尺度"对裁判者审理此类案件时解释、运用法律，"熨平法律褶皱"的能力提出了更高要求。针对裁判过程中出现的重难点问题，要充分进行类案比较、研究典型案例，统一裁判尺度力求罪刑均衡，特别是对一些加重情节、兜底条款不能机械地进行援引，要综合考虑性侵手段、情节、

---

〔1〕 "中国发布丨最高法：调研性侵等痛点问题 条件成熟时出台司法解释 明确裁判标准"，载 http://news.china.com.cn/txt/2021-06/08/content_ 77556132. htm，最后访问时间：2021 年 6 月 8 日。

〔2〕 ［英］丹宁：《法律的训诫》，杨百揆、刘庸安、丁健译，龚祥瑞校，群众出版社 1985 年版，第 10 页。

危害大小，得出较为合理的结果。

（三）措施有温度

"措施有温度"是指裁判要依据不同年龄阶段未成年人的身心特点，充分发挥背景调查、社会调查功能，摸清犯罪发生背后的主要社会矛盾，充分听取未成年人的意见。为遭受性侵害或者暴力伤害的未成年被害人及其家庭提供必要的心理干预、经济救助、法律援助等保护措施，让当事人感受到司法的温度和社会的温暖。

三、性侵未成年人犯罪裁判应遵循"二维"衔接标准

在裁判活动中，性侵未成年人犯罪的行刑衔接可分为立法目的衔接、保护程序衔接两个维度。立法目的衔接要对我国现行各类预防、打击性侵未成年人犯罪法律的立法目的进行梳理，通过合理解释将其与刑法目的有机结合，并引入司法裁判活动，使法律体系内部目的保持一致。保护程序衔接则需法院引入刑法风险预防理念，前移刑事裁判职能，根据未成年人犯罪的不同发展阶段，强化家庭、学校等多方主体报告、处理潜在性侵未成年人犯罪行为的能力，以补足刑法前置预防程序空白。

（一）立法目的衔接

立法目的是立法所要实现的目标和所要解决的问题，厘清各部门法立法目的之间的逻辑衔接关系，可以使不同法律规范在评价行为、指引方向、教育民众等基本功能方面保持一致，减少内部矛盾冲突，释放治理效能。

抽象的立法目的体现在方针、政策等原则性的规定之中，梳理各类法律政策与"宽严相济"刑事政策结合适用，可在裁判活动中促进立法目的一致。新中国成立以来，我国高度重视未成年人保护问题，在不断的摸索和实践中，逐渐形成了一系列具有中国特色的未成年人保护法律政策，主要有"教育为主，惩罚为辅"原则、"教育、感化、挽救"方针、"最有利于未成年人"原则以及"宽容不纵容，关爱又严管"原则等。

"教育为主，惩罚为辅"原则与"教育、感化、挽救"的方针是多年来我国开展各项未成年人刑事司法工作所遵循的原则和努力的具体方向，既体现了我国自古以来"恤幼"的优良传统，也彰显了我国对未成年人的特殊人文关怀，在新时代也应继续坚持。其可与宽严相济刑事政策"宽"的一面紧密结合，在处理性侵犯罪中的未成年被告人时，要弱化刑罚的报应属性，强

化教育功能，围绕"挽救"这一最终目的设置相对不起诉、从轻减轻处罚、犯罪记录封存等一系列刑事制度，拓宽其回归社会途径。

但对未成年人的保护并非一味从宽，在未成年人实施恶性性侵犯罪时要坚持"宽容不纵容，关爱又严管"的法律政策，彰显宽严相济刑事政策"严"的一面。当前，我国未成年人性侵犯罪低龄化、恶性化的趋势非常明显，《刑法修正案（十一）》将最低刑事责任年龄下调至 12 周岁，便是对此类社会现象的立法回应。刑罚不是处理未成年被告人的最终目的，但其仍具有最后性与不可替代性，刑罚作为次要目的适当运用于未成年人恶性犯罪之中，并不违背少年司法制度的基本理念。

2020 年新修订的《未成年人保护法》第 4 条明确规定了"最有利于未成年人"原则，并且设定了六项子原则，该原则已成为处理涉未成年人事务的"帝王条款"。在裁判活动中对"最有利于"可从以下两个层面来理解：一是考量未成年人各项合法权益时，应将其中的最大利益作为首要考虑，选择对未成年人最为有利的做法。二是"最有利于"的措辞也反映出了未成年人利益并非总是单一的、高于一切的考量因素，而是经过评估权衡后的结果。在裁判活动中贯彻落实该原则要把握两个要点：一是要穷尽各类调查手段，充分了解未成年人生活、学习背景，准确把握个案中未成年人利益的具体内容，避免父母或是国家将自己的利益伪装成未成年人的最大利益，从而导致未成年人利益的虚置。二是要整体考量，对"未成年人"做广义的理解即包括未成年个体与群体。在成年被告人与未成年被害人之间，未成年被害人自然会被特殊、优先保护，但在未成年人内部，则要进行必要的利益衡量。例如，在恶性的未成年人实施的性侵犯罪中，要在宽宥个别未成年被告人和为广大未成年人树立正确社会价值观念之间进行利益衡量。此时，采用刑罚方式处罚未成年被告人从而震慑大多数可能犯罪的未成年人才是对"最有利于未成年人"的准确解读。

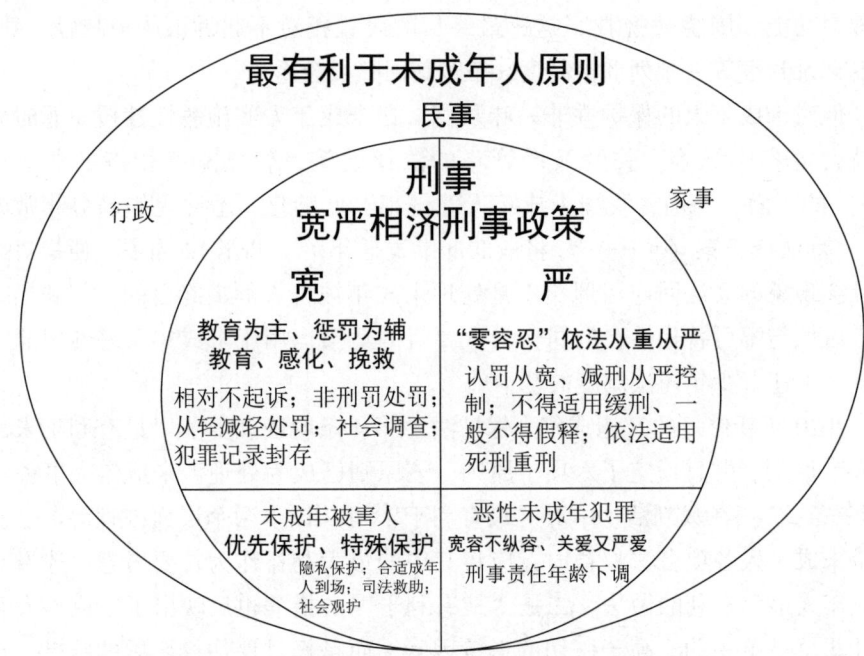

图 4-2 性侵未成年人犯罪立法目的衔接逻辑图

综上，我国涉未成年人保护各类立法目的的衔接逻辑应当是，"最有利于未成年人"原则是统领刑事、民事、行政等各领域未成年人保护法律的最高立法目的，在刑事领域要坚持宽严相济，其"宽"的一面可与"教育为主、惩罚为辅"相结合，其"严"的一面可与"宽容不纵容"相结合，实现保护目的与打击目的的整体协调。在刑事裁判过程中应将管控风险作为重要目标，通过吸收前置部门法保护目的的合理内核，将刑法保护的前置化和丰富保护内涵作为打击、预防性侵未成年人犯罪的基本立场。

（二）保护程序衔接

当前，我国涉性侵未成年人犯罪的前置法规定主要分布在《治安管理处罚法》《未成年人保护法》《家庭教育促进法》之中，规定内容较为宽泛，未针对潜在的、可能发展为性侵犯的行为规定明确的处理责任主体与流程，存在程序缺失。

B 市 S 区人民法院在司法实务中观察发现，多数性侵未成年人犯罪行为具有明显的渐进性，并可被大致分成三个阶段：①前期接触，是指罪犯与被害人由陌生到初步认识的阶段，在该阶段被告人会通过搭讪、网络交友等方式与被害人建立联系；②中期诱导，是指在与被害人建立联系之后，犯罪人以实施性侵为目的诱导、影响被害人；③后期犯罪，即着手实行性侵犯罪。三个阶段的案发数量呈现出金字塔形分布，其中第一、二阶段发生最多，如果能在第一、二阶段有效阻断越轨行为，则可以有效减少第三阶段刑事犯罪的发生。

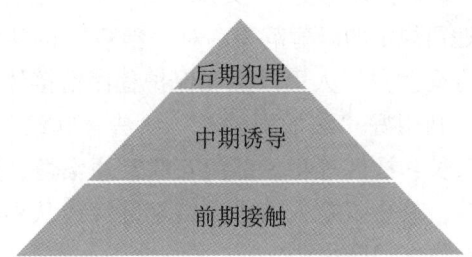

图4-3　性侵未成年人行为发展阶段图

对于第一、二阶段刑事犯罪风险的预防可以引入风险刑法理论进行分析。风险刑法理论认为，风险是由人的行为造成的就要防患于未然，将防线前移，在风险变为实害之前，刑法就要进行干预。[1]设置抽象危险犯是刑法干预早期化、扩张化、能动化的典型立法表现，是刑法应对风险的基本策略。[2]在性侵未成年人犯罪中，抽象危险犯的立法设置存在困难，应在裁判中强调风险预防理念，延伸裁判职能。

如何对第一、二阶段进行强化治理是保护程序衔接所要解决的核心问题。第一阶段前期接触行为通常会伪装成正常社交活动，司法机关难以发现和介入。此时，人民法院要引导家庭、学校在预防犯罪链条中发挥更重要的作用，充分利用其与未成年人接触密切的优势，要求其承担主动发现、介入、报告此类行为的义务。协调建立信息定期共享和交流机制，即在家庭、学校、公安、法院之间就区域内性侵潜在风险定期沟通，及时更新和掌握情况。结合性侵未成年人犯罪多发于生活社区、校园及课外培训中心的场域特征，要针对在校园周边、生活社区、网络空间内无故结交未成年人的可疑人员进行定

---

〔1〕　参见劳东燕：《刑法基础的理论展开》，北京大学出版社2008年版，第10页。
〔2〕　参见陈兴良："'风险刑法'与刑法风险：双重视角的考察"，载《法商研究》2011年第4期。

期排查，发现无正当理由与未成年人接触的，在法院的指导下，由家庭或学校于第一时间出面阻断其与未成年人的联系，先期进行询问、沟通、警告，对于沟通、警告无效的可疑人员，裁判机关、学校、社区、社区民警之间要建立共享人员信息台账，并将相关信息纳入本区域的未成年人预防性侵教育。

　　第二阶段的中期诱导行为多构成行政违法，当前《行政处罚法》与中期诱导行为相关的规定主要有猥亵他人与传播淫秽物品、信息。应通过扩大解释将描述性侵过程、美化性侵感受、"文爱"等诱导性语言内容解释为"淫秽信息"并纳入行政处罚规定的涵射范围。对"猥亵"的认定要区别于刑法中的猥亵，采更广义的概念。[1]人民法院在保护程序衔接体系构建过程中，要发挥自身专业优势，利用好"法治副校长""法官驿站"等法校联动机制，协调公安、学校、家长、社区等相关部门互联互通案情，建立区域性侵未成年人风险人员黑名单，禁止风险人员进出特定区域或从事特定行业，为未成年人生活圈、社交圈建立"防火墙"。

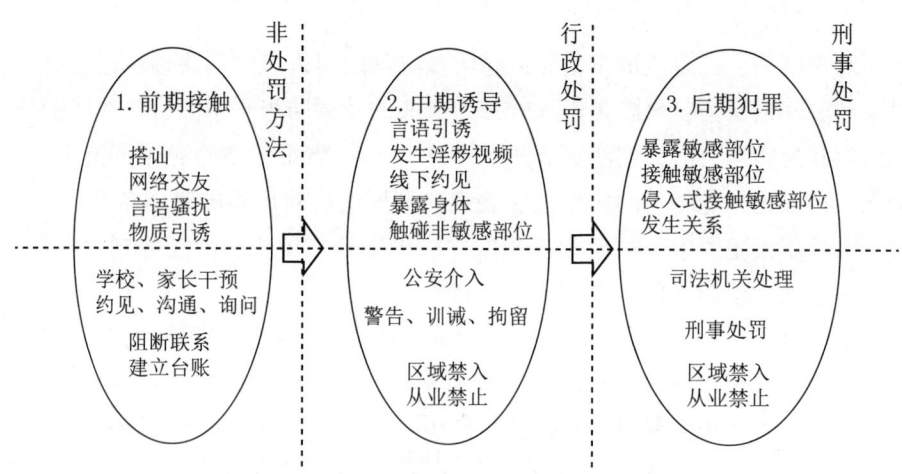

图4-4　预防性侵未成年人犯罪行刑衔接流程图

四、性侵未成年人犯罪裁判应明确"四个""五类"标准

　　《刑法修正案（十一）》积极回应社会关切，加强了性侵未成年人犯罪

---

〔1〕　广义的猥亵包含以刺激或满足性欲为目的对于未成年人非敏感区域的抠摸、搂抱、吸吮、舌舐行为也包含通过网络视频、语音方式对未成年人实施的远程猥亵行为。

的惩治力度，但对相关条款如何理解和适用在理论与实务上还存在较大争议。B市S区人民法院不断总结审判经验，结合《刑法修正案（十一）》的最新立法修改，将上述裁判问题具体归纳为"四五"标准，即应聚焦四个重点罪名和五类特殊情形的明确统一。

（一）聚焦四个重点罪名

性侵未成年人犯罪涉及强奸罪，奸淫幼女罪，强制猥亵罪，猥亵儿童罪，负有照护职责人员性侵罪，组织、强迫、引诱未成年人卖淫罪，引诱未成年人聚众淫乱罪等多个罪名，B市S区人民法院在审判实践中发现裁判疑难问题集中在四个罪名之中，即奸淫幼女罪、负有照护职责人员性侵罪、猥亵儿童罪、强制猥亵罪。以上四个罪名在犯罪主体身份范围界定、情节恶劣认定、主观明知推定、罪名竞合等方面常出现裁判争议，厘清上述问题，有助于统一裁判标准，也可为相关司法解释的出台提供参考。

（二）明确五类特殊情形

四个重点罪名既有共性问题，也有个性问题，可以不同年龄阶段未成年人生理、心理特征为切入点，结合犯罪最新特点，将上述问题总结归纳为五种特殊情形（特殊身份、特定对象、特定注意义务、特定场所、特定后果认定），有助于把握裁判规律，确立裁判规则，为裁判提供合理、一致的法律依据。

1. 特殊身份

在被告人具有特殊身份的性侵未成年人犯罪中，身份对酌情从严还是从宽产生影响，容易权衡失当。负有照护职责人员性侵罪是《刑法修正案（十一）》新设的身份犯，成立此罪的主体身份范围较难把握。此罪法条对犯罪主体身份进行了明确列举，即监护、收养、看护、教育、医疗，并以"等"字兜底，但这并不意味着可以对犯罪主体做漫无边际的解释，对本罪所规定的"负有照护职责人员"应予以必要的限缩解释。[1]首先，应当根据同类解释规则对"等"字进行解释，即与列举行为具有相当性，形式上具有列举照护关系的行为人不必然符合相当性的要求，照护关系持续的时间长短也不是

---

[1] 参见王海桥、范晨："负有照护职责人员性侵罪的规范诠释"，载《预防青少年犯罪研究》2021年第6期，第18~25页。

认定是否具有相当性的限制条件。[1]相当性要从是否在某一领域支配被害人活动或者使被害人产生依赖心理两个角度进行实质判断,与未成年人在某一方面具有共同活动基础并产生看护、信赖关系的行为人均可被认定为负有特殊职责人员。

在性侵未成年人裁判过程中,负有特殊职责人员或者公职人员奸淫幼女、猥亵儿童的,危害更大、影响恶劣,应在原有从重处罚的基础上再提高从重处罚幅度。从事涉未成年人教育、医疗等领域工作,利用职务之便实施性侵犯罪的,判决时应附加从业禁止,且从业禁止范围要从原行业扩大至所有可能会与未成年人密切接触的行业。

在特殊主体实施的性侵未成年人犯罪中,被害人基于信赖关系会在形式上积极主动参与性侵过程,此时被害人是否具有性同意能力的判断问题,往往是裁判中认定的难点。

我国《刑法》第 236 条第 2 款规定:"奸淫不满十四周岁的幼女的,以强奸论,从重处罚。"可见,我国 14 周岁以下的儿童没有性同意能力。在 B 市 S 区人民法院审结的某个猥亵儿童案件中,被害儿童在形式上积极参与了肛交活动,甚至在体位上主动肛交被告人,辩护人提出被告人未实施猥亵行为。在此种情形下,裁判者不能简单地从发生关系的体位、方式进行局部判断,要从宏观上看整个猥亵活动由谁引起、由谁控制主导,虽然该案中被告人是被肛交的一方,但被害人想对其肛交的想法由被告人引发,被告人积极寻找地点提供避孕套为肛交创造条件,在整个过程中起主导作用,应当认定为猥亵。

已满 14 周岁不满 16 周岁的未成年人是否有性承诺能力应当结合案发情景和双方关系进行实质判断,性侵未成年人犯罪绝大多数是熟人作案,在犯罪过程中熟人会利用自己心理成熟、经济优渥等条件建立优势地位,并利用对被害人施加影响,使其形式上自愿接受甚至积极参与。裁判中要个案考察未成年人的身心特点,实质判断成年人是否利用自己建立的优势地位对未成年人形成欺骗或心理强制,使未成年人作出虚假的同意承诺,符合条件的可认定为强奸罪或强制猥亵罪。此外,已满 14 周岁不满 16 周岁的人偶尔与幼女发生性行为,情节轻微、未造成严重后果的,不认为是犯罪。这是此类犯

---

〔1〕 参见康相鹏、孙建保:"性侵未成年人犯罪中'负有特殊职责的人员'之界定",载《青少年犯罪问题》2014 年第 1 期。

罪中的年龄豁免条款，体现了对未成年人的双向保护，该规定的内容较为宽泛，发生关系双方的年龄差距（一般可掌握在年龄差距不超过 4 周岁）、未造成严重后果的具体情形（是否造成轻伤以上伤害、是否怀孕等）需在裁判中从严把握。

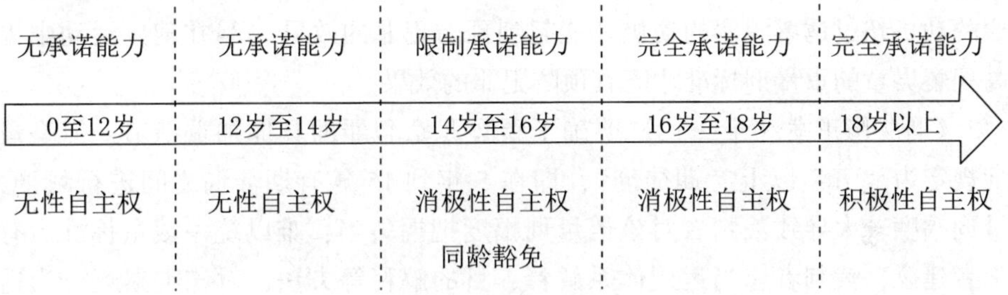

无承诺能力	无承诺能力	限制承诺能力	完全承诺能力	完全承诺能力
0至12岁	12岁至14岁	14岁至16岁	16岁至18岁	18岁以上
无性自主权	无性自主权	消极性自主权 同龄豁免	消极性自主权	积极性自主权

图 4-5　被害人承诺有效性年龄分布图

2. 特殊对象

10 岁以下幼女和猥亵犯罪中的男童是性侵未成年人犯罪裁判中需要特殊考虑的受害对象。《刑法修正案（十一）》设置了奸淫不满 10 周岁的幼女法定刑升格的情节，对 10 岁以下的幼女进行了特殊保护。10 岁以下与 14 岁以下在我国刑法中均被认定为幼女，为什么要强调对 10 岁以下幼女的特殊保护？这需要结合未成年人的身体发育特点从生理学角度分析，女性生殖器官的发育一般从 10 岁左右开始，10 岁以下的幼女遭受性侵害可能会造成生殖系统发育不良、泌尿系统感染、不孕不育等器质性伤害，造成器质性伤害的可能性是法定刑升格的依据。在此基础之上，奸淫 10 岁以下幼女的既遂标准也应与奸淫幼女罪有所区分。学界通说主张，奸淫幼女相较于强奸妇女犯罪既遂标准更低，前者采接触说，后者采插入说。[1]如果对于奸淫不满 10 周岁幼女犯罪的既遂标准也采取接触说，那么行为人仅用自己性器官接触不满 10 周岁幼女性器官就会被判处 10 年以上有期徒刑，量刑明显过重。接触即既遂的标准是对弱小幼女的特殊保护，奸淫不满 10 周岁幼女作为加重情节与前一保护目的一致，基于同一理由的特殊保护不应重复认定。此加重条款应用的前提应当是可能造成被害人性器官损害，简单性器官接触无法产生这种伤害，

---

〔1〕　参见周折：“奸淫幼女犯罪客体及其既遂标准问题辨析”，载《法学》2008 年第 1 期。

因此适用此项加重条款时，奸淫的既遂标准应采插入说或者与插入剧烈程度相当的奸淫行为。

猥亵男童案件多发是性侵未成年人犯罪的新特征，我国强奸罪的犯罪对象只限于女性，男童被性侵案件只能以猥亵儿童罪处理，[1]量刑幅度明显低于奸淫幼女罪。根据边沁的功利主义哲学，作为恐惧物的刑罚必须使抑制犯罪的动机超过诱惑犯罪的动机才能起到预防犯罪的效果。[2]在裁判活动中提高猥亵男童的重量刑标准才能有预防犯罪的效果。

《刑法修正案（十一）》明确了猥亵儿童犯罪的具体加重情节，但是量刑规定为"五年以上有期徒刑"，即在5年到15年有期徒刑之间进行量刑，量刑幅度较大导致裁判者对该档量刑幅度把握失当，难以统一裁量标准。有学者建议，裁判者应当运用体系解释、目的解释等方法，对该类猥亵行为适用"有其他恶劣情节"的加重条款，判处与其罪行相当、与强奸罪的量刑保持大体平衡的刑罚。[3]笔者认为，上述建议具有参考价值，在司法裁判中可以根据猥亵儿童的不同行为方式进行分类，在量刑时参照奸淫幼女罪保持量刑一致。当下我国奸淫幼女罪的法定刑分两档：一是在3年以上10年以下有期徒刑的幅度内从重处罚；二是处10年以上有期徒刑、无期徒刑或者死刑。日本规定为5年；意大利规定为6年。考虑到我国奸淫幼女，生殖器接触即构成既遂，奸淫幼女的起刑点应低于5年。猥亵儿童罪的法定刑分两档，即5年以下与5年以上有期徒刑。猥亵行为形式种类多样，危害性差距较大，有必要针对不同的猥亵儿童行为进行分类讨论，并作为一种量刑情节在法官自由裁量权的范围内进行考量。

猥亵儿童行为大致可被分为三类：一是触摸敏感部位式，包括抚摸、亲吻敏感部位等；二是一般侵入式接触式，包括舌吻、手淫、工具肛交等；三是敏感区侵入式接触式，主要指口交、肛交等。第三种敏感区侵入式接触在国外多数是作为强奸罪处理。相较于传统阴道交，此类行为对于被害人身体、心理伤害更大，也更易传播艾滋、梅毒等性病，危险性更高。在不改变立法

---

〔1〕 杨桐："我国网络性侵儿童现状研究及防治对策分析"，载《湖南警察学院学报》2019年第5期，第88~96页。

〔2〕 参见陈兴良：《刑法的启蒙》，北京大学出版社2018年版，第24页。

〔3〕 参见赵俊甫："刑法修正背景下性侵儿童犯罪的司法规制：理念、技艺与制度适用"，载《政治与法律》2021年第6期，第26~38页。

现状的情况下，可通过两种裁判途径加强对男童的保护：其一，可特别列举第三类手段的猥亵作为加重情节。例如，"以生殖器侵入被害人生殖器、肛门、口腔等方式实施猥亵的，属于猥亵手段恶劣处五年以上有期徒刑"。其二，针对猥亵儿童犯罪，要求裁判者比照奸淫幼女罪的量刑标准对第三类猥亵儿童犯罪从重处罚。例如，对于第一、二类猥亵行为可以在 5 年以下量刑；第一、二类猥亵行为符合加重情节的在 5 年到 10 年之间量刑；对于第三类猥亵行为在 5 年有期徒刑顶格量刑；对于第三类猥亵行为符合较重情节的应该在 10 年到 15 年之间量刑。

3. 特殊注意义务

在性侵未成年人犯罪中，刑法为行为人设置了特定的注意义务，被告人常通过宣称没有违反注意义务的方式逃避刑事追责，裁判者判断行为人是否违反了注意义务，需对行为人对被害人年龄的"明知"进行合理推定，实务界常因缺少明确的推定标准而陷入裁判困局。

我国刑法实践及理论通说均坚持罪过责任原则，认为在奸淫幼女等性侵未成年人犯罪中，明知被害人年龄是默示的犯罪构成要件。"明知"是产生主观恶性的前提和基础，对定罪有重大意义，在一般情况下对于犯罪人的主观明知，要依靠口供、证人证言、聊天记录等客观证据去进行推定，同时又赋予被告人以充分的反驳权利以推翻推定，从而保证推定的客观性。

现行的《最高人民法院、最高人民检察院、公安部、司法部关于依法惩治性侵害未成年人犯罪的意见》规定："对于不满十二周岁的被害人实施奸淫等性侵害行为的，应当认定行为人'明知'对方是幼女。对于已满十二周岁不满十四周岁的被害人，从其身体发育状况、言谈举止、衣着特征生活作息规律等观察可能是幼女，而实施奸淫等性侵害行为的，也应当认定行为人'明知'对方是幼女。"[1]从这一规定可以看出，对于被害人不满 12 周岁的，适用的是严格责任，直接通过法律规定认定被告人明知，当被害人年龄在 12 周岁至 14 周岁之间时，则推定被告人明知。

笔者认为，在性侵未成年人犯罪当中，被告人的明知可分为两类，即法律规定的明知与推定的明知，推定的明知可被进一步划分为证据证明的明知

---

〔1〕 2013 年最高人民法院、最高人民检察院、公安部、司法部《关于依法惩治性侵害未成年人犯罪的意见》。

与逻辑推定的明知。根据被害人年龄的不同，对于被告人明知推定的要求也不同，对12周岁以下儿童实施性侵害的，被告人对于儿童年龄的明知由法律直接规定，这种明知无需证据证明或逻辑推定，是法律设置的先决条件，也不得反证。对12周岁至14周岁的未成年人实施性侵害，被告人对于被害人年龄的明知可以进行推定，采用间接证据证明+逻辑推定的方式进行认定，被告人可以对此推定结果进行反证，但在裁判中要提高反证认定标准，通过列举具体情形的方式从严把握。例如，两人认识的场所、实施性侵的手段、被害人外表、言谈特征等是否易让人误认其已满14周岁。对14周岁至18周岁的未成年人实施性侵害的，被告人对于儿童年龄的明知不能进行逻辑推定，只能严格按照证据证明。

推定得出的结论不具备必然性，但会像客观证据一样产生法律后果，所以在裁判活动中对于明知的推定要有所限制：①证据证明优先，穷尽所有证据证明后方可推定；②推定要符合社会一般人的认识逻辑和科学经验；③禁止二次推定。需要特别注意的是，在未成年人性侵害未成年人犯罪中，未成年被告人认知能力弱于成年人，不应对其设置过高的注意义务标准，针对未成年被告人的明知应坚持正常证明标准，不宜进行推定。

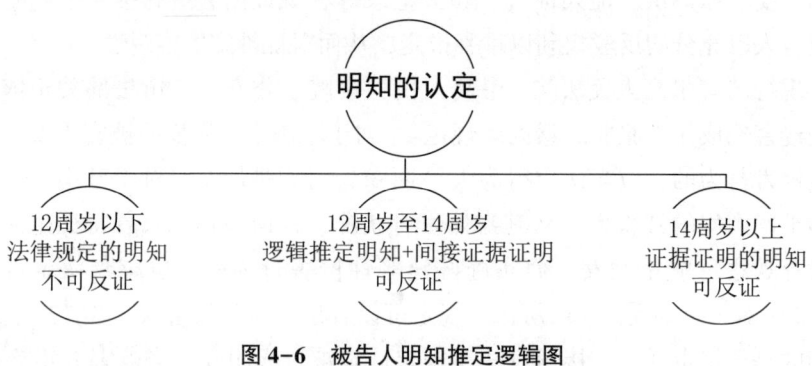

图4-6 被告人明知推定逻辑图

4. 特殊场所

当前，性侵未成年人犯罪呈现出明显的场域特征，学校、教育培训机构、网络等场所成为性侵未成年人犯罪的高发区域，其中虚拟场域即网络性侵未成年人犯罪的认定是裁判难点。

网络性侵成年人犯罪是指犯罪行为人以网络为工具或以网络空间为场所

对未成年人实施的性侵害犯罪，可大致分为两类：一类是隔空实施型；一类是以网络为联系手段线下实施型。其中，第二类只是以网络作为犯罪工具，与传统性侵害未成年人犯罪认定并无区别，值得讨论的是隔空实施型即网络隔空猥亵行为的认定问题。

网络隔空猥亵是指通过即时通信、自媒体、网络直播平台等网络社交工具，针对未成年进行的远距离、非接触性的猥亵行为。[1]2018 年 11 月 18 日最高人民检察院发布的第十一批指导性案例中的"骆某猥亵儿童案"（检例第 43 号）确立了隔空猥亵刑事处罚的可能性。[2]隔空猥亵儿童的行为不要求行为人采用强制手段。隔空猥亵 14 周岁以上未成年人，在过程中使用了告知家长、公开裸照等方式进行胁迫的，使被害人产生恐惧心理从而配合的，可认定为强制猥亵罪，在行为过程中仅使用金钱、语言引诱等非暴力手段，则要按照《治安管理处罚法》猥亵他人的规定从重处罚。

网络隔空猥亵儿童有可能符合"聚众猥亵""在公共场所当众实施"等加重情节。网络聚众猥亵需三人或以上通过同一网络社交工具或是通过各自网络社交工具进行，对同一被害儿童进行隔空猥亵，既可以是多人同地点同设备，也可以是多人不同地点不同设备，但时间上应当具备同时性。"在公众场所当众实施"的认定则要考虑行为人使用的社交媒介是否对外开放且能够被网络上的其他用户轻易发现，在设置了密码的私密房间进行的一对一的网络猥亵儿童行为不能被认定为在"在公共场所当众实施"，在网络公开播放录制好的猥亵行为的视频，因缺乏同时性而应属于传播淫秽物品罪的范畴。

隔空猥亵不但要符合猥亵行为的基本形式，其行为危害性也应当与线下猥亵行为具有相当性，对隔空猥亵犯罪中的"猥亵"概念要作限制解释，发送淫秽图片、语言骚扰等轻微猥亵行为不宜被"一刀切"地认定为猥亵犯罪，可通过行政处罚中的猥亵他人与传播淫秽信息的规定进行处罚。

5. 特殊后果

《刑法》第 236 条第 3 款第 1、5 项，第 237 条第 3 款第 3、4 项规定了奸淫幼女罪与猥亵儿童罪的加重情节，即"造成伤害""手段情节恶劣"的特

〔1〕 参见袁野："网络隔空猥亵儿童行为的刑法定性"，载《青少年犯罪问题》2019 年第 4 期，第 12~20 页。

〔2〕 操宏均："网络隔空猥亵儿童犯罪的司法认定"，载《中国检察官》2020 年第 18 期，第 13~16 页。

殊后果，规定较为宽泛，可通过列举的方式进一步明确。

准确理解"造成伤害"的具体含义就必须协调好该项情节与其他款项特别是该款第6项"致使被害人重伤、死亡或者造成其他严重后果"之间的关系，此处的"造成伤害"应指重伤以下，轻伤以上以及类似的伤害结果。结合此类犯罪在裁判实践中常见的伤害后果，造成伤害可被列举为：①致使被害人轻伤的；②致使被害人精神损伤的；③致使被害人感染梅毒、淋病等性病的（艾滋病应认定为重伤）；④对被害人身心健康造成其他较大伤害的。

在以上伤害结果中，造成未成年人精神损伤的认定及赔偿范围在裁判中易产生争议。在性侵未成年人犯罪中，被害人的身体可能未受任何损伤，但精神健康却早已产生不可逆的伤害。在司法实务中，被害人及其监护人对性侵会导致精神抑郁等疾病并不了解，仅考虑身体损害而忽略了精神损害，时隔多年后被害人出现精神损害表现也很难再证明与性侵之间的因果关系，损害将难以弥补。为体现对未成年人的特殊保护，在裁判中应当将精神损害结果作为加重情节认定且适当放宽刑事附带民事中精神损害赔偿认定的限制。精神损害作为伤害认定，可以引入心理学 PTSD 作为精神损害的分级标准。PTSD 具有行业公认的诊断和司法鉴定标准，且能够客观量化。其内部细分为Ⅰ、Ⅱ、Ⅲ型创伤，[1]学界普遍认为Ⅱ型创伤可相当于轻伤，造成被害人Ⅱ型创伤以上在裁判中可被认定为"造成幼女伤害"或"造成儿童伤害"。

可转化、量化的被害人精神治疗和康复费用，裁判者应允支持。未成年被害人精神治疗、康复赔偿的费用范围，既应包括判决时已经实际发生的费用，也应包括医疗诊断确诊的病情、同类疾病诊疗周期、费用标准，可以大致确定数额的费用，以及后续可能发生的精神康复治疗费用。如果后续实际费用超出此前判决，可另行起诉。关于精神抚慰金，新的刑事诉讼法司法解释对刑事诉讼中的精神抚慰金的赔偿问题并未规定一概不予以受理，对于未成年被害人提起的精神抚慰金赔偿请求，法官应当酌定支持，在造成被害人精神损害且未赔付精神抚慰金的情况下，在量刑时要予以加重考虑。

对裁判中的"情节恶劣"的认定也需统一尺度，可以以奸淫、猥亵次数

---

〔1〕 Ⅰ型的典型症状有闪回、回避、过度警觉反应如惊叫、强烈的惊恐发作等；Ⅱ型的典型症状除有Ⅰ型创伤所有的症状之外，伴随有情感紊乱、躯体化和分离型症状；Ⅲ型创伤，与Ⅱ型创伤基本相同，并进一步伴随人格的障碍，如人格分裂、多重人格，以及边缘型人格障碍。

为基准，综合主体、手段、后果等因素予以列举。例如：①以奸淫、猥亵为目的非法持续拘禁被害人，并多次奸淫、猥亵的；②拍摄奸淫、猥亵过程或者被害人身体隐私部位制作视频、照片等视听资料，并传播的；③教唆未成年人诱骗其他未成年人供其奸淫、猥亵的；④其他情节恶劣的。

五、结论

B市S区人民法院以"三二四五"裁判法适用探索为样本，围绕当前性侵未成年人犯罪裁判中的重点问题，从理念、衔接、适用三个层面进行了初步系统分析与体系探究，尝试构建理念标准明确、衔接标准合理、具体适用统一的裁判标准。在现行立法已作出较为完善规定的情形下，对前述裁判标准的实践检验，建议通过司法解释给予确认，可能是一种较为妥善的刑事司法应对方式。

参考文献

一、中文文献

（一）著作、译著类

1. 戴相英：《未成年人犯罪与矫正研究》，浙江大学出版社 2012 年版。
2. 段小松：《联合国〈儿童权利公约〉研究》，人民出版社 2017 年版。
3. 高维俭：《少年法学》，商务印书馆 2021 年版。
4. 郭开元：《预防青少年重新犯罪研究报告》，中国人民公安大学出版社 2013 年版。
5. 郭开元：《网络不良信息与未成年人保护研究报告》，中国人民公安大学出版社 2018 年版。
6. 郭开元：《青少年犯罪的影响因素预防指标和措施研究报告》，中国人民公安大学出版社 2020 年版。
7. 郭开元：《青少年犯罪预防的理论与实务研究》，中国人民公安大学出版社 2014 年版。
8. 何明晃：《少年司法实务论丛》，新学林出版股份有限公司 2009 年版。
9. 林维：《刑事司法大数据蓝皮书》，北京大学出版社 2020 年版。
10. 雷浩伟、廖秀健：《社会主义核心价值观融入法治建设研究》，吉林大学出版社 2020 年版。
11. 李玫瑾：《心理抚养》，上海三联书店 2021 年版。
12. 李玫瑾：《幽微的人性》，上海三联书店 2021 年版。
13. 刘建宏主编：《青少年犯罪评估系统回顾研究》，人民出版社 2015 年版。
14. 李伟：《少年司法制度》，北京大学出版社 2017 年版。
15. 孙谦主编：《中国未成年人司法制度研究》，中国检察出版社 2021 年版。
16. 史立梅等：《未成年人刑事司法的社会支持机制研究》，中国政法大学出版社 2021 年版。
17. 师艳荣：《日本青少年蛰居的社会文化透视》，中国社会科学出版社 2021 年版。
18. 宋英辉等：《未成年人刑事司法改革研究》，北京大学出版社 2013 年版。

19. 宋英辉等：《〈未成年人保护法〉〈预防未成年人犯罪法〉修订草案专家建议稿与论证》，中国检察出版社 2021 年版。

20. 宋英辉、苑宁宁：《〈中华人民共和国未成年人保护法〉释义》，中国法制出版社 2021 年版。

21. 广聪：《变迁时代的福利司法：未成年人刑事审前程序的完善》，法律出版社 2019 年版。

22. 吴鹏飞：《儿童权利一般理论研究》，中国政法大学出版社 2013 年版。

23. 吴燕：《未成年人检察实务操作》，中国检察出版社 2021 年版。

24. 吴宗宪：《西方少年犯罪理论》，商务印书馆 2021 年版。

25. 王广聪：《未成年人公益诉讼与少年司法国家责任的拓展》，中国检察出版社 2021 年版。

26. 徐伟新等：《社会主义核心价值观研究》，中共中央党校出版社 2016 年版。

27. 许育典：《基本人权与儿少保护》，元照出版公司 2014 年版。

28. 杨新娥主编：《4+1+N：未成年人检察的实践与探索》，中国检察出版社 2015 年版。

29. 于国旦：《少年司法的基本概念与制度构建》，知识产权出版社 2019 年版。

30. 于国旦、许身健：《少年司法制度理论与实务》，中国人民公安大学出版社 2012 年版。

31. 尹琳：《日本少年法研究》，中国人民公安大学出版社 2005 年版。

32. 姚建龙主编：《保护与惩罚：预防未成年人犯罪实证研究》，中国法制出版社 2015 年版。

33. 姚建龙：《超越刑事司法：美国少年司法史纲》，法律出版社 2009 年版。

34. 姚建龙：《青少年犯罪与司法论要》，中国政法大学出版社 2014 年版。

35. 姚建龙：《困境儿童保障研究》，中国政法大学出版社 2018 年版。

36. 姚建龙：《防治校园欺凌：学理与实证》，中国政法大学出版社 2020 年版。

37. 姚建龙：《新时代儿童福利研究》，中国政法大学出版社 2020 年版。

38. 张鸿巍：《美国未成年人司法：体系与程序》，法律出版社 2020 年版。

39. 张鸿巍：《少年司法通论》，人民出版社 2011 年版。

40. 张鸿巍：《儿童福利法论》，中国民主法制出版社 2012 年版。

41. 钟勇、高维俭主编：《少年司法制度新探》，中国人民公安大学出版社 2011 年版。

42. 张杨：《西方儿童权利理论及其当代价值研究》，社会科学文献出版社 2017 年版。

43. ［美］克莱门斯·巴特勒斯、弗兰克·施马莱格、迈克尔·G. 特纳：《未成年人违法犯罪》（第 10 版），崔海英、张丽欣、徐超凡译，中国人民大学出版社 2020 年版。

44. ［美］罗森海姆等编：《少年司法的一个世纪》，高维俭译，商务印书馆 2008 年版。

45. ［美］菲尔德：《少年司法制度》，高维俭、蔡伟文、任延峰译，中国人民公安大学出版社 2011 年版。

46. ［美］拉里·J. 西格尔、布兰登·C. 韦尔什：《迷途的羔羊：青少年犯罪案例分析及心理预防》，电子工业出版社 2019 年版。

47. ［美］富兰克林·E. 齐姆林：《美国少年司法》，高维俭译，中国人民公安大学出版社 2010 年版。

（二）论文类

1. 陈伟、金晓杰："性侵未成年人案现状、原因与对策一体化研究"，载《青少年犯罪问题》2016 年第 4 期。

2. 侯艳芳："未成年人保护处分制度的反思与改进"，载《法学论坛》2022 年第 4 期。

3. 樊荣庆："德国少年司法制度研究"，载《青少年犯罪问题》2007 年第 3 期。

4. 付玉明、席晓运："防范校园儿童性侵害的法律对策"，载《江西社会科学》2014 年第 5 期。

5. 高维俭："少年司法之社会人格调查报告制度论要"，载《环球法律评论》2010 年第 3 期。

6. 郭翔："美、英、德少年司法制度概述"，载《政法论坛》1995 年第 4 期。

7. 胡云腾："论全面依法治国背景下少年法庭的改革与发展——基于域外少年司法制度比较研究"，载《中国青年社会科学》2016 年第 1 期。

8. 康树华："世界各国少年司法制度的基本特征"，载《法学杂志》1995 年第 3 期。

9. 康树华："论中国少年司法制度的完善"，载《中国刑事法杂志》2000 年第 3 期。

10. 康均心、韩光军："试论我国少年司法制度的不足与完善"，载《青少年犯罪问题》2006 年第 6 期。

11. 李福芹："论我国强制家庭教育指导制度的构建——以《家庭教育促进法》为背景"，载《预防青少年犯罪研究》2022 年第 2 期。

12. 林维："未成年人刑事责任年龄及其制裁的新理念——《国内法和国际法下的未成年人刑事责任决议》解读"，载《中国青年政治学院学报》2005 年第 2 期。

13. 刘建利："日本性侵未成年人犯罪的法律规制及其对我国的启示"，载《青少年犯罪问题》2014 年第 1 期。

14. 刘灿华："德国、日本少年司法制度的变迁及其启示"，载《时代法学》2011 年第 6 期。

15. 皮艺军："中国少年司法制度的一体化"，载《法学杂志》2005 年第 3 期。

16. 阮齐林："猥亵儿童罪基本问题再研究"，载《人民检察》2015 年第 22 期。

17. 孙谦："关于建立中国少年司法制度的思考"，载《国家检察官学院学报》2017 年第 4 期。

18. 未成年人犯罪刑事政策课题组："未成年人犯罪刑事政策研究"，载《人民检察》2003 年第 2 期。

19. 王雪梅："论少年司法的特殊理念和价值取向"，载《青少年犯罪问题》2006 年第 5 期。

20. 吴海航、黄凤兰："日本虞犯少年矫正教育制度对我国少年司法制度的启示"，载《青少年犯罪问题》2008 年第 2 期。

21. 肖中华："论我国未成年人犯罪记录封存制度的适用"，载《法治研究》2014 年第 1 期。

22. 席小华："社会工作介入少年司法制度之探究"，载《青少年犯罪问题》2009 年第 4 期。

23. 肖姗姗："国家责任理论指导下专门矫治教育制度的基本构思——以《刑法》与《预防未成年人犯罪法》的修订为基础"，载《湖南师范大学社会科学学报》2022 年第 4 期。

24. 姚建龙："中国少年司法的历史、现状与未来"，载《法律适用》2017 年第 19 期。

25. 姚建龙："国家亲权理论与少年司法——以美国少年司法为中心的研究"，载《法学杂志》2008 年第 3 期。

26. 姚建龙："少年司法制度概念论"，载《当代青年研究》2002 年第 5 期。

27. 姚建龙："美国少年司法严罚刑事政策的形成、实践与未来"，载《法律科学（西北政法大学学报）》2008 年第 3 期。

28. 姚建龙："少年司法的起源：美国少年矫正机构运动的兴起"，载《环球法律评论》2007 年第 1 期。

29. 姚建龙："少年司法制度基本原则论"，载《青年探索》2003 年第 1 期。

30. 张美英："论现代少年司法制度——以中、德、日少年司法为视角"，载《青少年犯罪问题》2006 年第 5 期。

31. 赵秉志、廖万里："论未成年人犯罪前科应予消灭——一个社会学角度的分析"，载《法学论坛》2008 年第 1 期。

32. 张鸿巍："英国少年司法政策变化之研究"，载《河北法学》2005 年第 2 期。

33. 张竞模、陈建明："刑事审判中少年司法保护的探索与实践"，载《青少年犯罪问题》2004 年第 5 期。

34. 张华等："性侵害未成年人犯罪法律适用研究——上海市第二中级人民法院及辖区法院 2012-2015 年性侵害未成年人案件实证调查"，载《预防青少年犯罪研究》2017 年第 1 期。

35. 赵国玲、徐然："北京市性侵未成年人案件的实证特点与刑事政策建构"，载《法学杂志》2016 年第 2 期。

（三）官方文件类

1. 北京市高级人民法院："北京市法院未成年人案件综合审判工作报告"，载 http://

www. rmzxb. com. cn/c/2014-05-29/332275. shtml.

2. 北京一中院："未成年人权益保护创新发展白皮书"，载 http://bj1zy. bjcourt. gov. cn/arti-cle/detail/2019/08/id/4272682. shtml.

3. 北京互联网法院："未成年人网络司法保护情况报告"，载 http://e. mzyfz. org. cn/paper/1850/paper_ 49428_ 10356. html.

4. 最高人民检察院："未成年人检察工作白皮书 2014-2019"，载 https://www. spp. gov. cn/xwfbh/wsfbt/202006/t20200601_ 463698. shtml#1.

5. 最高人民检察院："未成年人检察工作白皮书 2020"，载 https://www. spp. gov. cn/xwfbh/wsfbt/202106/t20210601_ 519930. shtml#1.

6. 最高人民检察院："未成年人检察工作白皮书 2021"，载 https://www. spp. gov. cn/xwfbh/wsfbt/202206/t20220601_ 558766. shtml#1.

二、外文文献

（一）外文专著

1. S. Trimmer, *The Oeco nomy of Charity（1stedn）*, London, 1787.

2. ABRAMS D E., RAMSEY S H., *Mangold S V. Children and the law: in A Nutshell*, 5th e-d. St. Paul: West Academic Publishing, 2015.

3. BERGER R J, *The Sociology of Juvenile Delinquency*, Chicago: Nelson-Hall Publishers, 1991.

4. BREEN C, *The Standard of The Best Interests of Interests of the Child: A Western Tradition in International and Comparative law*, 1st ed. New York: Springer, 2002.

5. ELORD P, Ryder R. S, *Juvenile Justice: A social, Historical, and Legal Perspective*, 2nd e-d. Boston: Jones and Bartlett Publishers, 2005.

6. JASPER M C, *Juvenile Justice and Children's Law*, New York: Oceana Publication, 1994.

7. MARY J C, *The Juvenile Justice System: Law and Process*, 2nd ed. Oxford: Butterworth-Heinemann Publication, 2002.

8. RICHARD L, HESSE M, *Juvenile Justice: The Essentials. Thousand Oaks*, CA: SAGE Publication, 2010.

9. ROBERSON C, *Juvenile Justice: Theory and practice*, New York: CRC Press Taylor Francis Group, 2010.

（二）外文论文

1. BACKSTROM J C, "Role of the Prosecutor in Juvenile Justice: Advocacy in the Courtroom and Leadership in the Community", *South Carolina Law Review*, 1999, 50 (3).

2. ARON D, SHIMELIS D, "Notes on the Principle Best Interest of the Child-Meaning, History

and Its Place under Ethiopian Law", *Mizan Law Review*, 201, 5 (2).

3. RTHUR R, "Young Offenders: Children in Need of Protection", *Law & Policy*, 2003, 26 (3&4).

4. ALBERCHT H J, "Youth Justice in Germany", *Crime and Justice: A Review of Research*, 2004, (31).

5. FORST M L, CIN D, "Punishment, Accountability, and the New Juvenile Justice", *Juvenile & Family Court Journal*, 1992, 43 (1).

6. FELD B C, "The Transformation of the Juvenile Court", *Minnesota Law Review*, 1991, 75: (3).

7. HARDUNG J, "The Purpose Revisions to Japan's Juvenile Law: If Punishment Is Their Answer, They Are Asking The Wrong Question", *Pacific Rim Law & Policy Journal*, 2000, 9 (1).

8. STEPHENSON A, "Arizona Juvenile Law Legal Research: Resources and Strategies", *Phoenix Law Review*, 2009, 2.

9. Richard A. Sundeen, "Swedish Juvenile Justice And Welfare", *Journal Of Criminal Justice*, 1976, 4 (2).

10. James L. Williams, Daniel G. Rodeheaver, "Punishing Juvenile Offenders In Russia", *International Criminal Justice Review*, 2002, 12.

11. Vitkauskas Kęstutis, "Activity of Preventive Subdivisions of Public Police in Implementation of Prevention of Juvenile Delinquency", *Public Policy And Administration*, 2013, 12 (1).

12. Frank T. Rafferty, "The Prevention of Juvenile Delinquency", *The Journal of Nervous and Mental Disease*, 1975, 160 (6).

13. Frank T. Flynn, "Psychiatric Aspects of Juvenile Delinquency: A Study Prepared on Behalf of the World Health Organization as a Contribution to the United Nations Programme for the Prevention of Crime and Treatment of Offenders. Lucien Bovet", *Social Service Review*, 1951, 25 (4).

14. William F. Russell, "The Prevention of Juvenile Crime", *The Police Journal: Theory, Practice and Principles*, 1931, 4 (1).

15. Donald C. Wright, "Prevention of Juvenile Crime", *The Police Journal: Theory, Practice and Principles*, 1930, 3 (4).

16. Dwyer Ellen, Rogstad Karen, "Safeguarding, child sexual exploitation and sexual assault", *Medicine*, 2022 (prepublish).

17. Powell Martine B. et al., "An evaluation of the question types used by criminal justice professionals with complainants in child sexual assault trials", *Journal of Criminology*, 2022, 55 (1).

18. Kramer K., Ho J., Hotton P., "'Wellbeing' examinations in child sexual assault outside of children's hospitals", *Pathology*, 2022, 54 (S1).

19. Rowse Janine, Bassed Richard, Tully Joanna, "Technology-facilitated sexual assault in children and adolescents: is there a cause for concern?", *Pathology*, 2022, 54 (S1).

20. Mayrav Almaz et al., "Wall Climbing Therapy for Adults Diagnosed with Complex PTSD Due Childhood Sexual Assault", *Journal of Loss and Trauma*, 2022, 27 (2).

21. Martschuk Natalie et al., "Legal decision making about (child) sexual assault complaints: the importance of the information-gathering process", *Current Issues in Criminal Justice*, 2022, 34 (1).

22. Habets Petra et al., "Measuring sexual interest in persons who have sexually offended against children: investigating the Choice Reaction Time task using the Virtual People Set", *Journal of Sexual Aggression*, 2022, 28 (1).

23. Naidoo Linda, Van Hout Marie Claire, "Understanding child sex offending trajectories in South Africa: from victimisation to perpetration", *Journal of Sexual Aggression*, 2022, 28 (1).

24. Kaur Suminder, Kaur Simarpreet, Rawat Banita, "Medico-legal evidence collection in child sexual assault cases: a forensic significance", *Egyptian Journal of Forensic Sciences*, 2021, 11 (1).

25. LópezMartinez Briseida et al., "Screening for COVID-19 in Children Undergoing Elective Invasive Procedures", *Indian journal of pediatrics*, 2021 (prepublish). 25.

26. Craig Eleanor, "Teaching Safeguarding through Books: A Content Analysis of Child Sexual Abuse Prevention Books", *Journal of child sexual abuse*, 2021, 31 (3).

27. Leiming Su, "Discussion on the Victim's Inquiry in Child Sexual Assault Cases", *Advances in Educational Technology and Psychology*, 2021, 5 (7).

B市S区人民法院未成年人案件综合审判庭
关于开展未成年人心理疏导机制的若干规定（试行）

为贯彻落实对未成年被告人"教育、感化、挽救"方针和"教育为主、惩罚为辅"原则，探索对未成年被告人法制教育的新机制，保护未成年人的合法权益，推进和谐社会建设，根据《中华人民共和国未成年保护法》、《中华人民共和国预防未成年人犯罪法》和《最高人民法院关于审理未成年人刑事案件的若干规定》等法律法规中的相关规定，我院立足基层法院工作实际，结合本区少年审判工作的特点，制定本规定。

第一条 未成年人审前心理疏导机制是指未成年刑事案件在法院立案后，开庭之前的这段时间，由相关心理疏导专家对未成年人刑事被告人进行心理疏导，让未成年被告人敞开心扉，以利于法院有针对性地对被告人实施帮教，最终矫正其心理，使其正视所犯罪行，预防其再次犯罪的一种探索机制。

第二条 启动心理专家疏导机制的时间是在法院立案之后决定开庭审理前、审理活动中或者宣判后。

第三条 审前心理疏导主要适用于以下四类涉案未成年人：一是年龄低于14周岁遭受暴力侵害的未成年被害人；二是行为异常，存在明显心理偏差的未成年被告人；三是因家庭发生重大变故或父母长期不在身边导致家庭教育严重缺失的未成年被告人；四是存在严重心理障碍，无法正常处理家庭、学校、社会关系的未成年被告人。

第四条 心理疏导机制的启动方式：一类是法院在征得当事人同意后主动为其提供；另一类是由当事人向法院提出申请，由法院审查同意。

第五条 心理疏导机制的具体模式：对于未成年被告人采取庭前心理疏导与庭后心理疏导相结合的模式。具体体现为将心理疏导工作效用发挥于庭前安抚、庭中教育与庭后帮教各个阶段。

庭前安抚是指，通过心理咨询师的谈话，发挥心理调节和疏导功能，矫正未成年人不健康的心理，帮助其缓解紧张、焦虑的情绪，促使其分析罪错行为的根源。

庭中教育是指，法官通过心理咨询师反馈的材料，结合个案研究审理方案，找准着力点进行庭审教育。

庭后帮教是指，将心理疏导工作与非监禁刑帮教工作相结合。根据心理疏导档案记载的未成年人特点及心理咨询师的建议等内容，有针对性地开展回访帮教工作。

对于未成年被害人多采取庭后心理疏导的模式，将工作重点放在解决其面临的心理问题，抚慰其精神创伤上。

第六条 心理疏导的具体过程是对属于上述四类涉案未成年人，及时邀请《法律与生活》杂志社心理专家及区德育心理研究中心老师对其进行有针对性的疏导，深入了解未成年被告人的性格特点及犯罪根源。

第七条 心理疏导专家应恪尽职守，采用多种方式对未成年被告人进行全方位了解，并利用专业知识对涉案未成年人的心理状态进行诊断并提出疏导建议和措施。

严格保密制度，心理疏导专家对在心理咨询中获得的未成年人相关信息要严格保密。

第八条 承办法官根据心理疏导掌握的情况对案件进行研究审理，并确定帮教方案，在审理帮教过程中努力矫正被告人心理上的不良倾向，最大限度地教育和挽救未成年被告人，为其重新回归社会奠定良好基础。

第九条 法院宣判后，未成年案件审理法官应对未成年被告人应进行定期回访，考察被告人的心理变换状况，并有针对性地调整帮教方案，以进一步完善庭前心理疏导机制。

第十条 本规定自二〇〇八年七月起实施。

B市S区人民法院未成年人案件"法官寄语"三个"三"工作机制

为体现"寓教于审"少年司法理念，确保"儿童利益最大化"原则的实现，B市S区法院未成年人案件综合审判庭建立"法官寄语"三个"三"工作机制。

一、"法官寄语"应具有"三特性"，即个案性、辅助性和教化性。"法官寄语"坚持从个案的实际情况出发，做到每份寄语有的放矢。"法官寄语"应界定为道德范畴的评价，以作为裁判文书的补充。"法官寄语"反映未成年人司法裁判区别于成年人审判的震慑惩罚，更加突出教育感化的功能转化。通过对当事人进行说服教育、道德感化以及真诚提出希望，实现教育、感化、矫正的目的。

二、"法官寄语"应实现"三不动笔"，即案情原因不明不动笔、当事人性格不清楚不动笔、当事人心理未洞察不动笔。实践中应针对案件中当事人的行为以及相关问题进行评价，找到其感情共鸣点，对当事人提出忠告、建议和期望。

三、"法官寄语"形式上应符合"三要求"，一是与裁判文书独立开来，单独成页，以彩色复写字打印，体现其"柔性"特征；二是字数上力求言简意赅、短小精悍；三是语言要生动、用词要朴实，富有感染力，做到以情感人，使当事人看后在内心深处受到教育得到启迪。

B市S区人民法院未成年被害人诉讼权利保障机制

为充分保障未成年被害人以当事人的身份参与诉讼，呵护未成年被害人的身心健康，B市S区法院未成年人案件综合审判庭建立未成年被害人诉讼权利保障机制：

一是创制并发送《未成年被害人及其法定代理人权利义务告知书》（详见附件）（以下简称《告知书》），确保未成年被害人在诉讼过程中知悉权的实现。该《告知书》包含了未成年被害人及其法定代理人自进入刑事诉讼程序起即应享有的各项权利和义务以及可以获得的特殊服务，具体包括：告诉权、知情权、陈述意见权、律师帮助权、程序参与权、程序申请权、程序救济权和特别司法保护。《告知书》弥补了单纯口头告知"漏说"、"少说"、"不说"的缺陷，是未成年被害人及其法定代理人行使合法权利的"指南针"。

二是为专门法庭配装证人保护系统，在未成年被害人确需出庭时对其予以充分和全面保护，避免二次伤害。开庭时，未成年被害人在法庭以外的独立房间接受直接询问和交叉询问，其他允许在场的人员包括：未成年被害人的法定代理人、律师，法庭指定的司法人员（如司法警察），操作闭路电视系统的技术人员，其他经法庭许可的人员。未成年被害人的声音和图像经证人保护系统处理后传输至法庭，同时，法庭的情况经同步录像供未成年被害人及法定代理人观看。

三是建立未成年被害人电子档案，优化救助方案，并记录对其法律援助、心理援助和司法救助的情况，电话跟踪回访其恢复情况。根据未成年被害人个体情况制定救助方案，单独或综合运用法律援助、心理援助和司法救助机制，辅以电话回访，保护未成年被害人合法权益，保障其健康成长。

B市S区人民法院关于未成年
被告人社会调查工作的若干规定（试行）

为贯彻落实对未成年被告人"教育、感化、挽救"方针和"教育为主、惩罚为辅"原则，保护未成年人合法权益，根据首都综治委预防青少年违法犯罪专项组、B市高级人民法院、B市人民检察院、B市公安局、B市司法局、共青团B市委员会《关于对未成年犯罪嫌疑人、被告人进行社会调查工作的实施办法》中的相关规定，我院立足基层法院工作实际，结合本区少年审判工作的特点，制定本规定。

第一条　社会调查是指人民法院办理未成年人刑事案件时，对未成年被告人的成长经历、犯罪原因、监护教育等情况进行调查。

第二条　社会调查员调查对象的范围为公安机关、检察机关为开展社会调查工作的全部未成年被告人。

第三条　人民法院可以委托具备相关资质的社会组织对未成年被告人开展社会调查，或者自行开展社会调查：

（一）公安机关、人民检察院未开展社会调查的；

（二）需要对未成年被告人进行补充社会调查的；

（三）因客观情况发生变化，需要对未成年被告人重新进行社会调查的。

对于有前款所列情形之一的可能适用非监禁刑的B市户籍未成年被告人，还可以委托居住地的区（县）司法行政机关开展社会调查。

第四条　社会调查应当由二名以上具有未成年人工作经验和相关知识背景的工作人员或者专业人员进行。

法院自行开展调查的，应选任做过社区工作、思想品德优秀、作风正派、责任心强并且热心于教育、挽救失足未成年人工作的人民陪审员进行未成年人刑事案件审前调查工作。人民陪审员应作为合议庭成员参与其所调查案件的审理工作。

未成年犯罪嫌疑人为女性的，应当有女性社会调查员参加调查工作。

第五 社会调查员与案件有利害关系的，应当自行回避。

司法机关发现社会调查员与案件有利害关系的，应当决定回避。

经未成年犯罪嫌疑人、被告人或者其法定代理人、辩护人提出并经办理该案件的司法机关决定，社会调查员应当回避。

第六条 社会调查应当包括以下内容，并在调查结束后形成书面报告，及时送达委托机关：

（一）被告人的性格特点、家庭情况、社会交往、成长经历、是否具备有效监护条件或者社会帮教条件；

（二）被告人涉嫌犯罪前后的表现；

（三）被告人在案件审理期间的表现；

（四）有关单位、人员对被告人涉嫌犯罪的处理意见。

条件具备的，可以对被告人进行心理评估及逮捕必要性、社会危险性评估；并可以就社区矫正的可行性和适用管制、缓刑同时拟禁止事项提出评估建议，一并写入社会调查报告。

第七条 社会调查工作应当尽量避免对未成年人犯罪被告人的就学、就业和生活造成负面影响。

对于司法机关委托开展社会调查的未成年人刑事案件，受托机构在实施调查前应当事先告知涉案未成年人或其法定代理人。

社会调查员和有关司法机关的工作人员，对社会调查涉及的国家秘密、个人隐私及依法应当封存的犯罪记录履行保密义务。

第八条 社会调查员应出庭参加庭审。于法庭调查结束后、法庭辩论开始前宣读调查报告，听取控辩双方的意见。庭审活动结束后，社会调查员应参加法庭教育。

第九条 人民陪审员在调查中发现的未成年被告人本人以及家庭、学校和相关部门存在的问题，应当及时向法院反映。

第十条 对于被判处缓刑的未成年犯，社会调查员应参与进行回访、帮教的工作，结合调查了解的未成年人不良行为形成原因，有针对性地帮教未成年缓刑犯，并与社区矫正部门建立沟通联系。

第十一条 社会调查员应当定期参加法院组织的关于未成年人相关法律

法规的培训，并及时反馈意见。

　　第十一条　本规定自二〇一三年二月一日起实施。

2012 年 1 月 21 日

B市S区人民法院、共青团S区委员会
关于合适成年人参与未成年人刑事案件的
实施意见（试行）

　　为贯彻落实对未成年被告人"教育、感化、挽救"方针和坚持"教育为主、惩罚为辅"原则，保障未成年人合法权利，保证刑事诉讼活动的顺利进行，依照《中华人民共和国刑事诉讼法》《中华人民共和国未成年人保护法》《关于进一步建立和完善办理未成年人刑事案件配套工作体系的若干意见》《最高人民法院关于审理未成年人刑事案件的若干规定》等有关规定，结合本区未成年人保护工作的特点，立足基层法院少年审判工作实际，制定本规定。

　　第一条　合适成年人参与未成年人刑事案件是指在未成年被告人的法定代理人无法通知，或者虽经通知但因故不能到场、不宜到场、拒绝到场的情况下，法院通知一名合适成年人到场参与诉讼活动，实现监督司法活动、保护未成年人权益、教育挽救未成年人的目的。

　　第二条　由共青团S区委员会选任具有一定的社会工作经历和阅历、品格良好、为人正派、责任心强、具有良好的沟通能力，熟悉未成年人相关的法律常识并且热心于教育、挽救失足未成年人工作的基层组织、离退休教师等人员，组成一支合适成年人队伍，参与未成年人刑事诉讼。

　　第三条　合适成年人参与刑事诉讼程序的情形：

　　法院在遇到以下情形之一的，应当通知合适成年人参与诉讼：

　　（1）无法通知法定代理人到场，包括法定代理人身份不明、未成年人拒绝提供法定代理人联系方式、法定代理人已亡故或下落不明等情况；

　　（2）法定代理人不能到场，包括法定代理人无法及时到场、监护能力丧失或不足、法定代理人拒绝到场等情形；

（3）法定代理人是共犯的；

（4）法定代理人有其他不合适到场的情形。

第四条　担任合适成年人应同时符合下列条件：

（1）年满二十五周岁；

（2）身心健康，具有良好道德品质；

（3）具有较强沟通表达能力和一定社会经验阅历；

（4）具有基本的法律常识；

有下列情形之一的，不得担任合适成年人：

（1）被宣告缓刑和刑罚尚未执行完毕的人；

（2）依法被剥夺限制人身自由的人；

（3）无行为能力人或者限制行为能力人；

（4）人民法院、人民检察院、公安机关、国家安全机关、监狱的现职
人员；

（5）法院的人民陪审员；

（6）已接受案件当事人委托的律师、证人、鉴定人员及与案件处理结果
有利害关系的人；

（7）其他不适宜担任合适成年人的人。

第五条　合适成年人参与诉讼享有如下权利：

（一）有权从法院了解未成年被告人的身份信息、家庭情况、个人简历及
涉案罪名等基本情况；

（二）庭前在法院办案人员的陪同下与未成年人当面会谈，了解其健康状
况、权利义务知晓情况、合法权益有无遭受侵犯等情况；

（三）参与庭审活动，监督诉讼程序，保护未成年被告人基本的诉讼权
利，发现办案人员有侵犯未成年人合法权益的情形，有予以指出或向有关机
构反映的权利；

（四）在开庭审理结束后，查阅笔录内容，核对无误后签字确认；

（五）其他有利于刑事诉讼正常进行的权利。

第六条　合适成年人参与诉讼履行如下义务：

（一）在接到共青团S区委员会或法院的通知后及时到场参与诉讼；

（二）向未成年人表明自己的身份和承担的职责；

（三）安抚未成年人，帮助未成年人消除紧张情绪和抵触心理，缓解未成年人心理压力；

（四）帮助未成年人理解刑事诉讼程序和方式，协助未成年人与司法人员沟通，不得妨碍案件正常审理，不得以暗示、引诱等方法妨碍未成年人回答问题以及实施扰乱法庭秩序的行为；

（五）保守案件秘密，保护未成年人隐私，不得泄露与案件有关的秘密及未成年人隐私；

（六）出现本人应当回避的情形，及时告知法院。

第七条 在受理未成年人刑事案件后，法院在未成年被告人的法定代理人无法通知，或者虽经通知但因故不能到场、不宜到场、拒绝到场的情况下，经征得未成年人本人或者其法定代理人的同意，可以随机抽取一名合适成年人通知其参与诉讼，并将上述情况书面记录在案。一人不得担任同一案件中两名以上未成年人的合适成年人。

第八条 合适成年人与未成年人会谈时应当有法院工作人员在场。经听取意见，未成年人拒绝合适成年人参与的，应查明原因，并向未成年人说明到场原因。未成年人仍坚持的，应当准许，并记录在案，合适成年人应当离场。

第九条 合适成年人在庭审过程中有权对未成年人进行教育，增强庭审对未成年人的教育、挽救效果。在宣判后，对于被判处缓刑的未成年犯，合适成年人可以参与对未成年犯的判后回访、帮扶。有条件时，合适成年人可以协助法官对判处监禁刑正在服刑的未成年犯以及刑满释放未成年犯进行回访、帮教。此外合适成年人还可配合法院对辖区未成年人进行法制宣传教育。

第十条 法院和团区委定期组织合适成年人进行法律知识培训，就有关实施合适成年人参与制度过程中所发现问题等情况召开座谈会进行研讨和交流。

第十一条 合适成年人参与诉讼享有的必要交通费用补贴。

第十二条 本规定自二〇一二年九月起实施。

B 市 S 区人民法院　　　　　　共青团 S 区委员会

2012 年 9 月 11 日　　　　　　2012 年 9 月 11 日

S区综治委预防青少年违法犯罪专项组、S区公安分局、S区人民检察院、S区人民法院、S区司法局共青团、S区委员会关于在办理未成年人刑事案件中推行合适成年人到场制度的实施办法（试行）

石综委预青组联发〔2013〕1号

第一章 总则

第一条 为保障未成年人合法权利，规范执法办案，保证未成年人刑事诉讼活动的顺利进行，依照《中华人民共和国刑事诉讼法》、《中华人民共和国未成年人保护法》、《首都综治委预防青少年违法犯罪工作领导小组、B市高级人民法院、B市人民检察院、B市公安局、B市司法局、共青团B市委员会〈关于在办理未成年人刑事案件中推行合适成年人到场制度的实施办法（试行）〉》及司法行政机关办理未成年人刑事案件的相关规定，结合我区办理未成年人刑事案件工作实际，制定本实施办法。

第二条 本办法所指的涉案未成年人包括未成年的犯罪嫌疑人、被告人、被害人和证人。

第三条 除特殊情况外，在涉及未成年人的刑事案件办理中，如涉案未成年人的法定代理人无法通知、不能到场，或者法定代理人是共犯，且无其他成年亲属到场的，公、检、法机关应当通知合适成年人到场陪同涉案未成年人参与讯问、询问、法庭审判等刑事诉讼活动及协助开展对涉案未成年的心理安抚和思想帮教工作。

第四条 合适成年人到场旨在保护涉案未成年人的合法权益，监督执法活动。

第五条 公、检、法和司法行政机关根据办案的需要向学校、单位、居住地基层组织等申请委派合适成年人到场，如以上机构无合适成年人到场，则需要向区预防青少年违法犯罪专项组暨未成年人保护委员会办公室申请委派合适成年人到场。

第二章　合适成年人的来源、资格与管理

第六条 合适成年人的来源包括司法社工、教师、居住地基层组织的代表、律师和其他热心未成年人司法保护工作人员。

第七条 担任合适成年人应同时符合下列条件：

（一）具有良好道德品质，身心健康的成年人，且具有较高政治素质和较强社会责任感，热心未成年人工作；

（二）具有较强人际沟通能力、一定的社会阅历和较强的思想教育工作能力；

（三）热心公益并自愿参与未成年人权益保护和预防未成年人违法犯罪工作；

（四）具有一定的法学、心理学、教育学等相关知识或实践经验；

（五）涉案未成年人为女性的，合适成年人应当从女性合适成年人中选择。

第八条 有下列情形之一的，不得担任合适成年人：

（一）被宣告缓刑和刑罚尚未执行完毕的人；

（二）依法被剥夺、限制人身自由的人；

（三）无行为能力人或者限制行为能力人；

（四）已接受案件当事人委托的诉讼代理人、辩护人，案件的证人、鉴定人员，相关部门的办案人员及与案件处理结果有利害关系的人；

（五）曾因犯罪受过刑事处罚的人；

（六）其他不适宜担任合适成年人的人员。

第九条 合适成年人在刑事诉讼活动中到场的主要目的是帮助涉案未成

年人消除紧张情绪，保障涉案未成年人在刑事诉讼中供述、陈述及证言的真实性和客观性。

第十条　区预防青少年违法犯罪专项组暨未成年人保护委员会办公室与区公、检、法、司共同负责组建一支固定的合适成年人队伍，形成合适成年人专门人员库。区预防青少年违法犯罪专项组暨未成年人保护委员会办公室承担人员招募、任务分配、服务记录、培训指导等日常管理工作。合适成年人聘期两年，持全市统一印制并发放的《合适成年人服务记录》上岗工作。

第三章　合适成年人的权利和义务

第十一条　合适成年人享有下列权利：

（一）有权从司法机关了解到场所帮助的涉案未成年人的自然情况、涉案罪名等基本情况；

（二）在参与诉讼活动时，有权在办案人员的陪同下与所帮助的涉案未成年人当面会谈，了解其健康状况、权利义务知晓情况、合法权益有无遭受侵犯等情况；

（三）有权阅读其到场参与的讯问、询问笔录或者庭审笔录，可以对笔录记载内容的准确性、完整性提出口头意见和建议，并将合适成年人到场情况在笔录上确认及签字；

（四）对讯问、询问、审判中发生的违法、不当行为提出意见。

第十二条　合适成年人应当履行下列义务：

（一）帮助涉案未成年人正确理解讯问、询问、庭审的含义，不得以诱导、误导等行为妨碍司法活动；

（二）应当保守国家秘密及涉案未成年人的个人隐私；

（三）在案件办理结束后，应有关部门要求，积极配合、协助有关部门对涉案未成年人开展回访、帮教工作；

（四）在到场陪同涉案未成年人参与讯问、询问和法庭审判等活动中，必须遵守法律、法规的规定。

第四章　工作程序

第十三条　除特殊情况外，办案机关工作人员在讯问、询问或者审判过程中，发现存在下列情形之一的，应当通知合适成年人到场：

（一）与法定代理人无法取得联系的；

（二）法定代理人无法到场或是共犯的；

（三）法定代理人拒绝到场的；

（四）其他成年亲属无法到场的；

上述情况，办案机关应当书面记录在案。

第十四条　办案机关通知合适成年人到场，应当事先征得未成年人本人或者其法定代理人的同意。如果未成年人或者其法定代理人提出异议且有正当理由的，可由有关部门更换另一合适成年人。

第十五条　办案机关在需要合适成年人到场时，应从合适成年人专门人员库中及时选派一名合适成年人到场履行职责；区公安分局、检察院、法院应在每季度最后一周将本季度合适成年人参与案件的记录移交到区未成年人保护委员会办公室备案。

第十六条　合适成年人应当按办案机关或区预防青少年违法犯罪专项组暨未成年人保护委员会办公室的要求，持《S区合适成年人工作证》和身份证按时到场履行职责，陪同涉案未成年人参与诉讼程序。办案人员在合适成年人到场后应首先核实其身份。

第十七条　履行职责时，合适成年人应先向涉案未成年人表明身份，说明合适成年人工作职责，并与其进行简单会谈，会谈时应当有办案机关工作人员在场。

第十八条　诉讼活动结束时，讯问、询问笔录或者庭审笔录应交未成年当事人、证人及到场的合适成年人阅读或向其宣读，经核实无误后由未成年当事人、证人及到场的合适成年人签字确认。办案人员应当在《合适成年人服务记录》上签字。

第十九条　区预防青少年违法犯罪专项组暨未成年人保护委员会办公室应定期检查《合适成年人服务记录》，并将相关内容备案。

第五章 监督与保障

第二十条 区预防青少年违法犯罪专项组暨未成年人保护委员会办公室在聘任合适成年人后，将合适成年人名单、联系方式交公、检、法、司部门备案。办案机关发现其存在违法不当的行为或不适宜担任时，应当及时告知选聘部门。

第二十一条 办案机关应当为合适成年人参与诉讼提供必要的支持和保障。

第二十二条 合适成年人有违反本办法第八条规定的行为或其他违法行为的，办案人员应当及时制止，必要时应当建议更换合适成年人，并及时将相关情况通报选聘部门。

第二十三条 区预防青少年违法犯罪专项组办公室应定期组织对合适成年人进行业务培训，并对合适成年人的工作情况进行考核，对表现突出的予以表彰。对于考核不合格的人员或因其他事由不适宜担任合适成年人工作的，应当及时更换。

第二十四条 区公安分局、检察院、法院、团区委应分别为合适成年人到场制度的实施列支专项经费，并对合适成年人给予一定的工作补贴。

附　则

第二十五条 本办法自颁布之日起试行。

S区预防青少年违法犯罪专项组　　B市公安局S区分局

B市S区人民检察院　　　　B市S区人民法院

B市S区司法局　　　　共青团S区委员会

S区人民法院与S区教委
通报会机制十年大事记

2008年，S区法院与S区教委召开关于预防未成年人犯罪情况通报会，对2006年12月21日至2007年12月20日一年间，我区在校生犯罪的基本状况、主要特征、原因以及预防犯罪的若干建议进行了通报。

2009年，S区法院与S区教委就2008-2009年度在校生犯罪的基本情况进行了通报，并就该年度4件在校生犯罪的案例展开了深入研究。

2012年，S区法院对2010-2011年度未成年人权益保护及预防未成年人违法犯罪情况进行了通报，S区法院、S区教委、区教育方面的人大代表、政协委员以及50余名辖区各中小学幼儿园德育安全方面的负责人到会参与。

2013年4月10日，S区法院与S区教委召开未成年人权益保护及预防未成年违法犯罪情况通报会，就2012年在校生犯罪案件审理情况，以及涉及未成年人校园伤害等民事案件审理情况向与会人员进行了详细介绍，并就未成年人法治教育及校园安全等工作进行深入的座谈、研讨。S区法院、S区教委以及30余名区属各中小学幼儿园德育安全方面的负责人员参加会议。

2014年3月7日，S区法院与S区教委召开2014年未成年人权益保护及预防违法犯罪工作联席会。

2015年六一儿童节前夕，S区法院与S区教委召开未成年人保护工作通报会，共同研讨未成年人教育保护的热点、难点问题，辖区40余所中小学主管德育安全方面的负责人员参加，进一步推动了未成年人保护工作的发展和完善。

2015年12月2日下午，S区法院召开"涉儿童权益和安全保护案件"新闻通报会，对我院近三年来180件涉儿童权益民事和刑事案件审理中发现的主要问题及相关建议予以通报，并通报了"关某猥亵儿童案"等四起侵害未成年人权益典型案例。

2016 年 10 月 28 日，S 区法院与 S 区教委就监护不当引发未成年人权益受损现状及建议召开新闻通报会，邀请了团区委、妇联的相关领导，以及 30 多位妇女维权干部参加，正面回应司法需求。

2017 年 5 月 25 日，S 区法院与 S 区教委面向辖区中小学召开涉未成年人案件通报会，S 区各中小学主管德育的负责人参加了通报会。

2017 年 12 月 5 日，S 区法院与 S 区教委面向辖区中小学召开涉未成年人权益保护及典型案件通报会，团区委工作人员以及 S 区各中小学主管德育的负责人参加了通报会。

最高人民法院、最高人民检察院关于办理性侵未成年人刑事案件若干法律问题的解释（建议稿）

为加大依法惩治性侵未成年人犯罪打击力度，根据刑法有关规定，结合司法实践，现就办理此类刑事案件具体应用法律的若干问题解释如下：

第一条 审理性侵未成年人犯罪案件要全面落实最有利于未成年人原则，要做到打击有力度、裁判有尺度、措施有温度。

第二条 奸淫幼女有下列情形之一的，应当认定为刑法第二百三十六条第三款第（一）项规定的"情节恶劣"：

（一）以奸淫为目的非法持续拘禁被害人，并多次奸淫的；

（二）拍摄奸淫过程中或被害人身体隐私部位制作视频、照片等视听资料，并传播的；

（三）教唆未成年人诱骗其他未成年人供其奸淫的；

（四）其他情节恶劣的。

第三条 奸淫幼女造成以下后果之一的，应当认定为刑法第二百三十六条第三款第（五）项规定的"造成幼女伤害"：

（一）致使被害人轻伤的；

（二）致使被害人精神损伤达 PTSD 二级；

（三）致使被害人感染梅毒、淋病等可治愈性病的；

（四）对被害人身心健康造成其他较大伤害的。

第四条 负有特殊职责的人员利用照护便利，迫使已满十四不满十六的未成年女性与其发生性关系的，依照刑法第二百三十六条的规定定罪处罚。

　　第五条　猥亵儿童具有下列情形之一的，应当认定为刑法第二百三十七条第三款第（三）项规定的"造成儿童伤害或者其他严重后果"：

　　（一）致使被害人轻伤的；

　　（二）致使被害人精神损伤达 PTSD 二级；

　　（三）致使被害人感染梅毒、淋病等可治愈性病的；

　　（四）对被害人身心健康造成其他较大伤害的。

　　第六条　猥亵儿童，符合下列情形的，应当认定为刑法第二百三十七条第三款第（四）项规定的"猥亵手段恶劣"：

　　（一）以生殖器侵入被害人生殖器、肛门、口腔等方式实施猥亵的。

　　（二）采取其他恶劣手段实施猥亵的。

　　第七条　通过网络视频聊天或者发送视频、照片等方式，引诱不满十四周岁的儿童暴露隐私部位或向其做出猥亵举止的以猥亵儿童罪定罪处罚；以暴力、胁迫方式实施上述行为的以强制猥亵罪定罪处罚。

　　第八条　通过网络发送淫秽图片、视频、语言引诱不满十四周岁的儿童，双方均未暴露隐私部位未对儿童造成心理伤害的不宜认定为猥亵儿童犯罪。

　　第九条　本解释规定的"负有特殊职责的人员"，即对未成年人负有监护、收养、看护、教育、医疗等职责的人员，包括与未成年人具有共同生活关系且负有事实上的照顾、保护等职责的人员。

　　第十条　本解释自 2022 年 月 日起施行，在本解释公布施行之前已经生效施行的司法解释，与本解释不一致的，以本解释为准。